（典藏版）

百部国学传世经典

中华国学经典盛宴／获取先贤核心智慧

周礼

【西周】周公旦／著
张如芸／主编

漓江出版社

图书在版编目(CIP)数据

周礼 / (西周) 周公旦著; 张如芸主编. -- 桂林 : 漓江出版社,
2022. 3
(百部国学传世经典)
ISBN 978-7-5407-9030-1

Ⅰ. ①周… Ⅱ. ①周… ②张… Ⅲ. ①礼仪-中国-周代②官制-中国-周代
Ⅳ. ①K224. 06

中国版本图书馆 CIP 数据核字(2021)第 036896 号

周礼　ZHOULI

作　　者　【西周】周公旦　著
主　　编　张如芸

出 版 人　刘迪才
策划编辑　陈植武　林晓鸿
责任编辑　林晓鸿
助理编辑　秦　灵
装帧设计　林晓鸿　宋双成
责任监印　杨　东

出版发行　漓江出版社有限公司
社　　址　广西桂林市南环路 22 号
邮　　编　541002
发行电话　010-65699511　0773-2583322
传　　真　010-85891290　0773-2582200
邮购热线　0773-2582200
网　　址　www. lijiangbooks. com
微信公众号　lijiangpress

印　　制　北京飞达印刷有限责任公司
开　　本　710mm×1000mm　1/16
印　　张　30
字　　数　550 千字
版　　次　2022 年 3 月第 1 版
印　　次　2024 年 1 月第 2 次印刷
书　　号　ISBN 978-7-5407-9030-1
定　　价　45.00 元

前言

中华民族有着数千年的文明历史，创造了光辉灿烂的古代文化，其中中国传统国学是我国辉煌灿烂的文化典籍的核心部分，它博大精深、源远流长，显示出中华文化的深厚根基，给人类留下了丰富的精神财富。它塑造了我们中华民族的民族精神，开启心智，滋润生命，陶冶人格，塑造灵魂。

开卷有益，忙碌的人们闲暇之时，应该用传统国学来陶冶自己的情操，开阔自己的心胸，提高自己的人文修养，用先人的哲思来涤荡自己忙碌的心灵。我们应该坚持阅读的爱好，在潮流文化的强大攻势下，让传统文化永驻我们的心田。“复兴国学，从根本上讲，是复兴中华民族的自尊心、自信心。”我们要甄选传世经典著作中最经典的部分来读，要以开放的胸襟和燃烧的激情去承接古人的经典大论与哲思华章，以自豪而不狂妄、执着而不僵化的精神风貌来直面当今社会的竞争与挑战。

为了弘扬中国传统文化，帮助读者深刻了解我们的历史与文化，用经典历史文学知识陶冶情操、提高文化修养，同时使国学得到承传，得以弘扬光大，我们精心编排了本书。

本书选取了国学经典著作中很多优秀的作品及资料，博采各类经典作品的长处，并有所创新，以使得本书风格迥异、卓然超群，相信会给读者带来全新感受。

由于时间仓促，书中难免有不尽之处，恳请读者朋友提出宝贵意见，在此深表谢意。

导读

“十三经”是对我国十三部儒家经典的统称，其中研究古代礼制的著作主要是“三礼”，即《周礼》《仪礼》和《礼记》。《周礼》的基本内容是先秦时期如何设官分职，但是也广泛涉及了当时的政治、经济、文化、风俗、礼法等多方面的内容，全书博大精深，历来受到研究者的重视。

《周礼》又名《周官》《周官经》。《汉书·景十三王传》记载，西汉藏书家、河间献王刘德，从民间搜集了大量珍贵的书籍，其中就包括秦朝焚书时被人藏起来的《周礼》。公元前163年，刘德来到朝廷，向汉武帝献上了很多古籍，当时还署名《周官》的《周礼》也在其中，被藏入汉宫秘府之内，长期没有公之于世。到了西汉末年，著名文学家刘向、刘歆父子整理宫廷书籍，发现《周官》，写入了他们的《别录》《七略》之中，王莽居摄（公元6年）之后，刘歆将《周官》更名为《周礼》。东汉经学大师郑玄为“三礼”作注，并将《周礼》列为“三礼”之首，《周礼》的地位得到巩固，正式成为儒家经典。到了唐代，《周礼》和《礼记》一起正式列入“九经”之中，南宋固定为“十三经”。

《周礼》的作者，众说纷纭，至今未有定论。刘歆认为此书是周公亲手制作的官政之法，这个说法得到了郑玄的认同。其后，唐代学者孔颖达、贾公彦，宋代学者王安石、张载、朱熹，清代学者魏源、孙诒让等都力主此说。但是，由于时间太过久远，这些学者无法拿出有力证据，存在诸多疑点，所以周公作《周礼》的说法当存疑。但是，《周礼》反映的是西周时代的主要制度，这一点是无法否认的，而这些制度的主要制定者就是周公。要理解《周礼》，就不得不对周公进行简单的了解。

周公，生卒年不详，姬姓，名旦，是周文王姬昌的第四子，周武王姬发的弟弟。由于他的封地在周（今陕西省岐山县），公爵，所以被称为周公。周公从小对父母非常孝顺，对待他人也忠厚仁爱。周武王即位后，太公望（姜尚）为太师，周公为辅相，两人是武王的左膀右臂。约公元前1046年，周军击败商军，商纣王自焚，周朝建立。周武王去世后，年幼的周成王继位，大权由周公掌握。周武王的弟弟管叔、蔡叔勾结纣王的儿子武庚发动叛乱，周公亲自出征，经过三年的战争终于彻底平息了叛乱。为了巩固周王朝在东方的统治，周公又营建了规模宏大的东都洛邑，并大举分封诸侯来拱卫王室。此后，周公开始着力制礼作乐，宣布各种典章制度，尤其是对宗法制度进行了完善，奠定了周朝绵延八百年的坚实基础。天下稳定后，周成王也长大了，周公主动交出大权，回到封地隐居，数年后去世，可谓善始善终。

周公是孔子最为憧憬的历史人物，孔子毕生都想要恢复的礼乐制度，在相传为周公所作的《周礼》中可窥见一斑。《周礼》共六篇：《天官冢宰》《地官司徒》《春官宗伯》《夏官司马》《秋官司寇》《冬官司空》。其中《冬官司空》只有篇名没有文字，于是河间献王（也有人认为是刘歆）将战国时齐人所作的记载先秦时代官营手工业规范和制造工艺的文献《考工记》补入（司空的职责之一就是掌管手工业制造部门），所以该篇也被称为《冬官考工记》。通过这些篇目可以看出，《周礼》的基本框架是西周时的国家机构设置、职责分工，显示出当时完整的政治思想体系。前五篇均由叙文、叙官、职文三部分组成，其中职文多有亡佚之处。叙文主要简述为什么要设立该官职，叙官则详述隶属于该官职下的官府、爵位、人员编制等。职文则记述了该官职的主要职责、与其他官职协办大事时的地位和作用以及该官职的例行事务等。

根据《周礼》来看，天官冢宰也就是后世的宰相，辅佐天子治理天下，并管理百官，其属下包括六十三个职官，实际掌管的事务十分复杂而琐细；地官司徒主要管“邦教”，即教化民众，属下共有七十八个职官；春官宗伯，就是礼官，掌管国家大型祭祀等礼仪，属下共有七十个职官；夏官司马，掌握的是军政与军赋，国家有战事时需要率军出征；秋官司寇，主管刑狱，上至依法诛戮大臣，下至驱捕盗贼，都由司寇负责，属下共六十六个职官；冬官司空，又称司工，在西周时的具体职守已不得而知，后世营造城邑等土木工程、兴修水利、管理官办手工业等事务均由司空负责，推测西周时期的冬官司空的职责也与此类似，属下职官不详。后人考证，根据《周礼》的记载来推算，前五类官府所需的供职人员达五万余人，加上冬官则会超过六万人，体现出当时政府机构的庞大、完善和严密。

《周礼》保存的西周政治制度对后世影响极为深远，后世很多朝代的官职设置都以此书的框架为依据，王莽改制时甚至完全照搬《周礼》来设置官职，王安石变法时也自称取法于《周礼》。对于我国古代的法律制度，《周礼》也是不可或缺的宝贵资料，《周礼》强调防患于未然，对案情的审定十分审慎。对于我国古代的文化制度乃至审美风尚，《周礼》都起到“风向标”的作用，后世灿烂的祭祀文化肇始于此，祭祀时的乐器和乐曲、舞蹈等都以本书为指导思想。在保留古代教育制度方面，《周礼》的贡献同样不容忽视，“大宰”“大司徒”“大司马”“大司寇”等都必须将本部门制定的治法、教法、政法、刑法等悬挂在都城的象魏（古代宫廷外一对用来悬示法令的高大建筑）上，让万民观览，相关部门的职官还要深入各地晓谕众官和百姓。“大司徒”作为主管教化的官员，必须教导百姓学习礼乐，接受道德规范的训练，并要求政府兴办国学（培训贵族子弟）和乡学（供庶民入学）。对于古代的经济制度，《周礼》也没有忽略，地政、人力、户籍、物产、税赋诸方面都有记载，形成了严密的财经管理体系。

作为保存古代科学技术的宝贵资料，《考工记》越来越受到重视，在世界科技发展史上占有重要地位。《考工记》中共记录了三十个工种的六类工匠，这些工匠涵盖了多种工艺，包含着物理学、生物学、数学等多学科知识，是研究古代技术史的重要文献。

总之，《周礼》作为重要的儒家经典之一，史料价值极高，保留了大量西周时代的珍贵史料，对后世的思想、制度等方面的影响是巨大的。它无所不包，内容详细而又条理分明，堪称为上古文化史之宝库。读《周礼》，不仅能一窥古代的社会状况，也有助于我们追本溯源，对至今依然产生影响的中国传统礼法有更深刻的认识。

目录

天官冢宰第一

地官司徒第二

春官宗伯第三

夏官司马第四

秋官司寇第五

冬官考工记第六

天官冢宰第一

叙官

原文

惟王建国[①]，辨方正位[②]，体国经野[③]。设官分职，以为民极[④]。乃立天官冢宰[⑤]，使帅其属，而掌邦治[⑥]，以佐王均邦国[⑦]。

注释

①惟：语首助词。建国：建立国家，定都。

②辨方：辨别四方。正位：确定宫庙、朝廷所在的位置。

③体国：主次有别地进行国都建设。野：指国都城外半径为五百里的地域。

④极：此指中正的准则。

⑤天官冢宰：官名。天官之长则为冢宰，又叫大宰。《周礼》六官之一，是最高首长。

⑥使帅其属，而掌邦治："掌邦治"与下文"均邦国"互文，都称王国与诸侯国，也称全天下。帅，率领。

⑦均：治理。邦国：统称王国与诸侯国。

译文

天子建立国都，首先就要辨明建都之地的方位，确定宫殿与宗庙的位置，然后主次有别地建设国都及附近区域。设立各种官职，从而辅助天子更好地统领百姓。为了实现这一目的，于是设立了天官冢宰这一官职，并让其率领部属治理天下，以辅佐天子治理各诸侯国。

原文

治官[①]之属：大宰[②]，卿一人；小宰[③]，中大夫二人；宰夫[④]，下大夫四人；上士八人，中士十有六人，旅下士三十有二人[⑤]，府[⑥]六人，史[⑦]十有二人，胥[⑧]十有二人，徒[⑨]百有二十人。

注释

①治官：天官。因天官掌管天下的治理，故称治官。

②大（tài）宰：官名。即冢宰，六卿之首，职位略等于后世的宰相。

③小宰：官名。大宰的副职。

④宰夫：官名。是大宰、小宰的助手。

⑤旅：众也。下士人数众多，故称“旅下士”。

⑥府：掌管收藏文书、财物的小吏。

⑦史：负责撰写文书的小吏。

⑧胥：被征调到官府服徭役的平民。

⑨徒：从平民中征调到官府供役使的勤杂人员。

译文

天官的构成体系：大宰，由一名卿担任；小宰，由两名中大夫担任；宰夫，由四名下大夫担任；此外，还有八名上士，十六名中士，三十二名下士递相辅佐，下辖六名府，十二名史，十二名胥，一百二十名徒。

原文

宫正[①]，上士二人，中士四人，下士八人，府二人，史四人，胥四人，徒四十人。

注释

①宫正：官名。掌管王宫政令、宿卫的官员，是宫中官吏之长。

译文

官正，由两名上士担任长官，四名中士担任副职，此外，还配有下士八人协理众事，下辖两名府，四名史，四名胥，四十名徒。

原文

宫伯①，中士二人，下士四人，府一人，史二人，胥二人，徒二十人。

注释

①宫伯：官名。掌管统率王宫中值勤的卿大夫子弟。

译文

宫伯，由两名中士担任长官，四名下士担任副职，下辖一名府，两名史，两名胥，二十名徒。

原文

膳夫①，上士二人，中士四人，下士八人，府二人，史四人，胥十有二人，徒百有二十人。

注释

①膳夫：官名。负责天子的膳食。下文的庖人、内饔、外饔、亨人，都是膳夫的属官。

译文

膳夫，由两名上士担任长官，四名中士担任副职，八名下士协理众事，下辖两名府，四名史，十二名胥，一百二十名徒。

原文

庖人[1]，中士四人，下士八人，府二人，史四人，贾[2]八人，胥四人，徒四十人。

注释

①庖人：官名。负责供给王、王后、世子等人的食用牲畜禽兽。

②贾（gǔ）：指熟悉市场物价，负责采购东西的人。

译文

庖人，由四名中士担任长官，八名下士担任副职，下辖两名府，四名史，八名贾，四名胥，四十名徒。

原文

内饔[1]，中士四人，下士八人，府二人，史四人，胥十人，徒百人。

注释

①内饔（yōng）：官名。负责王、王后、世子饮食的烹调，亦称饔人。

译文

内饔，由四名中士担任长官，八名下士担任副职，下辖两名府，四名史，十名胥，一百名徒。

原文

外饔[1]，中士四人，下士八人，府二人，史四人，胥十人，徒百人。

注释

①外饔：官名。负责宫外祭祀、宴会招待宾客、耆老孤子的割烹。

译文

外饔，由四名中士担任长官，八名下士担任副职，下辖两名府，四名史，十名胥，一百名徒。

原文

亨人[1]，下士四人，府一人，史二人，胥五人，徒五十人。

注释

①亨（pēng）人：官名。负责为内饔、外饔煮肉。亨，同“烹”。

译文

亨人，由四名下士担任长官，下辖一名府，两名史，五名胥，五十名徒。

原文

甸师[1]，下士二人，府一人，史二人，胥三十人，徒三百人。

注释

①甸师：官名。掌管藉田和供给野物的官员之长。下文兽人、渔人、鳖人、腊人，都是甸师属官。

译文

甸师，由两名下士担任长官，下辖一名府，两名史，三十名胥，三百名徒。

原文

兽人[①]，中士四人，下士八人，府二人，史四人，胥四人，徒四十人。

注释

①兽人：官名。掌管野兽的供给并执掌猎取野兽政令之官。

译文

兽人，由四名中士担任长官，八名下士担任副职，下辖两名府，四名史，四名胥，四十名徒。

原文

渔人[①]，中士二人，下士四人，府二人，史四人，胥三十人，徒三百人。

注释

①渔人：官名。掌管鱼类的供给并执掌捕鱼政令之官。

译文

渔人，由两名中士担任长官，四名下士担任副职，下辖两名府，四名史，三十名胥，三百名徒。

原文

鳖人[①]，下士四人，府二人，史二人，徒十有六人。

注释

①鳖人：官名。负责鳖龟蚌等有甲壳的水生动物的供给。

译文

鳖人，由四名下士担任长官，下辖两名府，两名史，十六名徒。

原文

腊人[①]，下士四人，府二人，史二人，徒二十人。

注释

①腊人：官名。制作、供给干肉之官。

译文

腊人，由四名下士担任长官，下辖两名府，两名史，二十名徒。

原文

医师[①]，上士二人，下士四人，府二人，史二人，徒二十人。

注释

①医师：官名。众医之长，掌管医治疾病的政令。下文食医、疾医、疡医、兽医，都是医师的属官。

译文

医师，由两名上士担任长官，四名下士担任副职，下辖两名府，两名史，二十名徒。

原文

食医[1]，中士二人。

注释

①食医：官名。负责为王调配食饮膳羞，以祛病健身。

译文

食医，由两名中士担任。

原文

疾医[1]，中士八人。

注释

①疾医：官名。职责如同现代的内科医生。

译文

疾医，由八名中士担任。

原文

疡医[1]，下士八人。

注释

①疡医：官名。职责如同现代的外科医生。疡，谓生疮化脓。

译文

疡医，由八名下士担任。

原文

兽医[1]，下士四人。

注释

①兽医：官名。如同现代治疗家畜、家禽等动物疾病的医生。

译文

兽医，由四名下士担任。

原文

酒正[1]，中士四人，下士八人，府二人，史八人，胥八人，徒八十人。

注释

①酒正：官名。酒官之长，掌管酿造酒的政令。下文酒人、浆人，都是酒正的属官。

译文

酒正，由四名中士担任长官，八名下士担任副职，下辖两名府，八名史，八名胥，八十名徒。

原文

酒人[1]，奄[2]十人，女酒[3]三十人，奚[4]三百人。

注释

①酒人：官名。负责酿酒，以备祭祀与宾客之需。
②奄：阉割过的男奴，即太监。
③女酒：通晓酿酒的女奴。女酒是奚的头目，一名女酒率领十奚。
④奚：女奴。

译文

酒人，由十名奄担任长官，下辖三十名女酒，三百名奚。

原文

浆人①，奄五人，女浆②十有五人，奚百有五十人。

注释

①浆人：官名。负责制作饮料。
②女浆：通晓制作饮料的女奴。

译文

浆人，由五名奄担任长官，下辖十五名女浆，一百五十名奚。

原文

凌人①，下士二人，府二人，史二人，胥八人，徒八十人。

注释

①凌人：官名。掌管采冰、藏冰、颁冰之事。凌，冰室。

译文

凌人，由两名下士担任长官，下辖两名府，两名史，八名胥，八十名徒。

原文

笾人[①]，奄一人，女笾[②]十人，奚二十人。

注释

①笾人：官名。掌管供给笾中食物以进献的官。笾，古代祭祀或宴会时盛果实、干肉等的竹器。

②女笾：通晓供给笾中食物的女奴。

译文

笾人，由一名奄担任长官，下辖十名女笾，二十名奚。

原文

醢人[①]，奄一人，女醢[②]二十人，奚四十人。

注释

①醢（hǎi）人：官名。负责供给祭祀、宴飨时所需的醢。醢，肉酱，盛于豆中。

②女醢：通晓供给肉酱的女奴。

译文

醢人，由一名奄担任长官，下辖二十名女醢，四十名奚。

原文

醯人[①]，奄二人，女醯[②]二十人，奚四十人。

注释

①醯（xī）人：官名。负责供给醋的官员。醯，醋。
②女醯：通晓酿醋的女奴。

译文

醯人，由两名奄担任长官，下辖二十名女醯，四十名奚。

原文

盐人[①]，奄二人，女盐[②]二十人，奚四十人。

注释

①盐人：官名。掌管有关盐的政令及盐的供应。
②女盐：通晓盐事的女奴。

译文

盐人，由两名奄担任长官，下辖二十名女盐，四十名奚。

原文

幂人[①]，奄一人，女幂[②]十人，奚二十人。

注释

①幂（mì）人：官名。掌管供给覆盖饮食的布巾。
②女幂：通晓以布巾覆盖食物的女奴。

译文

幂人，由一名奄担任长官，下辖十名女幂，二十名奚。

原文

宫人①，中士四人，下士八人，府二人，史四人，胥八人，徒八十人。

注释

①宫人：官名。掌管天子寝宫的清洁、执烛、供炭等事宜。下文掌舍、幕人、掌次，都是其属官。

译文

宫人，由四名中士担任长官，八名下士担任副职，下辖两名府，四名史，八名胥，八十名徒。

原文

掌舍①，下士四人，府二人，史四人，徒四十人。

注释

①掌舍：官名。负责天子与诸侯会同时所居行宫的门禁、警卫事宜。

译文

掌舍，由四名下士担任长官，下辖两名府，四名史，四十名徒。

原文

幕人①，下士一人，府二人，史二人，徒四十人。

注释

①幕人：官名。负责供给野外休息等所用的帷幕。

译文

幕人，由一名下士担任长官，下辖两名府，两名史，四十名徒。

原文

掌次[1]，下士四人，府四人，史二人，徒八十人。

注释

①掌次：官名。负责张设帷幕。次，用布帷、竹帘设立的临时休息场所。

译文

掌次，由四名下士担任长官，下辖四名府，两名史，八十名徒。

原文

大府[1]，下大夫二人，上士四人，下士八人，府四人，史八人，贾十有六人，胥八人，徒八十人。

注释

①大府：官名。天子府库的总保管。下文玉府、内府、外府，都是大府的属官。

译文

大府，由两名下大夫担任长官，四名上士担任副职，八名下士协理众事，下辖四名府，八名史，十六名贾，八名胥，八十名徒。

原文

玉府[1]，上士二人，中士四人，府二人，史二人，工[2]八人，贾

八人，胥四人，徒四十有八人。

注释

①玉府：官名。负责保管天子的金玉、玩好、兵器的人。
②工：善于治玉的工匠。

译文

玉府，由两名上士担任长官，四名中士担任副职，下辖两名府，两名史，八名工，八名贾，四名胥，四十八名徒。

原文

内府①，中士二人，府一人，史二人，徒十人。

注释

①内府：官名。负责保管贡赋中珍贵之物的人。

译文

内府，由两名中士担任长官，下辖一名府，两名史，十名徒。

原文

外府①，中士二人，府一人，史二人，徒十人。

注释

①外府：官名。负责货物、钱帛的回收和发放。

译文

外府，由两名中士担任长官，下辖一名府，两名史，十名徒。

原文

司会[1]，中大夫二人，下大夫四人，上士八人，中士十有六人，府四人，史八人，胥五人，徒五十人。

注释

①司会（kuài）：官名。掌管统计、考核邦国、都鄙、官府等的财政收支，相当于全国的总会计。下文司书、职内、职岁、职币，都是其属官。

译文

司会，由两名中大夫担任长官，四名下大夫担任副职，八名上士及十六名中士协理众事，下辖四名府，八名史，五名胥，五十名徒。

原文

司书[1]，上士二人，中士四人，府二人，史四人，徒八人。

注释

①司书：官名。掌管各种会计账簿。

译文

司书，由两名上士担任长官，四名中士担任副职，下辖两名府，四名史，八名徒。

原文

职内[1]，上士二人，中士四人，府四人，史四人，徒二十人。

注释

①职内：官名。负责赋税的征收。

译文

职内，由两名上士担任长官，四名中士担任副职，下辖四名府，四名史，二十名徒。

原文

职岁[①]，上士四人，中士八人，府四人，史八人，徒二十人。

注释

①职岁：官名。掌管年终赋税支出的总结算。

译文

职岁，由四名上士担任长官，八名中士担任副职，下辖四名府，八名史，二十名徒。

原文

职币[①]，上士二人，中士四人，府二人，史四人，贾四人，胥二人，徒二十人。

注释

①职币：官名。掌管各部门经费的支出结余部分，以备天子用于赏赐。币，通“敝”，剩余。

译文

职币，由两名上士担任长官，四名中士担任副职，下辖两名府，四名史，四名贾，两名胥，二十名徒。

原文

司裘①，中士二人，下士四人，府二人，史四人，徒四十人。

注释

①司裘：官名。掌管制作皮衣。

译文

司裘，由两名中士担任长官，四名下士担任副职，下辖两名府，四名史，四十名徒。

原文

掌皮①，下士四人，府二人，史四人，徒四十人。

注释

①掌皮：官名。负责收集和制作皮革。

译文

掌皮，由四名下士担任长官，下辖两名府，四名史，四十名徒。

原文

内宰①，下大夫二人，上士四人，中士八人，府四人，史八人，胥八人，徒八十人。

注释

①内宰：官名。总理王内宫的事务，为王后的辅佐。下文内小臣、阍人、

寺人、内竖，都是其属官。

译文

内宰，由两名下大夫担任长官，四名上士担任副职，八名中士协理众事，下辖四名府，八名史，八名胥，八十名徒。

原文

内小臣①，奄上士②四人，史二人，徒八人。

注释

①内小臣：官名。王后的侍从，掌管传达王后的旨意。

②奄上士：有上士爵位的宦官。

译文

内小臣，由四名奄上士担任长官，下辖两名史，八名徒。

原文

阍人①，王宫每门四人，囿游②亦如之。

注释

①阍人：守宫门的人。阍，宫门。

②囿游：天子的御花园和离宫。

译文

阍人，王宫每门设四名，天子的御花园和离宫也是一样。

原文

寺人①，王之正内②五人。

注释

①寺人：王后寝宫内由宦官担任的近侍。
②正内：正寝，即路寝，在王宫路门内。

译文

寺人，在王后的正寝中设五人。

原文

内竖[1]，倍寺人之数。

注释

①内竖：王后宫寝的近侍，由十五岁至十九岁的未成年人担任，便于内外沟通。

译文

内竖，设置的人数较寺人多一倍。

原文

九嫔[1]。

注释

①九嫔：嫔，天子的妾，地位仅次于夫人。九嫔与下文世妇、女御皆为天子之妃妾。

译文

嫔九人。

原文

世妇[1]。

注释

①世妇：妇官，王之妃妾，位次于九嫔。

译文

世妇。

原文

女御[1]。

注释

①女御：妇官，即御妻，王之妃妾，位在世妇下。

译文

女御。

原文

女祝[1]四人，奚八人。

注释

①女祝：官名。负责后宫祈祷之事。

译文

女祝四人，下辖八名奚。

原文

女史[1]八人，奚十有六人。

注释

①女史：官名。负责记载史事的女官。

译文

女史八人，下辖十六名奚。

原文

典妇功[1]，中士二人，下士四人，府二人，史四人，工[2]四人，贾四人，徒二十人。

注释

①典妇功：官名。后宫女工活计的总管，负责教导、督促后宫妇人纺织，检验成品质量。下文的典丝、典枲（xǐ），都是典妇功的属官。

②工：男工。

译文

典妇功，由两名中士担任长官，四名下士担任副职，下辖两名府，两名史，四名工，四名贾，二十名徒。

原文

典丝[1]，下士二人，府二人，史二人，贾四人，徒十有二人。

注释

①典丝：官名。掌管收进、保管蚕丝，并将蚕丝分发给内外女工。

译文

典丝，由两名下士担任长官，下辖两名府，两名史，四名贾，十二名徒。

原文

典枲①，下士二人，府二人，史二人，徒二十人。

注释

①典枲：官名。掌管收进、保管麻葛等纺织原料，并将其分发给女工用来织布。枲，大麻的雄株。此泛指麻。

译文

典枲，由两名下士担任长官，下辖两名府，两名史，二十名徒。

原文

内司服①，奄一人，女御二人，②奚八人。

注释

①内司服：官名。负责制作、供给王后及内命妇服装。

②奄一人，女御二人：虽奄在前，女御在后，但女御通常由内官兼任，因此实际上的首长是女御。下文缝人官同此例。

译文

内司服，由两名女御兼领此事，下辖一名奄，八名奚。

原文

缝人[①]，奄二人，女御[②]八人，女工[③]八十人，奚三十人。

注释

①缝人：官名。负责为天子、王后缝制衣服。
②女御：此亦内官而兼领缝人之事者。
③女工：通晓裁缝、手艺工巧的女奴。

译文

缝人，由女御八人兼领此事，下辖两名奄，八十名女工，三十名奚。

原文

染人[①]，下士二人，府二人，史二人，徒二十人。

注释

①染人：官名。负责为丝帛染色。

译文

染人，由两名下士担任长官，下辖两名府，两名史，二十名徒。

原文

追师[①]，下士二人，府一人，史二人，工二人，徒四人。

注释

①追（duī）师：官名。掌管王后、内外命妇的头饰。追，雕琢玉器。

译文

追师，由两名下士担任长官，下辖一名府，两名史，两名工，四名徒。

原文

屦人①，下士二人，府一人，史一人，工八人，徒四人。

注释

①屦（jù）人：官名。负责制作天子、王后的各种鞋子。屦，用草、葛、麻、丝、革等制的鞋子。

译文

屦人，由两名下士担任长官，下辖一名府，一名史，八名工，四名徒。

原文

夏采①，下士四人，史一人，徒四人。

注释

①夏采：官名。掌管天子去世时招魂事宜的人。

译文

夏采，由四名下士担任长官，下辖一名史，四名徒。

大宰

原文

大宰之职，掌建邦之六典①，以佐王治邦国②。一曰治典③，以经邦国，以治官府，以纪万民。二曰教典④，以安邦国，以教官府，以扰⑤万民。三曰礼典⑥，以和邦国，以统百官，以谐万民。四曰政典⑦，以平邦国，以正百官，以均万民。五曰刑典⑧，以诘邦国，以刑百官，以纠万民。六曰事典⑨，以富邦国，以任百官，以生万民。

注释

①邦：谓王国，即天子之国。六典：指下文所云治典、教典、礼典、政典、刑典、事典。

②邦国：诸侯国。

③治典：大宰所掌治理政务的法典。

④教典：大司徒所掌施行教化的法典。

⑤扰：驯顺。

⑥礼典：大宗伯所掌的有关五礼（吉礼、凶礼、宾礼、军礼、嘉礼）的法典。

⑦政典：大司马所掌以军事力量安定天下与均平赋税的法典。

⑧刑典：大司寇所掌刑罚方面的法典。

⑨事典：大司空所掌的营造都邑、城郭、宗庙、宫室以及车服器械的法典。

译文

大宰的职责，是掌管制定与颁行王国的六种法典，以辅佐天子统治天下。第一是治典，用来统治各诸侯国，治理百官，管理万民。第二是教典，用来安定各诸侯国，教育百官，驯顺万民。第三是礼典，用来使各诸侯国协和，统驭百官，使万民和睦。第四是政典，用来平服各诸侯国，让百官能够各守其职，使天下万民能感受到公平、合理。第五是刑典，用来禁止各诸侯国的叛乱，严惩贪官污吏，纠察百姓中的不法之徒。第六是事典，用来使各诸侯国变得富强，百官能够各尽其职、为国效力，百姓能够富裕安康。

原文

以八法[①]治官府。一曰官属[②]，以举邦治。二曰官职[③]，以辨邦治。三曰官联[④]，以会官治。四曰官常[⑤]，以听官治。五曰官成[⑥]，以经邦治。六曰官法[⑦]，以正邦治。七曰官刑[⑧]，以纠邦治。八曰官计[⑨]，以弊[⑩]邦治。

注释

①八法：指下文官属、官职、官联、官常、官成、官法、官刑、官计。

②官属：指各个官府的统属关系。

③官职：指官吏的职责范围。

④官联：指多个官府为完成任务而联合办事的职责。

⑤官常：各官府的常规性职责。

⑥官成：各官府办事的成例。

⑦官法：指各官府履行职责时应遵循的法规。

⑧官刑：指赏罚官吏的法规。

⑨官计：定期考核官员政绩的标准。

⑩弊：决断，裁决。

译文

使用八种法则来管理官府。第一是官属，用来建立起完备的统治体系。第二是官职，用来明确各官吏的责任与权力。第三是官联，用来会合各行政层级的力量，以便更好地实现对王国的治理。第四是官常，用来考查各级官吏的政绩，促进治理任务的完成。第五是官成，用以依据先前好的行政举措来治理王国。第六是官法，用来严肃吏治、依法治理王国。第七是官刑，用来赏罚官吏，促使其更好地贯彻王国的政令。第八是官计，用来考查官员的政绩，评判王国的吏治。

原文

以八则治都鄙[①]。一曰祭祀[②]，以驭[③]其神。二曰法则[④]，以驭其官。三曰废置[⑤]，以驭其吏。四曰禄位，以驭其士[⑥]。五曰赋贡[⑦]，以驭其用。六曰礼俗[⑧]，以驭其民。七曰刑赏，以驭其威。八曰田役[⑨]，以驭其众。

注释

①八则：下文的八项治理法则。都鄙：指王畿内公卿大夫的采邑以及王子弟的食邑。

②祭祀：祭祀社稷、先君、五祀等神的制度、法则。

③驭：同“御”，控制。

④法则：指都鄙的官府制度。

⑤废置：罢黜无能之辈，推荐有贤德的能人。废，废退无能。置，推举贤能。

⑥士：学士。孙诒让认为即讲学道艺而养之于学中者，非谓卿大夫士之士。

⑦赋贡：指征收赋贡的制度。赋，土地税。贡，赋税之外进贡的物品。

⑧礼俗：谓先王旧礼和当地旧俗。

⑨田役：为了田猎征伐、功作征调民众而颁发的制度。

译文

使用八种制度来治理王畿内公卿大夫的采邑及王子弟的食邑。第一是关于祭祀社稷、先君、五祀等神的制度、法则，用来控制祭祀，不使其僭越淫祀。第二是关于官室、车服等级的官府制度，用来规范各级官吏的行为。第三是关于罢黜、任用官吏的制度，用来防止官员随意被任免。第四是关于授予俸禄、爵位的制度，用来激励学士为国效力。第五是关于征收赋贡的制度，用来调节财税、丰盈府库。第六是关于先王的旧礼与当地的旧俗，用来教化百姓，使之向善。第七是关于惩罚、奖励的制度，用来防止权贵作威作福。第八是关于因田猎、征伐、功作而征发民众的制度，用来防止民力被滥用。

原文

以八柄诏王驭群臣[1]。一曰爵[2]，以驭其贵。二曰禄，以驭其富。三曰予[3]，以驭其幸。四曰置[4]，以驭其行。五曰生[5]，以驭其福。六曰夺[6]，以驭其贫。七曰废，以驭其罪。八曰诛，以驭其过。

注释

①八柄：比喻天子掌握的八种权力。诏：告知。此指辅佐王对群臣施行赏罚。

②爵：爵位，谓公、侯、伯、子、男、卿、大夫、士。

③予：赏赐。

④置：任用，提拔。

⑤生：犯罪当死之人因为其他原因免遭死罪。

⑥夺：没收罪人家产。

译文

使用八种权力来辅助天子驾驭百官。第一是赐予爵位的权力，以使获得爵位的人知道是谁使其尊荣的。第二是授予俸禄的权力，以使得到俸禄的人知道是谁使其富裕的。第三是赏赐的权力，以使获得赏赐的人知道是谁给予其恩宠的。第四是安置官吏的权力，以使被提拔的官员恪尽职守。第五是赦免死罪的权力，以使被赦免死罪的人知道是谁保全他性命的。第六是剥夺财产的权力，以使被剥夺财产的人知道其财富是谁恩赐的。第七是废黜的权力，以使罪臣得到相应的处罚。第八是诛杀的权力，以使被处死的人知道其所犯的罪有谁能惩处他。

原文

以八统诏王驭万民[1]。一曰亲亲[2]，二曰敬故，三曰进贤，四曰使能，五曰保庸[3]，六曰尊贵[4]，七曰达吏[5]，八曰礼宾[6]。

注释

①八统：八项施政的原则。万民：包括庶民与群臣。
②亲亲：亲近亲族。
③庸：功劳。
④贵：有爵位者、品德高尚者、年长者。
⑤达吏：考查、提拔勤劳的小官吏。
⑥礼宾：礼敬宾客。

译文

使用八项原则辅助天子统御臣民。第一是亲近亲族，第二是敬重故旧，第三是推举德才兼备的贤能之士，第四是任用能治国安邦的能人，第五是奖励有功于社稷的人，第六是尊重那些有崇高品德、有声望的年长者，第七是提拔政绩突出的小吏，第八是以尊贵的礼节接待来朝的宾客。

原文

以九职[1]任万民。一曰三农[2]，生九谷。二曰园圃[3]，毓[4]草木。三曰虞衡[5]，作山泽之材。四曰薮牧[6]，养蕃鸟兽。五曰百工，饬[7]化八材。六曰商贾，阜[8]通货贿。七曰嫔[9]妇，化治丝枲。八曰臣妾[10]，聚敛疏材[11]。九曰闲民，无常职，转移执事。

注释

①九职：九种职业。九职既是任民之法，也是征税之法。
②三农：在三种不同的地形下从事耕种的人。
③园圃：在园地种植瓜果蔬菜的人。
④毓：同“育”，养育，种植。
⑤虞衡：官名。此指在山林川泽从事生产的人。
⑥薮（sǒu）牧：指以畜牧为职业的人。在此指代畜牧业。
⑦饬：整治。
⑧阜：茂盛。
⑨嫔：妇女。

⑩臣妾：卖身为奴的贫民。

⑪疏材：泛指各种野生草木根茎果实。

译文

使用九类职业统治天下万民。第一是农民，让他们在三种不同的地形中生产各种谷物。第二是园圃，让他们培育各种瓜果蔬菜。第三是虞衡，让他们开发、利用山林与川泽的资源。第四是畜牧，让他们养殖畜禽类动物。第五是百工，利用各种原材料加工制造成品。第六是商贾，让他们促进市场的繁荣与物资的流通。第七是妇女，让她们缫丝绩麻、织造布帛。第八是奴婢，让他们采集野生草木的果实。第九是闲民，没有固定职业，时常转换雇主为人做工。

原文

以九赋[①]敛财贿。一曰邦中[②]之赋，二曰四郊[③]之赋，三曰邦甸[④]之赋，四曰家削[⑤]之赋，五曰邦县[⑥]之赋，六曰邦都[⑦]之赋，七曰关市之赋[⑧]，八曰山泽之赋[⑨]，九曰弊余[⑩]之赋。

注释

①九赋：九种土地税。

②邦中：王城方圆九里之内。

③四郊：指王城之外一百里内的地区。

④邦甸：谓王城外百里至二百里之间的地区。

⑤家削：谓王城外二百里至三百里之间的地区。

⑥邦县：谓王城外三百里至四百里之间的地区。

⑦邦都：谓王城外四百里至五百里之间的地区。

⑧关市之赋：由司关、司市向商贾征收的赋税。

⑨山泽之赋：向山泽生产经营者征收的赋税。如《矿人》所征的金锡玉石，《角人》所征的象牙鹿角等。

⑩弊余：弊，通“币”。币余指的是官府每年结余的经费。

译文

使用九种征税手段来供养国家。第一是王城内的土地税，第二是王城之外一百里之内的土地税，第三是王城外一百里至二百里之间的土地税，第四是王城外二百里至三百里之间的土地税，第五是王城外三百里至四百里之间的土地税，第六是王城外四百里至五百里之间的土地税，第七是司关、司市负责向商贾征收的赋税，第八是向山泽生产经营者征收的赋税，第九是官府每年公用后结余财物的回收。

原文

以九式[①]均节财用。一曰祭祀之式[②]，二曰宾客之式[③]，三曰丧荒之式[④]，四曰羞服之式[⑤]，五曰工事之式，六曰币帛[⑥]之式，七曰刍秣[⑦]之式，八曰匪颁[⑧]之式，九曰好用[⑨]之式。

注释

①九式：九种使用财物的法规。式，法。

②祭祀之式：祭祀的规则。贾公彦曰："谓若大祭、次祭用太牢，小祭用特牲之类。"

③宾客之式：宾客的地位不同，接待的礼节也有所差别。

④丧：指丧事。荒：指凶年。

⑤羞：同"馐"，膳羞。指天子的饮食之物。服：指天子的衣服、车马仪仗。

⑥币帛：指使者聘问诸侯时所带的礼物。

⑦刍（chú）秣（mò）：喂养牛马的禾谷草料。

⑧匪（fēn）颁：此指天子分发群臣的俸禄。匪，通"分"。

⑨好（hào）用：天子特恩赏赐宠臣的物品。

译文

用九种使用财物的法规平衡财政支出。第一是祭祀的时候使用财物的法规，第二是接待宾客的时候使用财物的法规，第三是治丧或荒年赈济的时候使用财物的法规，第四是置办天子的饮食、车服、仪仗等的时候使用财物的法规，第五是工匠制造各类器物的时候使用财物的法规，第六是置备聘问礼品的时候使用财物的法规，第七是置办喂养牛马草料的时候使用财物的法规，第八是天子分发臣民俸禄和惯例赐予时使用财物的法规，第九是天子特恩赏赐臣下的时候使用财物的法规。

原文

以九贡致邦国之用[①]。一曰祀贡[②]，二曰嫔贡[③]，三曰器[④]贡，四曰币[⑤]贡，五曰材[⑥]贡，六曰货[⑦]贡，七曰服贡[⑧]，八曰斿贡[⑨]，九曰物贡[⑩]。

注释

①九贡：九种纳贡方法。贡，献也，谓各诸侯国将本国土特产献给天子。邦国：此处只指各诸侯国，不包括王国。

②祀贡：祭祀所需的物品。

③嫔（bīn）贡：宾贡。天子接待宾客所需的物品。

④器：谓宗庙之器。

⑤币：指聘问时使者所带礼品。

⑥材：指优质木材。

⑦货：谓金玉龟贝等货物。

⑧服贡：进献制作礼服所需的布料。

⑨斿（yóu）贡：游贡，进献玩好之物。斿，通“游”，游玩。

⑩物贡：指进献本地土特产。

译文

依照九种纳贡方法收纳各诸侯国向天子进献的财物。第一是让诸侯进献祭祀时所需的物品，第二是让诸侯进献接待宾客时所需的物品，第三是让诸侯进献宗庙所需的各种礼器，第四是让诸侯进献聘问时所需的赠礼，第五是让诸侯进献各种木材，第六是让诸侯进献金玉龟贝等物品，第七是让诸侯进献制作礼服所需的布料，第八是让诸侯进献可供赏玩的物品，第九是让诸侯进献各自的特产。

原文

以九两[1]系邦国之民。一曰牧[2]，以地得民。二曰长[3]，以贵得民。三曰师[4]，以贤得民。四曰儒[5]，以道得民。五曰宗[6]，以族得民。六曰主[7]，以利得民。七曰吏[8]，以治得民。八曰友，以任得民。九曰薮[9]，以富得民。

注释

①两：协调两方关系的方法。
②牧：牧养下民。
③长：官长，即公卿、大夫、士等凡有爵位而无国邑者的通称。
④师：指有德行才艺而能教育别人的人。
⑤儒：指通晓儒家经典而能训导别人的人。
⑥宗：谓大宗，即族长。
⑦主：主人。指客居异乡时住处的主人或无固定职业者做工之家的主人。
⑧吏：谓负有治理百姓责任的乡、遂、公邑等官吏。
⑨薮：此指管理山林川泽的虞衡之官。

译文

使用九种协调双方关系的手段来赢得万民之心。第一是各诸侯国的国君，以其所拥有的土地赢得国内民众的拥护。第二是长官，以其更高的职位赢得下属的敬重。第三是传道的教师，以其贤德赢得弟子的爱戴。第四是授业的儒生，以道艺赢得民众的热爱。第五是族长，以亲睦族人赢得人民的敬爱。第六是主人，以能为客人提供便利赢得客人的感激。第七是各级官吏，以其良好的政绩赢得民众的爱戴。第八是朋友，以可托付的信誉赢得对方的信任。第九是掌管山林川泽的官吏，以能让百姓利用山林川泽的资源赢得民众的赞许。

原文

正月之吉[1]，始和布治于邦国都鄙[2]，乃县治象之法于象魏[3]，使万民观治象，挟日[4]而敛之。

注释

①正月：谓周之正月，即夏历十一月。吉：每月初一。

②和（xuān）布：宣布。和，同“宣”。治：谓治典。邦国都鄙：此处指整个天下。

③县：同“悬”。治象：刻着治典的木板。象魏：天子、诸侯宫门上较高的建筑，可悬挂法令，以便观看。

④挟日：十天。挟，即匝，指古人用天干记日时从甲日到下一个甲日，共十天，恰好一匝（一圈）。

译文

每年周历正月初一宣示法律典章，将法典的布告悬于王宫大门的双阙上，以便臣民观看，十天之后再将其妥善地收藏起来。

原文

乃施典于邦国，而建其牧[①]，立其监[②]，设其参[③]，傅其伍[④]，陈其殷[⑤]，置其辅。乃施则[⑥]于都鄙，而建其长[⑦]，立其两，设其伍，陈其殷，置其辅。乃施法于官府[⑧]，而建其正[⑨]，立其贰[⑩]，设其考[⑪]，陈其殷，置其辅。

注释

①牧：州长。

②监：五等诸侯国君。

③参：同“三”，谓辅佐国君理事的三卿。

④伍：谓协助三卿理事的五个大夫。

⑤殷：众。

⑥则：指上文“八则”。

⑦长：谓都鄙之君。

⑧法：指上文“八法”。官府：王朝六官之府。

⑨正：官长。

⑩贰：六官之长的副职。

⑪考：六官正副长官的助手，位居六贰之下，即宰夫、乡师、肆师、军司马、士师。

译文

在各诸侯国推行所颁布的治国法典，为各州分配州长，为各国设立国君，为国君选拔辅佐他们的三卿，为三卿设立五大夫，为大夫设立众上士，为众上士设立府、史。在王畿的都鄙实施八则，为各采邑设立君长，为君长选配两卿，为卿选配五大夫，为大夫选配众上士，配备辅佐士理事的府、史。在官府实施八法，为各官府设立长官，为长官选配副职，为副职选配考核官，为属官选配众士，配备辅佐众上士理事的府、史。

原文

凡治，以典待邦国之治，以则待都鄙之治，以法待官府之治，以官成[1]待万民之治，以礼待宾客[2]之治。

注释

①官成：《小宰》之“八成”。

②宾客：指诸侯。

译文

凡治理政务，使用并遵照六典来治理各诸侯国，依据八则治理都鄙，依据八法治理官府，依据八成治理民众，依据宾礼迎送宾客。

原文

祀五帝[1]，则掌百官之誓戒[2]，与其具修。前期十日[3]，帅执事而卜日，遂戒。及执事，视涤濯[4]。及纳亨[5]，赞王牲事。及祀之日，赞玉币爵之事[6]。祀大神示亦如之[7]。享先王亦如之。赞玉几[8]玉爵。

注释

①五帝：谓五方帝，又称五色帝。指东方青（苍）帝，西方白帝，南方赤帝，北方黑帝，中央黄帝。

②誓戒：约束，警戒。

③前期十日：提前十天。

④视涤濯：检查祭器是否洗涤干净。视涤濯的时间在祭祀日前一天。

⑤纳亨（pēng）：纳牲。谓将祭祀用的牺牲牵至祭祀场所。

⑥玉币：用以礼神之物。爵：酒器。此处用以献尸。

⑦大神：谓至上神。示（qí）：同“祇”，谓地神。

⑧玉几：供先王的神灵降临后凭依的小矮桌。

译文

天子祭祀五帝的时候，大宰对参加祭祀的百官要负责约束、警诫，以防有失礼的行为，同时还要监督官员将祭品、祭器准备周全，并且将祭祀的场地打扫干净。祭祀举行前十天，大宰要率领有关官员占卜祭祀时日的吉凶，占卜结果若吉利，就遍告诸官开始斋戒。到祭祀前夕，大宰携相关官员检查祭器与炊具的准备与洗涤情况。祭祀当天黎明时分，天子亲自牵牺牲行纳亨礼时，大宰要尾随其后并提供相应的帮助。祭祀当天天大亮的时候，大宰要手执玉器、币帛与爵，以便适时地呈递给天子。天子祭祀天地的时候，大宰负责的事也是这些。天子祭祀列祖列宗的时候，大宰负责的事亦是如此。不同之处在于，大宰还要帮助天子放好让神凭依的玉几，当天子亲酌献尸的时候将玉爵呈递给天子。

原文

大朝觐会同①，赞玉币、玉献、玉几、玉爵②。

注释

①大朝觐会同：见《春官·大宗伯》，“春见曰朝，夏见曰宗，秋见曰觐，冬见曰遇，时见曰会，殷见曰同”。

②玉币：诸侯朝见天子时所献的见面礼。诸侯见天子时所献之玉，因玉

皆放在币（即束帛）上奉献，故称玉币。玉献：诸侯献玉币致辞后进献的本国珍异之物。玉几：此指天子接见诸侯时凭依的小矮桌。玉爵：天子为答谢诸侯朝觐，首先向诸侯敬酒，随后诸侯向天子回敬酒（称酢酒）。玉爵就是诸侯回敬天子时所用的酒杯。

译文

在诸侯朝觐王会同的重大场合，大宰要协助天子接受诸侯进献的玉币、玉献，还要协助天子准备好玉几与玉爵。

原文

大丧①，赞赠玉、含玉②。

注释

①大丧：王、王后、世子去世。此处指天子去世。

②赞：协助新王。赠玉：指灵柩放进墓穴后、封墓前，赠送给死者的束帛加璧。含玉：人死入殓前往死者口中放玉。

译文

天子去世时，大宰要协助继位的新天子为先王赠玉、含玉。

原文

作大事①，则戒于百官，赞王命。

注释

①大事：此处指征伐。

译文

天子采取重大军事行动的时候，大宰要告诫百官，协助天子施行政令。

原文

王视治朝[①]，则赞听治；视四方之听朝，亦如之。

注释

①治朝：群臣办公的地方。

译文

天子在处理国家事务时，大宰要协助天子裁决。天子每十二年就要外出巡视四方，在到达各诸侯国听政的时候，大宰的职责也同样如此。

原文

凡邦之小治，则冢宰听之。待四方之宾客之小治。

译文

若是政务上的一些小事情，可交由冢宰负责处理。譬如迎送宾客等。

原文

岁终，则令百官府各正其治，受其会[①]，听其致事，而诏王废置。三岁则大计群吏之治而诛赏之。

注释

①会：年终会计总账。

译文

夏历年终，大宰就会要求各级官吏整理好一年的办公文书，接受他们的账目，评判他们的政绩，然后上奏天子对其予以罢免或提拔。每过三年，大宰就要全面考核百官的政绩，然后奏请天子对他们予以奖惩。

小宰

原文

小宰之职，掌建邦之宫刑[①]，以治王宫之政令[②]，凡宫之纠禁。

注释

①宫刑：谓王宫中的刑法。

②政令：发布政令。

译文

小宰的职责，是掌管制定与颁布适行于王宫的刑法，让王宫中的政令得以推行与落实，并负责纠察、禁止宫中出现违反禁令的现象。

原文

掌邦之六典、八法、八则之贰[①]，以逆邦国、都鄙、官府之治[②]。执邦之九贡、九赋、九式之贰，以均财节邦用。

注释

①贰：副本。

②逆：考核。邦国：谓畿外各诸侯国。都鄙：谓畿内公卿大夫采邑和王子弟食邑。官府：谓天、地、春、夏、秋、冬六官及其属下各官。

译文

掌管王国六典、八法、八则的副本，用来辅佐大宰考核天下各诸侯国、王畿及各级政府的政绩。掌管王国九贡、九赋、九式的副本，用来辅佐大宰使国家财政有节制且收支平衡。

原文

以官府之六叙[1]正群吏。一曰以叙正其位[2]，二曰以叙进其治[3]，三曰以叙作其事[4]，四曰以叙制其食[5]，五曰以叙受其会，六曰以叙听其情。

注释

①叙：谓爵位尊卑的次序。
②位：百官上朝时所站位置。
③治：谓上报政绩的文书。
④作其事：派给他们的任务。
⑤食：没有爵位而在官府服务的人的月俸。

译文

用官府的六叙使官员知晓并恪守尊卑之礼。一是依据爵位尊卑排定官员的朝位秩序，二是依据爵位尊卑排定官员上报政绩的先后顺序，三是依据爵位尊卑给官员分配不同强度的工作，四是依据爵位尊卑来划定官员月薪的多寡，五是依据爵位尊卑排定官员上报年终会计总账的先后顺序，六是依据爵位尊卑排定官员谒见、向天子提出请求的先后顺序。

原文

以官府之六属[1]举邦治。一曰天官，其属六十[2]，掌邦治[3]，大事[4]则从其长，小事则专达[5]。二曰地官，其属六十，掌邦教，大事则从其长，小事则专达。三曰春官，其属六十，掌邦礼，大事则从

其长，小事则专达。四曰夏官，其属六十，掌邦政，大事则从其长，小事则专达。五曰秋官，其属六十，掌邦刑，大事则从其长，小事则专达。六曰冬官，其属六十，掌邦事，大事则从其长，小事则专达。

注释

①六属：谓有关六官属官的设置法则。

②其属六十：这是一个约数，实际六官部属不止此数。

③治：谓治典。

④大事：事体重大，需要几个部门合作才能完成的事情。

⑤小事：一个部门就可以办理的事情。达：通，即直接向王汇报。

译文

用国家有关六类属官设立的既定法则来协助大宰治理国家政事。第一类为天官，下设六十名属官，负责推行王国治典，需要各部门协同完成的事要遵从长官的统一调度，部门能单独处理的事就直接向天子禀告。第二类为地官，下设六十名属官，负责推行王国教典，需要各部门协同完成的事要遵从长官的统一调度，部门能单独处理的事就直接向天子禀告。第三类为春官，下设六十名属官，负责推行王国礼典，需要各部门协同完成的事要遵从长官的统一调度，部门能单独处理的事就直接向天子禀告。第四类为夏官，下设六十名属官，负责推行王国政典，需要各部门协同完成的事要遵从长官的统一调度，部门能单独处理的事就直接向天子禀告。第五类为秋官，下设六十名属官，负责推行王国刑典，需要各部门协同完成的事要遵从长官的统一调度，部门能单独处理的事就直接向天子禀告。第六类为冬官，下设六十名属官，负责推行王国事典，需要各部门协同完成的事要遵从长官的统一调度，部门能单独处理的事就直接向天子禀告。

原文

以官府之六职[①]辨邦治。一曰治职，以平邦国，以均万民，以节财用[②]。二曰教职[③]，以安邦国，以宁万民，以怀宾客[④]。三曰礼职，以和邦国，以谐万民，以事鬼神[⑤]。四曰政职[⑥]，以服邦国，以

正万民，以聚百物[7]。五曰刑职[8]，以诘[9]邦国，以纠万民，以除盗贼。六曰事职，以富邦国，以养万民，以生百物。

注释

①六职：谓有关六官职责的规定。

②以均万民，以节财用：《大宰》记大宰职责为“均万民”，又说“以九式均节财用”，所以这里结合起来说“以均万民，以节财用”。

③教职：谓地官教化方面的职责。

④以怀宾客：安排周到，使宾客有宾至如归的感觉。

⑤以事鬼神：大宗伯掌管对天神、人鬼、地祇的祭祀，故云。

⑥政职：谓夏官政务方面的职责。

⑦以聚百物：谓聚集天下物产。《夏官》职方氏掌管天下地图，熟悉各地物产，制定贡法，令各地来贡，故云“以聚百物”。

⑧刑职：谓秋官刑法方面的职责。

⑨诘：犹禁也。

译文

用国家有关官员职责划定的章法协助大宰明确各级官吏的职责。第一为天官的治理之责，治理天下各诸侯国，使百姓公平地承担赋税，调节国家的财政收支。第二为地官的教育之责，负责使天下各诸侯国安定、百姓安宁，使来朝的宾客有回家的感觉。第三为春官的礼仪之责，负责使天下各诸侯国和谐，百姓和睦，让四方神明都能享有祭祀。第四为夏官的军政之责，负责威服天下各诸侯国，使百姓知法守法、遵循正道，征集各地进献的财物。第五为秋官的刑罚之责，禁止天下各诸侯国犯上作乱，监督纠察百姓，剪除不法之徒。第六为冬官的生产事务之责，使天下各诸侯国富足、百姓安康，创造出更多的财富。

原文

以官府之六联合邦治[1]。一曰祭祀之联事[2]，二曰宾客之联事，三曰丧荒之联事，四曰军旅之联事，五曰田役[3]之联事，六曰敛弛[4]之联事。凡小事皆有联。

注释

①以官府之六联合邦治：此即大宰八法之“三曰官联，以会邦治”。官联，几个部门联合办理一事。

②祭祀之联事：大祭祀，大宰赞玉币，司徒奉牛牲，宗伯视涤濯。即各级官吏联合起来办事。

③田役：征调民众进行田猎。

④弛：通“施”，此谓施与，施惠。

译文

用国家有关协作办事的法则协助大宰会同各级官吏处理好国家的政务。第一是在祭祀上的协同合作，第二是在接待宾客上的协同合作，第三是在天子丧礼及赈济灾荒上的协同合作，第四是在军事上的协同合作，第五是在田猎、征调百姓上的协同合作，第六是在收聚财物、施发救济上的协同合作。除上述几项重要事项外，在各种小事上也要积极地协同合作。

原文

以官府之八成[①]经邦治。一曰听政役以比居[②]，二曰听师田以简稽[③]，三曰听闾里以版图[④]，四曰听称责以傅别[⑤]，五曰听禄位以礼命[⑥]，六曰听取予以书契[⑦]，七曰听卖买以质剂[⑧]，八曰听出入以要会[⑨]。

注释

①成：谓有据可查之文书。

②听：谓评断、处理。政役：征调役力。政通“征”。比居：伍籍，可以征调的劳役的花名册。

③师田：军队出征伐及田猎。简稽：一种簿册，上面写着士兵的姓名、武器等信息，以便查核。

④闾里：周代基层行政单位。此泛指平民聚居处。版图：户籍和地图。

⑤称责：借贷、有息贷款。责，同“债”。傅别：借券。

⑥礼命：国家的礼籍和天子的册命文书。

⑦书契：此处指符券。

⑧质剂：买卖成交的契约。

⑨要会（kuài）：此指会计账册。统计一月的会计文书叫作要，统计一年的会计文书叫作会。

译文

用国家各种以供查据的文书来协助大宰处理各式各样的矛盾纠纷。第一种文书为登记百姓人口财产的伍籍，如遇征派赋役方面的纠纷，可据以处理。第二种文书为登记人员兵器的简稽，如遇军旅、田猎方面的纠纷，可据以处理。第三种文书为录有户籍与地图的版图，如遇社区闾里之间户口迁移、土地所有权方面的纠纷，可据以处理。第四种文书为记载有借贷关系的傅别，如遇借贷方面的纠纷，可据以处理。第五种文书为誊有国家礼籍与天子册命的礼命，如遇俸禄多寡、朝位前后方面的纠纷，可据以处理。第六种文书为登记有财物出纳明细的书契，如遇财物借取、授予方面的纠纷，可据以处理。第七种文书为记载买卖成交事宜的质剂，如遇买卖方面的纠纷，可据以处理。第八种文书为记录明细账目的要会，如遇官府财物收支方面的纠纷，可据以处理。

原文

以听官府之六计①，弊②群吏之治。一曰廉③善，二曰廉能，三曰廉敬，四曰廉正，五曰廉法，六曰廉辨。

注释

①六计：谓六项评断吏治的标准。

②弊：判断，评价。

③廉：考查。

译文

用国家有关考查政绩的六条标准来协助大宰对各级官吏的政绩做出正确的评价。第一为考查其是否有好的官声，第二为考查其是否有为政之能，第三为考查其是否有勤勉的态度，第四为考查其是否有端正的品行，第五为考查其是否有公正执法的操守，第六为考查其是否有明辨是非的能力。

原文

以法掌祭祀、朝觐、会同、宾客之戒具①，军旅、田役、丧荒，亦如之。七事②者，令百官府共③其财用，治其施舍④，听其治讼⑤。

注释

①戒具：《大宰》之"誓戒、具修"。

②七事：指上文祭祀、朝觐、会同、宾客、军旅、田役、丧荒七件事。

③共：通"供"，供给。

④施舍：施，当为"弛"。弛舍，谓豁免徭役。

⑤治讼：谓有所陈诉请求、争讼。

译文

依据礼法的要求，在祭祀、朝觐、会同及接待宾客的时候，警诫相关官吏将活动所需的物品准备妥当，如遇军事行动、田猎和徒役、死丧与灾荒，也要将所需的物品制备齐全。遇到上述七种事情，即责令相关部门提供财物，处理他们豁免徭役的问题，评断相关的陈请事项与争讼。

原文

凡祭祀①，赞王币爵之事②，祼将③之事。

注释

①凡祭祀：实指祭祀五帝、天地和先王。

②赞王币爵之事：小宰执玉币爵以授大宰，大宰执以授王，王献于神。此句已见于《大宰》。王，"玉"字之误。

③祼（guàn）将：祼，宗庙祭祀之初献郁鬯（chàng）酒的降神祭礼。将，即送，亦即献尸。祼将二字倒文。

译文

凡是遇到天子祭祀五帝、天地的时候，协助大宰为天子拿着玉器、币帛与爵等礼神器物，遇到天子祭祀先祖的时候，小宰要协助天子酌酒献尸以灌地降神等事。

原文

凡宾客赞祼[1]；凡受爵之事，凡受币之事。

注释

①赞祼：天子设宴招待来朝的诸侯，大宗伯代表天子向诸侯献郁鬯酒，小宰协助大宗伯完成此事。

译文

凡是接待诸侯的时候，大宗伯将代表天子向诸侯献郁鬯酒，此时，小宰要协助大宗伯；凡是诸侯向天子敬酒，天子饮酒后会将酒杯递给大宰，小宰要接过大宰手中的酒杯，凡是接受诸侯向天子所献币帛的事，都协助去做。

原文

丧荒，受其含、襚、币、玉之事[1]。

注释

①含：指死者口中所含的珠玉。襚（suì）：赠送给死者装敛用的衣物。币、玉：王国遇到荒年，诸侯主要馈赠粮食、金钱等救灾物资，币玉只作致送馈赠的礼品。

译文

遇到天子薨逝或国有饥荒，负责接受诸侯与大臣为助丧而进献的含玉、衣服以及诸侯用以救助灾荒的币帛、玉器等事情。

原文

月终，则以官府之叙[①]，受群吏之要[②]。赞冢宰受岁会。岁终，则令群吏致事。

注释

①叙：谓尊卑次序。

②要：谓每月的会计总账。

译文

每月月底，依照官府的尊卑次序，接受官吏呈报的当月会计总账。每年年底，要协助大宰接受各个官府年终会计总账。同样在每年年终，命令官吏呈报一年来的政绩。

原文

正岁，帅治官之属，而观治象之法，徇以木铎[①]，曰："不用法者，国有常刑。"乃退，以宫刑宪，禁于王宫。令于百官府曰："各修乃职，考乃法，待乃事，以听王命。其有不共，则国有大刑[②]。"

注释

①徇：巡行时示众并宣布号令。木铎（duó）：一种木舌的摇铃。

②大刑：重刑。

译文

每年夏历正月，率领天官的所有官员观看悬挂在象魏上的治典，并且摇动木铎，当众大声警告："如果有不依法行事的，国家自有相应的刑法来惩处。"事情结束即退下，且把有关王宫中的刑法禁令悬挂公布，纠察王宫中违反禁令之人。并向所有官府下令说："各自要遵循自己的职责，注意应遵守的规章制度，完善自己的工作，并听从天子的命令。如不遵纪守法，将有国家的重刑予以处罚。"

宰夫

原文

宰夫之职，掌治朝[1]之法，以正王及三公、六卿、大夫、群吏之位[2]，掌其禁令。

注释

①治朝：天子、群臣治事的朝房。

②三公：谓太师、太傅、太保。三公在六卿之上。六卿：谓六官之长，即大宰、大司徒、大宗伯、大司马、大司寇、大司空。其爵位皆卿，故称。大夫：包括中大夫、下大夫。群吏：此指命士及命士以下在朝之小吏。

译文

宰夫的职责，负责掌管有关治朝的法令，在群臣朝见天子时，保证天子及三公、六卿、大夫和群吏各就其朝位，维持朝堂秩序，监察他们是否违背了禁令。

原文

叙[1]群吏之治，以待宾客之令[2]，诸臣之复[3]，万民之逆[4]。

注释

①叙：次序。
②待：处理。此谓向朝廷转达。宾客之令：谓朝聘宾客的陈诉、请求。
③诸臣：亦谓命士以下。复：谓向朝廷奏事。
④逆：谓向朝廷上书。

译文

依照尊卑安排好群吏的职事，以转呈来朝宾客向朝廷提出的陈诉、请求，受理群臣的奏事，以及民众的上书。

原文

掌百官府之征令，辨其八职。一曰正[①]，掌官法以治要[②]。二曰师[③]，掌官成以治凡[④]。三曰司[⑤]，掌官法以治目[⑥]。四曰旅[⑦]，掌官常以治数[⑧]。五曰府[⑨]，掌官契以治藏[⑩]。六曰史[⑪]，掌官书以赞治[⑫]。七曰胥，掌官叙以治叙[⑬]。八曰徒，掌官令以征令。

注释

①正：谓每一官府的最高长官。
②治要：抓好全面工作。
③师：谓每一官府首长的副职。
④治凡：月度工作安排。
⑤司：谓每一官府的中级官员。
⑥治目：每天的工作安排。
⑦旅：谓每一官府的下级官员。
⑧治数：每件事的安排。
⑨府：负责保管文书、财物等的小吏。
⑩官契：《小宰》八成之书契。治藏：文书及器物的收藏。
⑪史：掌文书者。
⑫赞治：起草文书。
⑬官叙：犹言叙官，即次序排列官事之轻重缓急。治叙：根据官事的轻

重缓急安排下属小吏。

译文

掌管天子对于各官府人员的征调，辨别官府的八类职责，以备天子的使令下达。一是正的职责，负责按照官府的要求对本部门做全年的全面安排。二是师的职责，负责按照官府的要求对本部门做出月度安排。三是司的职责，负责按照官府的要求对本部门做出每天的安排。四是旅的职责，负责按照官府的要求对本部门做出每件事的详细安排。五是府的职责，负责官府的文书保管和器物收藏。六是史的职责，负责草拟文书以协助治理。七是胥的职责，负责对官府中的事物按轻重缓急妥善安排下属小吏。八是徒的职责，负责根据官府的命令听候征召和役使。

原文

掌治法，以考百官府、群都、县鄙①之治，乘②其财用之出入。凡失财用、物辟名③者，以官刑诏冢宰而诛之。其足用、长财、善物者，赏之。

注释

①县鄙：公邑。天子的直辖领地。
②乘：计算，核算。
③辟名：谎报虚假账目。

译文

掌管治法，用以考核所有官府、采邑、公邑的政绩，核算他们钱粮财物的收支情况。凡是钱粮财物支出失当、做假账者，就要依据官刑报告冢宰加以惩治。如果收支用度充足、经营有方，物产丰饶、质地精良的，就要予以奖赏。

原文

以式法掌祭祀之戒具[①]，与其荐羞[②]，从大宰而视涤濯。

注释

①式法：此谓祭祀之礼法。戒具：祭祀所需用器物。

②荐羞：指供祭祀用的脯醢和各种美味的食物。荐，脯醢，即干肉和肉酱。羞，美味的食物。

译文

依照祭祀礼法，负责祭祀时告诫有关官员应该供给的祭祀牲物，以及祭祀所用的脯醢、各种食物，跟随大宰视察祭器等是否洗涤干净。

原文

凡礼事，赞小宰比[①]官府之具。

注释

①比：考校并评定次序。

译文

凡有举行礼仪的事，都要协助小宰检查评比各官府所准备物资器具的供应情况。

原文

凡朝觐、会同、宾客[①]，以牢礼之法[②]，掌其牢礼、委积、膳献、饮食、宾赐之飧牵，与其陈数[③]。

注释

①朝觐、会同：都是诸侯来见天子。宾客：诸侯来朝称宾，卿大夫来聘称客。

②牢礼之法：接待宾客的礼数。

③陈数：陈列和数量。

译文

凡是有朝觐、会同或有宾客到来，要依照接待宾客的牢礼之法，掌管供给宾客的牲肉与活牲，路途所需的粮食，宾客留居期间所需牲肉、禽与时鲜，燕礼和飨礼所需酒食，宾客初到时所赐便宴的熟食与活牲，以及各种食物和器物的陈列及数量。

原文

凡邦之吊事[1]，掌其戒令[2]，与其币、器、财用[3]，凡所共者。

注释

①吊事：吊唁诸侯、大臣之事。

②戒令：事先告诫对方注意事项。

③币：谓帮助料理丧事的钱财。器：谓赠送丧家的随葬明器。

译文

凡是有天子去吊唁诸侯、大臣的事，掌管将注意事项告诫前往吊唁的官员，并告诫有关部门准备好应该供给的币帛、明器、财物，以及其他助葬器物。

原文

大丧、小丧[1]，掌小官之戒令，帅执事而治之。三公、六卿之丧，与职丧[2]帅官有司而治之。凡诸大夫之丧，使其旅帅有司而

治之。

注释

①小丧：谓夫人、九嫔、世妇、妇御等内人去世。

②职丧：官名。属春官，负责主持丧事供给的小官。

译文

遇到大丧、小丧，将要注意的事项告诫小官，率领有关部门共同办理丧事。遇到三公、六卿的丧事，就与职丧一起率领有关官吏共同办理。凡是大夫的丧事，就使众下士率领有关官吏办理。

原文

岁终则令群吏正岁会，月终则令正月要，旬终，则令正日成，而以考其治。治不以时举者，以告而诛之。

译文

每到夏历年终，就命令冢宰属下的所有官员做好全年会计文书，每到月底就命令做好当月的会计文书，旬终就命令做好这十天的会计文书，而以此作为考核他们治绩优劣的依据。对于属于本职工作又不能按时完成者，要报告上级给予处分。

原文

正岁[①]，则以法警戒群吏，令修宫中之职事。书其能者与其良者，而以告于上。

注释

①正岁：夏历正月。

译文

每年夏历正月，就要以法令提醒、告诫冢宰属下所有官吏，让他们努力做好王宫中的各项本职工作。记下他们当中有才能和政绩卓越的人，报告上级，加以举荐。

宫正

原文

宫正掌王宫之戒令、纠禁①，以时比宫中之官府、次舍②之众寡，为之版③以待。夕击柝④而比之。

注释

①纠禁：纠察，禁绝。

②次舍：次，谓宫中值卫人员执勤之所。舍，谓宫中值卫人员休息之所。

③版：名册。

④柝（tuò）：打更或警戒时敲击的木梆。

译文

宫正掌管王宫中的戒令、纠察、禁绝之事。白天按时检查在宫中上班的官员和在宫中值班的官员人数，事先造好所有人员的花名册以备检查。黄昏时敲击木梆检查值夜人员的工作情况。

原文

国有故则令宿，其比亦如之。

译文

王国若发生特殊情况，就命令所有宫内官员、贵族子弟宿卫王宫，对他们的检查、警戒也像平常一样。

原文

辨外内而时禁[①]。稽其功绪[②]，纠其德行[③]，几[④]其出入，均其稍食[⑤]。去其淫怠与其奇邪之民。会其什伍[⑥]，而教之道艺。月终则会其稍食，岁终则会其行事。

注释

①时禁：谓人员出入有规定的时间，非时则禁。

②功绪：功业，功绩。

③德行：指《地官·师氏》所说的“三德三行”。

④几：通“讥”，查问，盘查。主要是检查他们所穿的衣服、所携带物品是否合乎要求，若其中有异常的人员，则禁止其出入。

⑤稍食：发给没有爵位而在官府任职者作为月俸的米粟。

⑥什伍：军队基层组织，五人为伍，二伍为什。

译文

要分辨官外、官内的人，不到规定的时间禁止他们随意出入。考查官内官员和贵族子弟的功业，纠察他们品德上的偏失，他们出入官门要严格检查，合理调整他们的月俸。摒弃那些放纵无礼、懈怠懒惰的官员，以及官员子弟中那些行为诡异、品行邪恶的人。将官中官员子弟依据军队什伍编制组织起来，用礼、乐、射、驭、书、数等技艺来教育他们。每月月底统计官中官员的月俸数额，每年年底总结他们的工作成绩。

原文

凡邦之大事，令于王宫之官府次舍，无去守而听政令。

译文

凡是国家发生了战争或王、后、太子去世等大事，要向官中的官员和值夜班的官员发令，让他们不得擅离职守而随时听候命令。

原文

春秋，以木铎修火禁。

译文

每年春秋时节，摇动木铎在宫中巡行，告诫宫中人员严防火灾。

原文

凡邦之事[①]，跸[②]宫中、庙中，则执烛[③]。

注释

①事：这里指祭祀之事。

②跸（bì）：谓王出行时清道，以禁绝闲人往来。

③执烛：天子前往宫中、庙中时天色尚早，需执烛照明。烛，火炬。

译文

凡是宫中、庙中的祭祀活动，若天子亲自参加就要清道并禁绝行人，且由宫正手持火炬照明。

原文

大丧，则授庐舍[①]，辨其亲疏贵贱之居。

注释

①庐舍：居丧时的临时住所。庐，谓倚庐。舍，谓垩室。

译文

国有大丧，就负责分配居丧的倚庐、垩室，要按照亲疏贵贱来适当安排居丧住所。

宫伯

原文

宫伯掌王宫之士、庶子凡在版者①，掌其政令，行其秩叙②，作其徒役之事③，授八次、八舍之职事④。

注释

①士、庶子：负责宿卫王宫的贵族子弟。版：名籍。

②秩叙：王引之说，"谓士庶子更番宿卫之次第，一月之次谓之秩，一岁之次谓之叙"。

③作其徒役之事：宫中的劳役之事是用不着劳动这些士、庶子的，而太子有事却可以使唤他们。

④八次：守卫王宫时需要站在宫墙的四角和四面宫墙的正中。八舍：供士、庶子休沐的地方有八处。

译文

宫伯负责掌管王宫中所有登记在册宿卫王宫的士、庶子，掌管有关他们的政令，安排他们宿卫换班的先后顺序，派遣他们到太子那里从事劳役，分配他们宿卫时的哨位和下班后的休息处之类事务。

原文

若邦有大事作宫众，则令之。

译文

如果王国有大事需要征调宿卫王宫的贵族子弟，就负责召集并向他们下达命令。

原文

月终则均秩，岁终则均叙。以时颁其衣裘。掌其诛赏。

译文

月底要调整士、庶子宿卫换班的次序，年终也要调整（他们）轮值的次序，以便劳逸平均。按照不同季节，为他们颁发夏衣、冬衣。掌管对他们的奖惩。

酒正

原文

酒正掌酒之政令，以式法授酒材①。凡为公酒②者，亦如之。

注释

①式法：谓作酒之法式。授酒材：授酒人以其材。
②公酒：为公事而酿的酒。

译文

酒正掌管有关酿酒的政令，按照酿酒的法式把所需要的造酒材料发给酒人。凡是为公事而酿酒的，也按照酿造酒的法式把酿酒材料发给他们。

原文

辨五齐①之名：一曰泛齐②，二曰醴齐③，三曰盎齐④，四曰缇齐⑤，五曰沉齐⑤。辨三酒⑦之物：一曰事酒⑧，二曰昔酒⑨，三曰清酒⑩。辨四饮之物：一曰清⑪，二曰医⑫，三曰浆⑬，四曰酏⑭。掌其厚薄之齐⑮，以共王之四饮、三酒之馔⑯，及后、世子之饮与其酒。

注释

①五齐（jì）：指五种未经过滤的浊酒。齐，未经过滤的酒。

⑦泛齐：酒糟漂浮在酒的表面，谓最粗糙的酒。

③醴齐：比泛齐略清、酒糟和酒汁混在一起的甜酒。

④盎齐：比醴齐略清的酒，呈葱白色。

⑤缇（tí）齐：比盎齐略清的红色酒。

⑥沉齐：酒糟沉淀于底部的酒。

⑦三酒：三种滤去酒糟的清酒。主要供人饮用。

⑧事酒：因事临时新酿的浊酒。因为酿期较短，所以在三酒中较浊。

⑨昔酒：冬酿春成、酿期较长久的酒，较清。

⑩清酒：冬酿夏成、酿造时间更久的酒，最清而味厚。

⑪清：将醴齐滤去酒糟而成的饮品。

⑫醫（yī）：稀粥中加酒曲而成的饮品。

⑬浆：用酒糟酿造的略酸的饮品。

⑭酏（yí）：稀粥。

⑮掌其厚薄之齐：上述五齐、三酒、四饮，由酒人、浆人所造，而酒正负责辨别其味道厚薄。

⑯馔：陈设。

译文

辨别五种浊酒的清浊程度及名称：一是泛齐，二是醴齐，三是盎齐，四是缇齐，五是沉齐。辨别三种清酒的名称及其酿造时间的长短：一是事酒，二是昔酒，三是清酒。辨别四种饮品的名称：一是清，二是醫，三是浆，四是酏。负责品尝五齐、三酒、四饮的成分和味道是否达到要求，供应天子所饮用的四种饮料、三种清酒的陈设，以及供应王后、太子所需的饮料与酒。

原文

凡祭祀，以法共五齐、三酒，以实八尊①。大祭②三贰，中祭再贰，小祭壹贰，皆有酌③数。唯齐酒不贰④，皆有器量。

注释

①尊：盛酒器，后写作“樽”。

②大祭：也叫大祀。指祭天地，是最隆重的祭祀。

③酌：勺。

④唯齐酒不贰：齐酒即五齐，用来祭祀，乃尸所饮，因尊神而注重质朴，故不再添。

译文

凡是祭祀，依照常法需供给五齐、三酒，用来盛满八个酒樽。大祭祀需要添酒三次，中祭祀需要添酒两次，小祭祀需要添酒一次，每个酒樽需要舀进多少勺都有规定。只有盛浊酒的酒樽不添酒，但也有规定的勺数。

原文

共宾客之礼酒[①]，共后之致饮于宾客之礼醫、酏糟[②]，皆使其士[③]奉之。

注释

①礼酒：天子依礼应设宴招待前来朝聘的宾客，若因故不能设宴，则天子需派人带酒送至宾客的馆舍，以示合礼。这种酒叫礼酒。

②醫、酏糟：未经过过滤的醫、酏。凡醫、酏刚酿成时汁滓混合，统称糟；滤滓后之汁，单称清。

③士：据本篇《叙官》，酒正，中士四人担任长官，下士八人为佐。此士即指下士。

译文

供给天子馈赠宾客的礼酒，供应王后馈赠宾客的饮品醫、酏等，礼酒和饮品，都由酒正属下的下士送往。

原文

凡王之燕饮酒[①]，共其计，酒正奉之。

注释

①燕饮酒：指天子举行宴会时与群臣饮酒欢好。

译文

凡是天子举行的宴饮、酒会，不管需要多少酒，都由酒正亲自奉送。

原文

凡飨士、庶子，飨耆老、孤子，皆共其酒，无酌数[①]。

注释

①无酌数：要以醉为度，但也不是酩酊大醉。

译文

凡是天子宴请王宫的卫士、庶子、故老和烈士遗孤，酒正都要供给所需的酒，没有勺数的限制。

原文

掌酒之赐颁，皆有法以行之。凡有秩酒[①]者，以书契授之。

注释

①秩酒：时常供应给年老大臣的酒。

译文

天子向群臣特赐、颁赏的酒，都由酒正按规定执行。凡是享受秩酒待遇的老臣，酒正发给他们酒票，让他们凭票领取。

原文

酒正之出，日入其成，月入其要，小宰听之，岁终则会。唯王及后之饮酒不会。以酒式诛赏。

译文

每天用了多少酒，分发了多少酿造酒的材料，都要使用册子记载下来，每十天要做总结，呈报给酒正，到了月底，酒正就要把当月的簿册汇总后呈报给小宰审核。每到年底时要把全年酒的消费汇总交给大宰审核。只有天子和王后的酒不结算。按照酿造酒的法式来考核酒人并决定赏罚。

掌次

原文

掌次掌王次之法，以待张事。

译文

掌次掌管天子在外出时搭建临时休息住所的有关法规，搭建的材料送来后，帐幕的搭建由掌次全权负责。

原文

王大旅[①]上帝，则张毡案[②]，设皇邸[③]。朝日[④]，祀五帝，则张大次、小次[⑤]，设重帟[⑥]、重案。合诸侯亦如之。师、田则张幕[⑦]，

设重帟、重案。

注释

①大旅：旅祭中那些隆重的祭祀。旅，国家有大事时进行的祭祀。

②毡案：此指铺有毛毡的床。

③皇邸：放在毡案后的用五彩羽毛做文饰的屏风。

④朝日：祭祀太阳。

⑤大次、小次：大次是天子祭祀之前休息的处所，小次是天子在祭祀过程中休息的处所。

⑥帟（yì）：座位上用来防灰尘的帐子，又名承尘。

⑦张幕：张设帷幕。

译文

如果天子举行大旅祭祀上帝，就要为天子张设铺有毛毡的几案，几案的后面竖起五彩羽毛的屏风。若天子祭祀太阳，祭祀五帝，就为天子张设祭祀前休息的大帐篷、祭祀中间休息的小帐篷，席位上张设双重帐子、铺两层毛毡的几案。若天子与诸侯在野外会同，也为天子这样张设。若天子率军出征、四时田猎，就为天子张设帷幕，帐幕中也张设两重帷幕和铺两重毛毡的几案。

原文

诸侯朝觐，会同，则张大次、小次[①]。师、田则张幕，设案。

注释

①大次、小次：此处大次为诸侯到达时在外朝的休息处，小次为诸侯在庙门外等待典礼进行时的休息处。

译文

如果诸侯朝见天子，或与天子会同，在他们刚到达时就搭建大帐篷，在庙门外静候典礼时搭建小帐篷。如果诸侯跟随天子出征、田猎，就为诸侯张设帷幕，铺设几案。

原文

孤、卿有邦事①，则张幕，设案。

注释

①孤：天子有孤三人，即少师、少傅、少保，协助三公谋划国家大事。有邦事：是指有事随天子外出，如祭祀、征伐、田猎、会同等。

译文

孤、卿随天子外出有事，或奉天子之命出使，就为他们张设帷幕并铺设几案。

原文

凡丧，王则张帟①三重，诸侯再重，孤、卿、大夫不重。凡祭祀，张其旅幕②，张尸次。射则张耦次③。

注释

①张帟：为遮蔽尘土而在棺柩上张设帷幕。
②旅幕：指为参加祭祀的公卿以下群臣张设大幕。
③耦次：为射手搭建的小型更衣帐。耦，双，指参加比赛的一对射手。

译文

凡是遇到丧事，是天子的棺柩就张设三层帷幕，诸侯的就张设两层帷幕，孤、卿、大夫的就张一层帷幕。凡祭祀，为群臣张设大幕，为尸张设幄。举行射箭比赛，就为每对参赛射手众耦张设更衣帐。

原文

掌凡邦之张事。

译文

掌管凡是王国中需要张设帷、幕、幄、帟等的事情。

大府

原文

大府掌九贡、九赋、九功之贰①，以受其货贿之入，颁其货于受藏之府②，颁其贿于受用之府③。

注释

①九贡：是诸侯国进奉王的贡献物。九赋：是王畿内的地税。九功：《大宰》中的“九职”。授其事则为职，献其成则为功，其实一也。

②受藏之府：指收藏精美的物品供天子使用的部门。

③受用之府：指收藏质地较差的物品供国家使用的部门。

译文

大府掌管九贡、九赋、九功的副本，并据此查验所交纳的赋税财物，然后交付给专门收藏部门。

原文

凡官府、都鄙之吏，及执事者①，受财用焉。

注释

①执事者：暂时管事的官吏。

译文

所有王朝官府、王畿内采邑的官吏，以及暂时奉命管事的官吏，都可依照规定来大府领取分发的财物。

原文

凡颁财，以式法授之。关市之赋，以待王之膳服。邦中之赋，以待宾客。四郊之赋，以待稍秣。家削之赋，以待匪颁。邦甸之赋，以待工事。邦县之赋，以待币帛。邦都之赋，以待祭祀。山泽之赋，以待丧纪。币余之赋，以待赐予。①凡邦国之贡，以待吊用②。凡万民之贡③，以充府库。凡式贡之余财，以共玩好之用。凡邦之赋用，取具焉。

注释

①“关市之赋”以下十八句：此十八句与《大宰》“九式”基本对照，可参看注释。

②以待吊用：以备用于救济诸侯国遭遇的不幸。

③凡万民之贡：万民之贡即《大宰》九职之民所贡财物，也就是九功。

译文

凡是颁发财物，均遵循法定章程处理。从关市征得的税收，用来供给天子在膳食与服装方面的开支。从王都征得的税收，用来供给接待宾客方面的开支。从四郊征得的税收，用来供给购置牛马草料方面的开支。从家削征得的税收，用来供给天子按例赏赐臣下方面的开支。从邦甸征得的税收，用来供给工匠为天子制作器物方面的开支。从邦县征得的税收，用以供给行聘问礼方面的开支。从邦都征得的税收，用以供给祭祀方面的支出。山泽的赋税，用以供给死丧、灾荒方面的开支。结余的财物，用以供给天子平时赐予诸侯、臣下的开支。凡诸侯国贡献的财物，用来救济诸侯国遭受天灾人祸等不幸的开支。凡是向万民征收的赋税，用来充实国库，以备不时之需。凡赋税收入开支后的余财，用来供天子搜集玩好的开支。凡王国所需的一切财物，都可向大府领取。

原文

岁终，则以货贿之入出会之。

译文

一年将终的时候，就会对全年的财物收入与用度情况进行一个统计，并将做好的明细账目上呈大宰。

司会

原文

司会掌邦之六典、八法、八则之贰，以逆[①]邦国、都鄙官府之治。

注释

①逆：迎接，接受。

译文

司会掌管持有王国六典、八法、八则的副本，以此来考核畿外各诸侯国、王国、王畿内各采地公邑及各官府的政绩。

原文

以九贡之法，致邦国之财用。以九赋之法，令田野之财用。以九功[①]之法，令民职之财用。以九式之法，均节邦之财用。

注释

①九功：九职。

译文

依照九种贡法，命令畿外各诸侯国进献财物。依照九种赋税法，命令畿内各地缴纳地税。依照九种职业的征税法，命令从事各种职业的民众缴纳从业税。用九种法则，使王国的财政能实现收支平衡。

原文

掌国之官府、郊、野、县、都[①]之百物财用凡在书契版图者之贰，以逆群吏之治，而听其会计。以参互考日成[②]，以月要考月成，以岁会考岁成。以周知四国[③]之治，以诏王及冢宰废置。

注释

①郊、野、县、都：实指王畿千里的地域。
②参互：交互参考。成：谓旬日之成，即官府办事的文书记录。
③四国：此处指天下。

译文

掌管国家各级官府记录财物用度的簿册与户籍地图的副本，据以考核各级官员的政绩，审查其呈交的会计文书。与司书、职内及职岁三官的记录交互参考，据以考核各官府每十日的成事文书，用月结算的会计文书考核各官府当月的成事文书，也用同样交互参考的办法来考查各官府年度的成事文书。据以对天下各地的治理情况有一个全面的了解，并将所了解到的情况向天子与大宰报告，作为升迁或罢免官员的依据。

司书

原文

司书掌邦之六典、八法、八则、九职、九正、九事①，邦中之版，土地之图，以周知入出百物，以叙其财②，受其币，使入于职币③。凡上之用财用，必考于司会。④

注释

①九正：九赋、九贡。正，通“征”。九事：九式。

②叙其财：此谓考核各官府财物开支情况及结余的财物，依次在簿书上记录。

③职币：掌管结余经费的官员。

④“凡上之用财用”二句：天子的任何花费是不加统计的，但也要知道总数，所以仍然要“考于司会”，不过在登记造册时不写具体数字。

译文

司书掌管有关国家的六典、八法、八则、九职、九赋、九贡、九式的正本，以及国家户籍与土地的地图，以便对财物的收入与用度有一个全面的了解，并清楚地予以记录，接受各官府的节余经费，拨交职币掌管。凡是天子所用财物，也必须到司会那里核查清楚并记录在案。

原文

三岁，则大计群吏之治，以知民之财、器械之数，以知田野、夫家①、六畜之数，以知山林、川泽之数，以逆群吏之征令②。

注释

①夫家：指有劳动能力的男女。
②征令：谓征赋、征役之令。

译文

每隔三年，就要协助大宰考核各级官吏的政绩，据以了解百姓财富、器械的数量，据以了解现有耕地、具有劳动能力的人口及各类牲畜等的数量，据以了解自然资源的取用情况，以考核各级官员在役使民力及征收赋税上做得是否合理。

原文

凡税斂，掌事者受法①焉，及事成，则入要贰②焉。

注释

①法：应当征收的税额。
②要贰：统计簿册的副本。

译文

只要是有赋税要征收，负责征收赋税的官员都会请教司书应该征收的赋税额度，等赋税征收上来后，负责征收赋税的官员还要将征税账册的副本交给司书核查、收藏。

原文

凡邦治，考焉。

译文

在国事治理上无论遇到什么疑难问题，都可以到司书那里考核判断。

内宰

原文

内宰掌书版图之法①，以治王内②之政令，均其稍食③，分其人民④以居之。

注释

①版：在宫中服务的官吏及其子弟的名册。图：宫中官吏所在官府的平面图。

②王内：指王宫五门最里的路门以内，至于北宫，凡是王、王后及夫人所居之舍都属王内。

③稍食：为没有爵位而在官府服务者提供作为报酬的食粮。

④人民：谓王宫后宫的宿卫吏士。

译文

内宰负责掌管登记宫中官吏的名册，以及绘制各官吏在宫中所在官府平面图的法则，以便能及时传达并有效落实内宫的政令，以及合理地为宿卫王宫的官吏分配食物、安排住处。

原文

以阴礼教六宫①，以阴礼教九嫔②，以妇职之法教九御③，使各有属④，以作二事，正其服，禁其奇邪，展其功绪。

注释

①阴礼：妇人之礼。六宫：此指王后。妇人称寝曰宫。六宫实即六寝，王后与天子一样，其居所也有六寝：正寝一，燕寝五。出于对王后的尊重，所以说“教六宫”而非“教六寝”。

②九嫔：妇官，位次于夫人，而尊于世妇。

③妇职：是指织缯帛、丝绦、绶带，以及针线活。九御：女御。

④使各有属：九嫔九人，女御八十一人，每九嫔一人统领女御九人，即所谓使各有属。

译文

教导王后与九嫔妇人之礼，用妇人职事的法规教导九御，使她们九人一组分属于九嫔，以从事纺织与缝纫这两项工作，整肃她们的服饰妆容，严禁她们做各种奢靡浪费及行为不端的事情，将她们的劳动成绩记录下来。

原文

大祭祀，后祼献[①]，则赞。瑶爵[②]，亦如之。正后之服位，而诏其礼乐之仪。赞九嫔之礼事[③]。

注释

①后祼（guàn）献：天子宗庙有九献之礼。第一次是天子向尸进献郁鬯香酒，第二次是王后向尸进献郁鬯香酒，称后献。

②瑶爵：指王后的八献。

③赞九嫔之礼事：祭祀时九嫔协助王后做一些工作。

译文

天子祭祀宗庙的时候，内宰要协助王后向尸行祼礼并进献牲肉。同样，王后用瑶爵进酒予尸时，内宰也要从旁协助。王后的礼服是否合格、行礼位置是否适宜、仪态是否恰当，内宰都有督导、提醒之责。祭祀时，帮助九嫔更好地完成对王后的辅助之责。

原文

凡宾客之祼献，瑶爵，[①]皆赞。致后之宾客之礼[②]。

注释

①“凡宾客”二句：宾客，此谓天子同姓诸侯及夏、商朝代的后裔来朝觐天子的宾客。

②致后之宾客之礼：王后赠送牲以及用壶、豆、笾等所盛的饮食给宾客。

译文

凡招待宾客，需要王后向宾客敬酒，内宰都要从旁协助。并为王后转送赠予宾客的牢礼。

原文

凡丧事，佐后使治外、内命妇[①]，正其服位。

注释

①外、内命妇：外命妇，谓卿、大夫、士之妻；内命妇，谓九嫔、世妇、女御。

译文

凡遇到丧事，要命令上士协助王后履行对内命妇、外命妇的督导与管理之责，使内命妇、外命妇能依照丧仪端正礼服，依照尊卑明确所处的位置。

原文

凡建国，佐后立市[①]，设其次[②]，置其叙[③]，正其肆[④]，陈其货贿，出其度、量、淳、制[⑤]。祭之以阴礼。

注释

①立市：谓在王宫之后建立市场。

②次：管理市场的官吏办公之处，有总次、分次之别。

③叙：巷门处市官办事的处所。

④肆：摆放货物的摊点。

⑤淳、制：布帛长宽不同的两种标准。淳，长宽符合标准尺寸的正常标准。制，长宽未达到标准尺寸的特殊标准。

译文

凡是建立国都，就要协助王后建立交易市场，设置市场管理官员的办公场所，合理安排市场内的店铺，依照货物类型划定相应的区域，明确各种度量衡的标准。用妇人之礼祭祀市场中的社神。

原文

中春，诏后帅外、内命妇始蚕于北郊[①]，以为祭服。

注释

①北郊：古人所谓纯阴之地，设有桑园、蚕室。

译文

每到仲春时节，告知王后率领内命妇、外命妇开始到北郊采桑养蚕，日后用来制作祭服。

原文

岁终，则会内人[①]之稍食，稽其功事。佐后而受献功[②]者，比其小大与其粗良，而赏罚之。会内宫之财用[③]。

注释

①内人：包括女府、女史、女酒、女笾及宫中诸女工等。

②献功：呈献的布帛。

③会内宫之财用：谓统计夫人以下的开支。王后开支不统计。

译文

每到夏历年终，就统计、核算诸官中内人的食粮、俸禄，对他们的工作绩效予以考查。辅佐王后接受她们进献的布帛等，权衡布帛的数量与质量，并以此作为赏罚的依据。年终的时候还要对内宫的财物用度予以结算。

原文

正岁，均其稍食，施其功事。宪禁令于王之北宫[①]，而纠其守。

注释

①北宫：谓王后所住六宫。天子所住六寝在南，谓之南宫；王后所住六寝在王六寝之后的北方，故谓北宫。

译文

每年夏历正月，将粮食分配给内人，并分配给她们相应的工作。在王后六宫门口悬挂禁令，使宿卫人员不敢生怠慢之心。

原文

上春，诏王后帅六宫之人[①]，而生穜稑之种[②]，而献之于王。

注释

①六宫之人：此指夫人、九嫔、世妇、女御等妃嫔。

②生穜（tóng）稑（lù）之种：谓挑选可种植、能发芽的谷种。生，活的，有活力的。穜指先种后熟的谷物，稑是后种先熟的谷物。此处泛指各种谷物。

译文

孟春，要提醒王后率领妃嫔挑选各类谷物的优良种子进献给天子，以供天子在举行籍田礼时使用。

九嫔

原文

九嫔掌妇学之法①，以教九御妇德、妇言、妇容、妇功②，各帅其属③，而以时御叙于王所。

注释

①妇学之法：教育妇女的法规。内容即下文“四德”。

②妇德：指清闲贞静，守节整齐，行己有耻，动静有法。妇言：指择辞而说，不道恶语，时然后言，不厌于人。妇容：指盥浣尘秽，服饰鲜洁，沐浴以时，身不垢辱。妇功：指专心纺绩，不好嬉笑，洁齐酒食，以奉宾客。

③属：指女御。

译文

九嫔掌管教育妇人的法规，教导九御修养妇德、妇言、妇容、妇功四德，此外，九嫔要率领其所属女御，依照既定的时间顺序侍寝。

原文

凡祭祀，赞玉粢①，赞后荐、彻豆笾②。若有宾客，则从后。大丧，帅③叙哭者亦如之。

注释

①玉粢（zī）：一种盛有祭祀所用谷物的玉敦。

②赞后荐、彻豆笾：宗庙之祭，王后两次向尸进献豆笾，一次在三献前，一次在五献前。

③帅：引导。

译文

但凡遇到宗庙祭祀的大典，九嫔要辅助王后进献玉敦，协助王后进献或撤下豆、笾。若遇天子接待宾客，九嫔还要在王后的带领下前往协助。若天子去世，九嫔亦要跟随并协助王后率领内外命妇依尊卑次序列位而哭。

女祝

原文

女祝掌王后之内祭祀①，凡内祷②祠③之事。

注释

①内祭祀：指祭祀王后六宫中的灶神、门神、户神。
②祷：生病求神保佑康复。
③祠：得到神的保佑后还愿。

译文

女祝掌管王后所治六宫内的各项祭祀，诸如向天神祷告求福、报福还愿等事项。

原文

掌以时招、梗、襘、禳之事①，以除疾殃。

注释

①招、梗、襘（guì）、禳：四种祭祀之名。招是吉祥未至，祭而招之使至；梗是灾祸未至，祭之使不至；襘是灾害已至，祭之使消除；禳是发生奇怪现象，祭之使消退。

译文

掌管招祭、梗祭、禬祭、禳祭等各项祭祀事宜，以祷告疾病与灾殃能够远去。

女史

原文

女史掌王后之礼职①，掌内治②之贰，以诏后治内政。

注释

①礼职：主管礼典之职。
②内治：治理王后六宫的种种法令。由内宰执掌正本，女史执掌副本。

译文

女史掌管王后参加典礼的一应事宜，以及掌管治理六宫的政令法典，并随时向王后禀告各项治理措施的法则依据。

原文

逆内宫①，书内令②。凡后之事，以礼从。

注释

①内宫：谓王后六宫。
②内令：王后之令。

译文

核计内宫的财物用度，草拟王后的诏命。但凡王后需要出席的典礼与要践行的礼仪，都要随身携带礼书侍奉左右，以便适时提醒。

地官司徒①第二

叙官

原文

惟王建国，辨方正位，体国经野，设官分职，以为民极。乃立地官司徒，使帅其属，而掌邦教，以佐王安扰②邦国。

注释

①地官司徒：大司徒。因此官象地而立，故称地官。司，主管。徒，民众。司徒在六官中的分工是主管国家的土地与人民的教化。

②安扰：安抚。扰，亦“安”之义。

译文

天子建立国都，首先就要辨明建都之地的方位，以确定宫殿与宗庙的位置，然后主次有别地建设国都及附近区域。设立各种官职，来辅助天子更好地统领百姓。为了实现这一目的，于是设立地官司徒这一官职，让其率领所属部众来掌管天下的教化，以辅佐天子安抚各诸侯国。

原文

教官①之属：大司徒②，卿一人；小司徒，中大夫二人；乡师，下大夫四人；上士八人，中士十有六人，旅下士三十有二人，府六

人，史十有二人，胥十有二人，徒百有二十人。

注释

①教官：主管人民教化之官。为地官司徒的别称。

②大司徒：官名。地官的最高首长，可理解为后世的户部尚书，小司徒是其副职，可理解为后世的户部侍郎，乡师则是教官中的第三把手。

译文

地官的机构及人员编制是：大司徒，由一名卿担任；小司徒，由两名中大夫担任；乡师，由四名下大夫担任。此外，还有八名上士，十六名中士，三十二名下士递相辅佐，下辖六名府，十二名史，十二名胥，一百二十名徒。

原文

乡老①，二乡则公一人②。乡大夫③，每乡卿一人。州长④，每州中大夫一人。党正⑤，每党下大夫一人。族师⑥，每族上士一人。闾胥⑦，每闾中士一人。比长⑧，五家下士一人。

注释

①乡老：一种荣誉官名，由三公（太师、太傅、太保）兼任，无固定职掌。

②二乡则公一人：公，是王之下最高的爵位，凡三公，而有六乡，故公一人而兼二乡之事。乡老并非司徒的属官，只因职掌与教官相近，故附属于地官。

③乡大夫：官名。一乡的长官。四郊之内设六乡，每乡辖一万二千五百家。

④州长：官名。一州的长官。州是乡的下属行政区划单位，辖两千五百家。

⑤党正：官名。一党的长官。党是州的下属行政区划单位，辖五百家。

⑥族师：官名。一族的长官。族是党的下属行政区划单位，辖一百家。

⑦闾胥：官名。一闾的长官。闾是族的下属行政区划单位，辖二十五家。

⑧比长：官名。一比的长官。比是闾的下属行政区划单位，辖五家。

译文

乡老，每两乡由一名公兼任。乡大夫，每乡由一位卿担任。州长，每州由一名中大夫担任。党正，每党由一名下大夫担任。族师，每族由一名上士担任。闾胥，每闾由一名中士担任。比长，每五家由一名下士担任。

原文

封人①，中士四人，下士八人，府二人，史四人，胥六人，徒六十人。

注释

①封人：官名。主管修筑、守护天子祭祀社稷的神坛及其周边墙垣，以及为王畿边界、诸侯国界设置边界标志等事。

译文

封人，由四名中士担任长官，八名下士担任副职，下辖两名府，四名史，六名胥，六十名徒。

原文

鼓人①，中士六人，府二人，史二人，徒二十人。

注释

①鼓人：官名。掌管教导击鼓之事。

译文

鼓人，由六名中士担任长官，下辖两名府，两名史，二十名徒。

原文

舞师[1]，下士二人，胥四人，舞徒[2]四十人。

注释

①舞师：官名。掌管教导舞蹈之事。
②舞徒：徒中善舞者。徒，征调来服役的平民。

译文

舞师，由两名下士担任长官，下辖四名胥，四十名舞徒。

原文

牧人[1]，下士六人，府一人，史二人，徒六十人。

注释

①牧人：官名。掌管六牲的牧养，以供祭祀之用。

译文

牧人，由六名下士担任长官，下辖一名府，两名史，六十名徒。

原文

牛人[1]，中士二人，下士四人，府二人，史四人，胥二十人，徒二百人。

注释

①牛人：官名。负责饲养公家的牛，以备不时之需。

译文

牛人，由两名中士担任长官，四名下士担任副职，下辖两名府，四名史，二十名胥，二百名徒。

原文

充人[①]，下士二人，史二人，胥四人，徒四十人。

注释

①充人：官名。负责养肥用作祭祀的六牲。充，这里是肥的意思。

译文

充人，由两名下士担任长官，下辖两名史，四名胥，四十名徒。

原文

载师[①]，上士二人，中士四人，府二人，史四人，胥六人，徒六十人。

注释

①载师：官名。掌管确定土地的肥瘠程度，据以确定应交赋税的多寡。

译文

载师，由两名上士担任长官，四名中士担任副职，下辖两名府，四名史，六名胥，六十名徒。

原文

闾师[①]，中士二人，史二人，徒二十人。

注释

①闾师：官名。负责掌握王城及其四郊人民、六畜的数目，督促各尽其职，按时征收他们应交的赋税。

译文

闾师，由两名中士担任长官，下辖两名史，二十名徒。

原文

县师①，上士二人，中士四人，府二人，史四人，胥八人，徒八十人。

注释

①县师：官名。掌管公邑之事。县，公邑，天子直辖的领地。

译文

县师，由两名上士担任长官，四名中士担任副职，下辖两名府，四名史，八名胥，八十名徒。

原文

遗人①，中士二人，下士四人，府二人，史四人，胥四人，徒四十人。

注释

①遗（wèi）人：官名。负责王畿米粟薪刍的储备，以备施惠。

译文

遗人，由两名中士担任长官，四名下士担任副职，下辖两名府，四名史，四名胥，四十名徒。

原文

均人①，中士二人，下士四人，府二人，史四人，胥四人，徒四十人。

注释

①均人：官名。掌管平均乡遂、公邑土地的征役赋税。

译文

均人，由两名中士担任长官，四名下士担任副职，下辖两名府，四名史，四名胥，四十名徒。

原文

师氏①，中大夫一人，上士二人，府二人，史二人，胥十有二人，徒百有二十人。

注释

①师氏：官名。负责规谏天子，对贵族子弟进行三德教育。下文的保氏、司谏、司救为其属官。

译文

师氏，由一名中大夫担任长官，两名上士担任副职，下辖两名府，两名史，十二名胥，一百二十名徒。

原文

保氏①，下大夫一人，中士二人，府二人，史二人，胥六人，徒六十人。

注释

①保氏：官名。负责以六艺教导贵族子弟，兼谏诤天子的缺点。

译文

保氏，由一名下大夫担任长官，两名中士担任副职，下辖两名府，两名史，六名胥，六十名徒。

原文

司谏①，中士二人，史二人，徒二十人。

注释

①司谏：官名。掌管检查万民的德行等事。

译文

司谏，由两名中士担任长官，下辖两名史，二十名徒。

原文

司救①，中士二人，史二人，徒二十人。

注释

①司救：官名。掌管用礼法来引导万民抑恶扬善。

译文

司救，由两名中士担任长官，下辖两名史，二十名徒。

原文

调人[1]，下士二人，史二人，徒十人。

注释

①调（tiáo）人：官名。负责调解民众的矛盾纠纷。调，调解。

译文

调人，由两名下士担任长官，下辖两名史，十名徒。

原文

媒氏[1]，下士二人，史二人，徒十人。

注释

①媒氏：官名。掌管谋合民众的婚姻之事。

译文

媒氏，由两名下士担任长官，下辖两名史，十名徒。

原文

司市[1]，下大夫二人，上士四人，中士八人，下士十有六人，府四人，史八人，胥十有二人，徒百有二十人。

注释

①司市：官名。负责市场管理。下文质人至泉府九官，皆其属官。

译文

司市，由两名下大夫担任长官，四名上士担任副职，此外还配有八名中士及十六名下士协理众事，下辖四名府，八名史，十二名胥，一百二十名徒。

原文

质人①，中士二人，下士四人，府二人，史四人，胥二人，徒二十人。

注释

①质人：官名。掌管市场物价的评定。

译文

质人，由两名中士担任长官，四名下士担任副职，下辖两名府，四名史，两名胥，二十名徒。

原文

廛人①，中士二人，下士四人，府二人，史四人，胥二人，徒二十人。

注释

①廛（chán）人：官名。掌管市场税收、罚金等事务。廛，泛指民居。

译文

廛人，由两名中士担任长官，四名下士担任副职，下辖两名府，四名史，两名胥，二十名徒。

原文

胥师[1]，二十肆[2]则一人，皆二史。贾师[3]，二十肆则一人，皆二史。司虣[4]，十肆则一人。司稽[5]，五肆则一人。胥[6]，二肆则一人。肆长[7]，每肆则一人。

注释

①胥师：非正式官员，而是司市礼聘的有才能的平民。掌管市场中政令的发布。下文贾师、司虣、司稽同。

②肆：市场中的店铺行列。

③贾（gǔ）师：官名。负责核定市场物价。

④司虣（bào）：官名。掌管市肆的治安纠察。

⑤司稽：官名。负责巡查市场、拘留犯禁者。

⑥胥：非正式官员，为市场上服徭役的平民，职责是依据事务的轻重缓急，安排办理顺序，使所辖二肆正常营业。

⑦肆长：市场中一肆的负责人，亦为在市场中服徭役的平民。

译文

胥师，每二十肆设一人，每人下辖两名史。贾师，每二十肆设一名，每人下辖两名史。司虣，每十肆设一人。司稽，每五肆设一人。胥，每二肆设一人。肆长，每肆设一人。

原文

泉府[1]，上士四人，中士八人，下士十有六人，府四人，史八人，贾八人，徒八十人。

注释

①泉府：官名。负责收购市场上的滞销商品以调节市场供求。泉，钱的古称。

译文

泉府，由四名上士担任长官，八名中士担任副职，此外还配有下士十六人协理众事，下辖四名府，八名史，八名贾，八十名徒。

原文

司门①，下大夫二人，上士四人，中士八人，下士十有六人，府二人，史四人，胥四人，徒四十人。每门下士二人，府一人，史二人，徒四人。

注释

①司门：官名。负责把守王城城门。王城一面三门，四面十二门。

译文

司门，由两名下大夫担任长官，此外还配有四名上士、八名中士、十六名下士协理众事，下辖两名府，四名史，四名胥，四十名徒。每一城门由两名下士负责，下辖一名府，两名史，四名徒。

原文

司关①，上士二人，中士四人，府二人，史四人，胥八人，徒八十人。每关下士二人，府一人，史二人，徒四人。

注释

①司关：官名。负责把守国境上的关门。

译文

司关，由两名上士担任长官，四名中士担任副职，下辖两名府，四名史，八名胥，八十名徒。每一关门由两名下士负责，下辖一名府，两名史，四名徒。

原文

掌节[1]，上士二人，中士四人，府二人，史四人，胥二人，徒二十人。

注释

①掌节：官名。负责查验符节。

译文

掌节，由上士两名担任长官，四名中士担任副职，下辖两名府，四名史，两名胥，二十名徒。

原文

遂人[1]，中大夫二人。遂师[2]，下大夫四人，上士八人，中士十有六人。旅下士三十有二人，府四人，史十有二人，胥十有二人，徒百有二十人。

注释

①遂人：官名。负责六遂及四等公邑的管理。

②遂师：官名。掌管一遂之政令、法禁。为遂人之副职，二人掌三遂。

译文

遂人，由两名中大夫担任长官。遂师，由四名下大夫担任长官，八名上士担任副职，此外，还配有十六名中士，三十二名下士协理众事，下辖四名府，十二名史，十二名胥，一百二十名徒。

原文

遂大夫[①]，每遂中大夫一人。县正[②]，每县下大夫一人。鄙师[③]，每鄙上士一人。酂长[④]，每酂中士一人。里宰[⑤]，每里下士一人。邻长[⑥]，五家则一人。

注释

①遂大夫：官名。一遂之长，掌管一遂的政令。
②县正：官名。一县之长。县是遂的下属行政单位，辖二千五百家。
③鄙师：官名。一鄙之长。鄙是县的下属行政单位，辖五百家。
④酂（zàn）长：一酂之长。酂是鄙的下属行政单位，辖一百家。
⑤里宰：官名。一里之长。里是酂的下属行政单位，辖二十五家。
⑥邻长：一邻之长。邻是里的下属行政单位，辖五家。

译文

遂大夫，每遂由一名中大夫担任。县正，每县由一名下大夫担任。鄙师，每鄙由一名上士担任。酂长，每酂由一名中士担任。里宰，每里由一名下士担任。邻长，每五家设一人。

原文

旅师[①]，中士四人，下士八人，府二人，史四人，胥八人，徒八十人。

注释

①旅师：官名。掌管收集、储备六遂及公邑的粮食、税收。

译文

旅师，由四名中士担任长官，八名下士担任副职，下辖两名府，四名史，八名胥，八十名徒。

原文

稍人[1]，下士四人，史二人，徒十有二人。

注释

①稍人：官名。负责公邑出车徒的政令。距王城二百里至三百里的区域称稍。

译文

稍人，由四名下士担任长官，下辖两名史，十二名徒。

原文

委人[1]，中士二人，下士四人，府二人，史四人，徒四十人。

注释

①委人：官名。掌管征收远郊薪柴、果蔬、木材等贡赋，储藏备用。委，储备。

译文

委人，由两名中士担任长官，四名下士担任副职，下辖两名府，四名史，四十名徒。

原文

土均[1]，上士二人，中士四人，下士八人，府二人，史四人，胥四人，徒四十人。

注释

①土均：官名。掌管平均邦国、都鄙土地的政令，将土质分类以决定征税等级。

译文

土均，由两名上士担任长官，四名中士担任副职，此外还配有八名下士协理众事，下辖两名府，四名史，四名胥，四十名徒。

原文

草人①，下士四人，史二人，徒十有二人。

注释

①草人：官名。掌管改良土壤，分辨土质，确定种植种类与耕作之法。

译文

草人，由四名下士担任长官，下辖两名史，十二名徒。

原文

稻人①，上士二人，中士四人，下士八人，府二人，史四人，胥十人，徒百人。

注释

①稻人：官名。掌管泽地治理、稻麦种植指导。

译文

稻人，由两名上士担任长官，四名中士担任副职，此外还配有八名下士协理众事，下辖两名府，四名史，十名胥，一百名徒。

原文

土训[1]，中士二人，下士四人，史二人，徒八人。

注释

①土训：官名。掌管向王陈告山川形势、所生物产。

译文

土训，由两名中士担任长官，四名下士担任副职，下辖两名史，八名徒。

原文

诵训[1]，中士二人，下士四人，史二人，徒八人。

注释

①诵训：官名。掌管向王讲述各地风俗、传说及禁忌之事。

译文

诵训，由两名中士担任长官，四名下士担任副职，下辖两名史，八名徒。

原文

山虞[1]，每大山中士四人，下士八人，府二人，史四人，胥八人，徒八十人；中山下士六人，史二人，胥六人，徒六十人；小山下士二人，史一人，徒二十人。

注释

①山虞：官名。掌管山林之各种政令。虞，度量，测量。此处指度知山的大小及其物产。

译文

山虞，每座大山由四名中士担任长官，八名下士担任副职，下辖两名府，四名史，八名胥，八十名徒；每座中等的山由六名下士担任长官，下辖两名史，六名胥，六十名徒；每座小山由两名下士担任长官，下辖一名史，二十名徒。

原文

林衡[①]，每大林麓[②]下士十有二人，史四人，胥十有二人，徒百有二十人；中林麓如中山之虞，小林麓如小山之虞。

注释

①林衡：官名。掌管巡视川林、执行禁令。衡，平衡。
②麓：山脚。

译文

林衡，每片大的山林由十二名下士担任长官，下辖四名史，十二名胥，一百二十名徒；每片中等山林的人员编制和每座中等山的山虞一样，每片小山林的人员编制和每座小山的山虞一样。

原文

川衡[①]，每大川下士十有二人，史四人，胥十有二人，徒百有二十人；中川下士六人，史二人，胥六人，徒六十人；小川下士二人，史一人，徒二十人。

注释

①川衡：官名。掌管某一河流及附近水泽的源流、物产并掌其禁令。

译文

川衡，每条大河由十二名下士担任长官，下辖四名史，十二名胥，一百二十名徒；每条中等河流由六名下士担任长官，下辖两名史，六名胥，六十名徒；每条小河由两名下士担任长官，下辖一名史，二十名徒。

原文

泽虞①，每大泽、大薮中士四人②，下士八人，府二人，史四人，胥八人，徒八十人；中泽、中薮如中川之衡，小泽、小薮如小川之衡。

注释

①泽虞：官名。掌管国有泽薮政令。
②泽：有水的湖泊。薮：水少的沼泽地。

译文

泽虞，每个大泽、大薮由四名中士担任长官，八名下士担任副职，下辖两名府，四名史，八名胥，八十名徒。每个中等的泽、中等的薮的人员编制和每条中等河流的川衡一样，每个小泽、小薮的人员编制和每条小河的川衡一样。

原文

迹人①，中士四人，下士八人，史二人，徒四十人。

注释

①迹人：官名。掌管田猎之政令。此官探寻禽兽的踪迹，故称。

译文

迹人，由四名中士担任长官，八名下士担任副职，下辖两名史，四十名徒。

原文

矿人[1]，中士二人，下士四人，府二人，史二人，胥四人，徒四十人。

注释

①矿人：官名。掌管矿藏之政令。

译文

矿人，由两名中士担任长官，四名下士担任副职，下辖两名府，两名史，四名胥，四十名徒。

原文

角人[1]，下士二人，府一人，徒八人。

注释

①角人：官名。掌管向山泽之农征收兽角齿骨。

译文

角人，由两名下士担任长官，下辖一名府，八名徒。

原文

羽人[1]，下士二人，府一人，徒八人。

注释

①羽人：官名。掌管按时征集羽翮羽毛。

译文

羽人，由两名下士担任长官，下辖一名府，八名徒。

原文

掌葛①，下士二人，府一人，史一人，胥二人，徒二十人。

注释

①掌葛：官名。掌管按时向山农征收葛草、麻类等原料。

译文

掌葛，由两名下士担任长官，下辖一名府，一名史，两名胥，二十名徒。

原文

掌染草①，下士二人，府一人，史二人，徒八人。

注释

①掌染草：官名。掌管征收可做染料的草木。

译文

掌染草，由两名下士担任长官，下辖一名府，两名史，八名徒。

原文

掌炭①，下士二人，史二人，徒二十人。

注释

①掌炭：官名。掌管征收炭、灰。炭可取暖，灰即草木灰，可洗衣。

译文

掌炭，由两名下士担任长官，下辖两名史，二十名徒。

原文

掌荼[1]，下士二人，府一人，史一人，徒二十人。

注释

①掌荼（tú）：官名。掌管按时征收荼荞。荼，茅草所开的絮状白花，可采以供丧时填充衣被等用。“荞”是“秀”的假借字，茅秀指茅草花。

译文

掌荼，由两名下士担任长官，下辖一名府，一名史，二十名徒。

原文

掌蜃[1]，下士二人，府一人，史一人，徒八人。

注释

①掌蜃：官名。掌管征收蚌蛤之物。

译文

掌蜃，由两名下士担任长官，下辖一名府，一名史，八名徒。

原文

囿人[1]，中士四人，下士八人，府二人，胥八人，徒八十人。

注释

①囿人：官名。掌管防禁野兽、牧养囿中野兽。囿，养禽兽植林木的地方。

译文

囿人，由四名中士担任长官，八名下士担任副职，下辖两名府，八名胥，八十名徒。

原文

场人[1]，每场下士二人，府一人，史一人，徒二十人。

注释

①场人：官名。掌管王国场圃，负责种植、收藏和供给王、王国之用。

译文

场人，每场皆由两名下士担任长官，下辖一名府，一名史，二十名徒。

原文

廪人[1]，下大夫二人，上士四人，中士八人，下士十有六人，府八人，史十有六人，胥三十人，徒三百人。

注释

①廪（lǐn）人：官名。掌管统计仓廪所藏米粮谷物总量，以备发放俸禄、周济和赏赐之用。下文舍人、仓人、司禄，是其属官。廪，米仓。

译文

廪人，由两名下大夫担任长官，四名上士担任副职，此外，还配有中士八人、下士十六人协理众事，下辖八名府，十六名史，三十名胥，三百名徒。

原文

舍人[1]，上士二人，中士四人，府二人，史四人，胥四人，徒四十人。

注释

①舍人：官名。掌管宫中米谷收支。

译文

舍人，由两名上士担任长官，四名中士担任副职，下辖两名府，四名史，四名胥，四十名徒。

原文

仓人[1]，中士四人，下士八人，府二人，史四人，胥四人，徒四十人。

注释

①仓人：官名。掌管储藏谷物。

译文

仓人，由四名中士担任长官，八名下士担任副职，下辖两名府，四名史，四名胥，四十名徒。

原文

司禄[1]，中士四人，下士八人，府二人，史四人，徒四十人。

注释

①司禄：官名。掌管颁发禄谷。

译文

司禄，由四名中士担任长官，八名下士担任副职，下辖两名府，四名史，四十名徒。

原文

司稼[1]，下士八人，史四人，徒四十人。

注释

①司稼：官名。掌管巡视邦野民众的耕作，区分谷物种类及适宜的土地，依据年成制订赋税之法。

译文

司稼，由八名下士担任长官，下辖四名史，四十名徒。

原文

舂人[1]，奄[2]二人，女舂抌[3]二人，奚五人。

注释

①舂人：官名。掌管舂谷成米、供给米谷。
②奄：宦者。
③女舂抌（yǎo）：能舂能舀的女奴。抌，将舂好的米从臼中舀出。

译文

舂人，由两名奄负责，下辖两名女舂抌，五名奚。

原文

饎人[1]，奄二人，女饎[2]八人，奚四十人。

注释

①饎（chì）人：官名。掌管生火做饭等炊事。饎，炊，做饭。

②女饎：负责炊事的女奴。

译文

饎人，由两名奄负责，下辖八名女饎，四十名奚。

原文

槁人[1]，奄八人，女槁[2]每奄二人，奚五人。

注释

①槁人：官名。掌管为内外朝当值官吏供应膳食。槁，通“犒”，犒劳。

②女槁：女奴而役于槁人者。

译文

槁人，由八名奄负责，每奄下辖两名女槁，五名奚。

大司徒

原文

大司徒之职，掌建邦之土地之图与其人民之数，以佐王安扰邦国。

译文

大司徒的职责是，掌管编制天下的地图与户籍，来辅佐天子安抚天下各国。

原文

以天下土地之图，周知九州之地域广轮之数①，辨其山、林、川、泽、丘、陵、坟、衍、原、隰之名物②，而辨其邦国都鄙之数③，制其畿疆④而沟封之，设其社稷之壝而树之田主⑤，各以其野⑥之所宜木，遂以名其社与其野⑦。

注释

①广：指东西的宽度。轮：指南北的长度。

②坟：水边高起的涯地。衍：低下平坦的土地。原：高地之广而平者。隰（xí）：低湿的土地。

③邦国：指诸侯国。都鄙：王畿内的采邑。

④畿疆：王国的边界和诸侯国的边界。

⑤社稷：社神和田神（谷神）。壝（wěi）：神坛及周围矮墙的总称。田主：社稷之主。主，指神所凭依之树。

⑥野：土地。

⑦遂以名其社与其野：指社、野的名称，由田主所树之木的名称而定。

译文

依据天下土地的地图，可以知晓九州的方位与疆域，分辨各地山、林、川、泽、丘、陵、坟、衍、原、隰的名称，以及这些地方的特产；依据天下土地的地图，可以对王畿与诸侯国内的采邑数有一个形象而量化的认知，从而准确划定王国与诸侯国的疆界；依据天下土地的地图，可以更好地指导各国社稷祭坛及田主的设置，种上与当地土质相适应的树木，于是就用树木的名称来称呼相应的社和地域。

原文

以土会之法，辨五地[①]之物生。一曰山林，其动物宜毛物[②]，其植物宜早物[③]，其民毛而方。二曰川泽，其动物宜鳞物，其植物宜膏物[④]，其民黑而津。三曰丘陵，其动物宜羽物，其植物宜核物[⑤]，其民专[⑥]而长。四曰坟衍，其动物宜介物，其植物宜荚[⑦]物，其民皙而瘠。五曰原隰，其动物宜裸物[⑧]，其植物宜丛物[⑨]，其民丰肉而庳[⑩]。

注释

①五地：根据土地计算而贡税的法规。

②毛物：貂、狐类皮毛细密的动物。

③早物：栎树类可做染料的植物。早，是“皂”的假借字。

④膏物：莲、芡类所结果实有皮的植物。

⑤核物：梅、李类所结果实有核的树木。

⑥专（tuán）：通“团”，圆。

⑦荚：“荚”字之误。荚，谓草木之芒刺。

⑧裸物：虎、豹类少毛的动物。

⑨丛物：萑、苇类丛生的植物。

⑩丰肉：肉厚，肉多。庳（bì）：低矮。

译文

依据土会之法辨别五种土地上的动物、植物和居民。第一种土地是山林，那里适宜生长貂、狐类毛细密的动物，适宜种植栎类可做染料的植物，那里的人民多毛而体方。第二种土地是川泽，那里适宜有鳞的动物，适宜于种植莲、芡类所结果实有皮的植物，那里的人民皮肤黑而润泽。第三种土地是丘陵，那里适宜生有羽毛的动物，适宜生长梅、李类所结果实有核的树木，那里的人民体形圆而身长。第四种土地是坟衍，那里适宜生长龟、鳖类体表有甲壳的动物，适宜生长有芒刺的植物，那里的人民肤色白而体瘦。第五种土地是原隰，那里适宜生长虎、豹类少毛的动物，适宜生长萑、苇类丛生的植物，那里的人民肥胖而矮小。

原文

因此五物者民之常①，而施十有二教焉。一曰以祀礼②教敬，则民不苟。二曰以阳礼③教让，则民不争。三曰以阴礼④教亲，则民不怨。四曰以乐礼⑤教和，则民不乖。五曰以仪辨等⑥，则民不越。六曰以俗教安，则民不偷⑦。七曰以刑教中⑧，则民不暴。八曰以誓教恤⑨，则民不怠。九曰以度⑩教节，则民知足。十曰以世事⑪教能，则民不失职。十有一曰以贤制爵⑫，则民慎德。十有二曰以庸⑬制禄，则民兴功。

注释

①常：谓常听安习，亦即习惯。

②祀礼：祭祀之礼。

③阳礼：谓乡射礼、乡饮酒礼。两礼纯由男子参加，故称。

④阴礼：谓男女之礼。此指婚姻之礼。

⑤乐礼："礼"是衍字。古代乐包括诗歌、音乐、舞蹈。

⑥以仪辨等：谓因尊卑不同而享受不同的礼仪规格。仪，礼仪。

⑦偷：苟且，怠惰。

⑧中（zhòng）：符合，应合。

⑨恤：慎。

⑩度：制度。此谓衣服、宫室的制度。
⑪世事：世代相传的技艺。
⑫以贤制爵：依据贤德高低颁授不同的爵位。
⑬庸：功劳，功绩。

译文

依据上述五种土地上的人民的生活习惯，对他们施行十二个方面的教育。第一个方面是通过祭祀之礼来教民恭敬，如此一来，人民就不会马虎随便。第二个方面是通过阳礼教民谦让，如此一来，人民就不会彼此相争。第三个方面是通过阴礼来教民相亲，如此一来，人民就不会相互埋怨。第四个方面是通过音乐教民和同，如此一来，人民就不会行为乖戾。第五个方面是用礼仪来教民分辨上下尊卑等级差别，如此一来，人民就不会举止僭越。第六个方面是通过习俗教民安居乐业，如此一来，人民就不会苟且怠惰。第七个方面是通过刑罚教民遵守礼法、合乎正道，如此一来，人民就不会凶暴作乱。第八个方面是通过誓戒教民敬慎，如此一来，人民做事就不会懈怠。第九个方面是通过制度教民节制，如此一来，人民就懂得知足。第十个方面是通过世代相传的技艺教民掌握谋生技能，如此一来，人民就不会失业。第十一个方面是按照德行授予不同的爵位，如此一来，人民就会谨慎地修养德行。第十二个方面是按照功劳的大小颁授不同的俸禄，如此一来，人民就会致力于建功立业。

原文

以土宜之法，辨十有二土[①]之名物，以相民宅，而知其利害，以阜人民，以蕃鸟兽，以毓草木，以任[②]土事。辨十有二壤[③]之物，而知其种，以教稼穑树蓺[④]。

注释

①十有二土：谓十二分野。
②任：树立，建立。
③十有二壤：十有二土。
④蓺（yì）：种植（果木）。

译文

依据不同的土地同所生长不同的人民、动植物相适宜的规则，辨别十二分野土地所适宜的人民与动植物，从而观察、测定人民的居所，选择那些于人有利的地方，避开那些于人有害的地方，从而使人口兴旺、鸟兽繁殖、草木生长，最大限度地发挥土地的潜力。辨别十二种土壤所适宜种植的作物，知道该种什么好，从而教导民众种植五谷、蔬菜、果木。

原文

以土均[1]之法，辨五物九等[2]，制天下之地征[3]，以作民职[4]，以令地贡[5]，以敛财赋[6]，以均齐天下之政[7]。

注释

①均：谓公平合理。

②五物九等：五物，指上文山林、川泽等五种土地所产之物。九等，九种土质。

③征：租税、赋贡、徭役。

④作：使……兴起。民职：人民的九种职业。

⑤地贡：土地上生产的各种农作物。

⑥赋：九赋及军赋。

⑦政：通“征”，赋税。

译文

根据以土地征收贡赋要公平合理的法则，辨别五种土地所产的物品和九等土质，制订天下的地税额度，而以此鼓励人民各安其职，交纳土地所产的各种农作物，以征收钱谷和各种赋税，以使天下的赋税公平划一。

原文

以土圭之法测土深[1]，正日景[2]，以求地中[3]。日南[4]则景短，

多暑。日北则景长，多寒。日东[5]则景夕，多风。日西则景朝，多阴。日至之景，尺有五寸，谓之地中，天地之所合也，四时之所交也，风雨之所会也，阴阳之所和也。然则百物阜安，乃建王国焉。制其畿方千里，而封树之。

注释

①土圭之法：以土圭所测日影长短来确定四时、测土地方位远近的方法。土深：南北的远近。

②景（yǐng）：同"影"，即日影。

③地中：谓天下的中央，为东西南北之中。

④日南：标杆影子短于土圭长度谓之日南。

⑤日东：同一纬度上能较早看到太阳的东面。

译文

用土圭之法测量南北的远近，校正日影，依据日影的长短以求得何地为天下的中央之处。若在测影处偏南的地方，距离太阳近，日影就短，气候就炎热。若在测影处偏北的地方，距离太阳远，日影就长，气候就寒冷。若在测影处偏东的地方，看到太阳较早，当地中之日正午时，则此处日已偏西，是傍晚，气候干燥多风。若在测影处偏西的地方，看到太阳较晚，则天下中央处的正午时分，此地才是早晨，气候潮湿，常常阴雨。若其地夏至时测得中午的日影长一尺五寸，这个地方就叫作天下的中央，为天的中和之气与地的中和之气相汇合的地方，为四季时间均衡交替的地方，为风雨适时会聚、风调雨顺的地方，为阴阳二气和谐的地方。这里物产丰富，人民安居，于是在这里建立国都。划定王畿千里见方的区域，而在王畿边界挖界沟、筑界墙、植树，作为险阻。

原文

凡建邦国[1]，以土圭土其地[2]而制其域。诸公之地，封疆方五百里，其食者半[3]。诸侯之地，封疆方四百里，其食者参之一。诸伯之地，封疆方三百里，其食者参[4]之一。诸子之地，封疆方二百里，其食者四之一。诸男之地，封疆方百里，其食者四之一。

注释

①邦国：谓公侯伯子男五等侯国。

②土其地：测量其地。土，通“度”，测度，计算。

③其食者半：谓公可收取租税的土地占五百里的一半，其余一半土地的租税则归天子。下文“参之一”“四之一”之义仿此。

④参：通“三”。

译文

凡是建立邦国，也要用土圭测日影的方法测定其方位、划定其疆域。公爵的封地，疆界是五百里见方，可收一半土地的租税，其余一半土地的租税归天子。侯爵的封地，疆界是四百里见方，可收三分之一土地的租税，其余三分之二土地的租税归天子。伯爵的封地，疆界是三百里见方，可收三分之一土地的租税，其余三分之二土地的租税归天子。子爵的封地，疆界是二百里见方，可收四分之一土地的租税，其余四分之三土地的租税归天子。男爵的封地，疆界是一百里见方，可收四分之一土地的租税，其余四分之三土地的租税归天子。

原文

凡造都鄙①，制其地域②，而封沟之，以其室数制之③。不易之地④，家百晦⑤。一易之地，家二百晦。再易之地，家三百晦。

注释

①都鄙：谓王畿内王子弟和公卿大夫的采邑。

②制其地域：根据爵位确定采邑的地域范围。都鄙分三等，家邑二十五里，小都五十里，大都百里。

③以其室数制之：依照采邑的户数来设立井、邑、丘、甸、县、都等行政单位。室，即户。制之，谓制其井田之数。

④不易之地：年年可耕种、不需休耕的上等好地。

⑤晦（mǔ）：同“亩”。

译文

凡是建造采邑，也要为其划定地域，命令有关部门在其边界上挖沟筑墙种树，依照采邑的户数来设立井、邑、丘、甸、县、都等行政单位加以管理。不需休耕的土地，每家发给一百亩；耕种一年就需休耕一年的土地，每家发给二百亩；耕种一年就需休耕二年的土地，每家发给三百亩。

原文

乃分①地职，奠②地守，制地贡，而颁职事焉，以为地法，而待政令。

注释

①分：分派。
②奠：确定。

译文

于是因地制宜地给百姓分派职业，确定基层官员的职守，制定交纳地税的法则，使百姓都致力于自己的本职工作，以上述各项规定作为国家地政的法律，呈报天子，颁布施行。

原文

以荒政十有二聚万民：一曰散利①，二曰薄征，三曰缓刑，四曰弛力，五曰舍禁，六曰去几②，七曰眚礼③，八曰杀哀④，九曰蕃乐⑤，十曰多昏⑥，十有一曰索鬼神⑦，十有二曰除盗贼⑧。

注释

①散利：借贷种子、粮食给灾民。
②去几：免除关市之税。
③眚（shěng）礼：简省吉礼、嘉礼。眚，通“省”，削减，减省。

④杀哀：简省丧礼、葬礼。杀，减损，减少。哀，谓丧礼。
⑤蕃乐：谓闭藏乐器而不作。蕃，通“藩”，屏蔽，闭藏。
⑥多昏：谓简化婚礼而使民多婚。
⑦索鬼神：求索应祭祀而未祭祀的鬼神重新进行祭祀。
⑧除盗贼：惩处盗贼。

译文

遇到荒年，施行十二条救荒的政策，使人民免于流离失所：第一条是借种子与粮食给人民，第二条是降低赋税，第三条是减缓刑罚，第四条是减轻徭役，第五条是解除山泽禁令，第六条是免除关市之税，第七条是简化吉礼、嘉礼，第八条是简化丧礼、葬礼，第九条是把乐器收藏起来而不演奏，第十条是减省婚礼花费以鼓励适龄男女婚嫁，第十一条是检查有没有被遗漏的鬼神并重新进行祭祀，第十二条是严惩盗贼。

原文

以保息[①]六养万民：一曰慈幼[②]，二曰养老，三曰振穷[③]，四曰恤贫[④]，五曰宽疾[⑤]，六曰安富[⑥]。

注释

①保息：安居蕃息。
②慈幼：慈爱幼儿。
③振穷：救济贫困。振，同“赈”，救济。
④恤贫：周济贫穷的人。
⑤宽疾：对残疾人优待，宽免其赋役。
⑥安富：平等对待、不苛刻索取，使富人安心。

译文

用六项安抚民心的政策惠及百姓，使百姓的生活有保障：第一条是爱护孩子，第二条是赡养老人，第三条是救济孤寡，第四条是周济穷人，第五条是优待残疾人，第六条是平等对待、不苛刻索取，使富人安心。

原文

以本[①]俗六安万民：一曰媺宫室[②]，二曰族坟墓，三曰联兄弟[③]，四曰联师儒[④]，五曰联朋友[⑤]，六曰同衣服[⑥]。

注释

①本：旧。

②媺宫室：使房屋坚固。媺，同“美”。

③联兄弟：联合兄弟亲戚。兄弟，此指因婚姻关系结成的异姓兄弟。

④联师儒：使乡里子弟相联合而从师学习。

⑤朋友：同师为朋，同志为友。

⑥同衣服：使民众衣服的规格、式样相同。

译文

推行六种传统风俗使百姓安居乐业：第一条是建造坚固、实用的房屋，第二条是同族的葬制要依据昭穆制度，第三条是与外婆家、妻子的娘家和睦相处，第四条是使乡里子弟相联合，一起从师学习，第五条是朋友之间彼此信任，第六条是使民众衣服的规格、式样相同。

原文

正月之吉，始和布教[①]于邦国都鄙，乃县教象之法于象魏，使万民观教象，挟日而敛之。乃施教法于邦国都鄙，使之各以教其所治民。

注释

①教：教法，即教育民众的法则，亦即《天官·大宰》所谓教典。

译文

每年周历正月初一，开始向天下的臣民宣布教典，将写有教令的木板悬挂在王宫大门的双阙上让百姓观看，十天之后再收起来。然后在天下施行教法，让诸侯、公卿大夫、百官各自依照教令来教化其所领导的人民。

原文

令五家为比，使之相保①。五比为闾，使之相受②。四闾为族，使之相葬。五族为党，使之相救。五党为州，使之相赒③。五州为乡，使之相宾④。

注释

①相保：互相连保。

②受：相互依托。

③赒（zhōu）：救助，救济。

④相宾：像宾客一样互相敬重。

译文

在六乡之中，命令五家编为一比，使比中五家互相连保。五比编为一闾，使闾中各家在遇到事情的时候能相互依托。四闾编为一族，使族中各家有了丧葬之事能相互帮忙。五族编为一党，使党中各家在遇到凶祸时能够互相救助。五党编为一州，使州中各家在遇到经济困难时能够相互救济。五州编为一乡，使乡中各家以宾客之礼尊敬乡中的贤能之人。

原文

颁职事十有二于邦国都鄙①，使以登②万民：一曰稼穑③，二曰树蓺，三曰作材，四曰阜蕃，五曰饬材④，六曰通财⑤，七曰化材⑥，八曰斂材⑦，九曰生材⑧，十曰学艺，十有一曰世事⑨，十有二曰服事⑩。

注释

①颁：分配。职事十有二：十二种职业。邦国都鄙：畿外的诸侯国和畿

内的采邑。

②登：成，使成。指让万民各从其业。

③稼穑：种植谷物。

④饬材：加工珍珠、象牙、玉料、石料、木料、金属、兽革、鸟羽。

⑤通财：促进商业流通。

⑥化材：从事丝麻纺织业。

⑦敛材：从事采集业。

⑧生材：自由就业，为人所雇用。

⑨世事：从事世代相传的营生。

⑩服事：到官府做府、史、胥、徒等杂役服务。

译文

分配十二种职业于全国各地，使万民都有立世谋生的职业：第一种职业是种植五谷，第二种职业是种植瓜果菜蔬，第三种职业是开发山林川泽的资源，第四种职业是养殖鸟兽，第五种职业是加工珍珠、象牙、玉料、石料、木料、金属、兽皮、鸟羽并制成成品，第六种职业是从事商业活动，流通货物，第七种职业是纺织丝麻，第八种职业是采集野果，第九种职业是流动打工，第十种职业是学习道德与技艺，第十一种职业是继承祖辈传承的营生，第十二种职业是到官府做府、史、胥、徒等杂役 。

原文

以乡三物[①]教万民，而宾兴[②]之。一曰六德：知、仁、圣、义、忠、和。二曰六行：孝、友、睦、姻、任、恤[③]。三曰六艺：礼、乐、射、御、书、数[④]。

注释

①乡三物：德、行、艺。

②宾兴：兴宾。宾，以宾客之礼尊敬贤者。兴，举荐。

③姻：与母党、妻党亲善友爱。任：对朋友讲信用。恤：救济贫穷者。

④乐：谓六乐之歌舞。射：五射之法。御：五御之节，即五种驾车的技巧。书：六书之品。数：九数之计。

译文

用乡学中的三门课程来教育百姓，推举成绩优异的贤能之士，并举行乡饮酒礼来表达对贤者的敬意。第一门课程是六种道德：智、仁、圣、义、忠、和。第二门课程是六种善行：孝、友、睦、姻、任、恤。第三门课程是六种技艺：礼、乐、射、御、书、数。

原文

以乡八刑[1]纠万民：一曰不孝之刑，二曰不睦之刑，三曰不姻之刑，四曰不弟[2]之刑，五曰不任之刑，六曰不恤之刑，七曰造言之刑，八曰乱民之刑。

注释

①乡八刑：适用于乡中的八种刑罚。因司徒掌六乡，故亦兼掌其刑。

②弟：通“悌”，此谓尊敬师长。

译文

用适用于乡中的八种刑罚纠察万民：第一种是对不孝父母者的刑罚，第二种是对不和睦族者的刑罚，第三种是对亲戚不亲者的刑罚，第四种是对不尊敬师长者的刑罚，第五种是对失信于朋友者的刑罚，第六种是对不帮助贫穷之人者的刑罚，第七种是对造谣惑众者的刑罚，第八种是对扰乱民心者的刑罚。

原文

以五礼[1]防万民之伪而教之中，以六乐[2]防万民之情而教之和。

注释

①五礼：谓吉、凶、宾、军、嘉五种礼。

②六乐：六代之乐，谓黄帝之《云门》、唐尧之《咸池》、虞舜之《大

韶》、夏禹之《大夏》、商汤之《大濩（hù）》、周武王之《大武》六种音乐。

译文

用五礼来防止万民奢靡与诈伪，教导他们无论做什么事都要符合礼节，用六乐来防止万民冲动行事，教导他们无论做什么事都要心态平和。

原文

凡万民之不服教而有狱讼者，与有地治者[①]听而断之，其附[②]于刑者，归于士[③]。

注释

①有地治者：谓治理乡、州及采邑者。

②附：符合。此谓触犯。

③士：此指掌管狱讼的司法官。包括《秋官·司寇》士师、乡士、遂士、县士等。

译文

凡是民众中有不服教化而发生纠纷的，大司徒就要会同地方官一同审理与判决，若其中有触犯刑法的，那就要交由司法官员去处理。

原文

祀五帝，奉牛牲，羞其肆[①]。享先王亦如之。

注释

①肆（tì）：通“剔”，剔解。此指剔解过的牲体。

译文

天子祭祀五帝的时候，大司徒负责进奉牛牲，供献剔解过的牲体。天子祭祀先王的时候，大司徒的职责亦是如此。

原文

大宾客①，令野修道、委积②。

注释

①大宾客：指来朝诸侯。

②野：谓自四郊以至于畿，即距国都百里至五百里之处。委积：储备粮米柴草等。

译文

遇到诸侯来朝，大司徒就命令有关部门修整郊野的道路，并沿途储备粮米柴草，以供宾客使用。

原文

大丧，帅六乡之众庶①，属其六引②，而治其政令。

注释

①众庶：征调来服役的徒众。

②属（zhǔ）：连接，拴系。引：谓牵拉柩车的大绳索。

译文

遇到天子、王后或世子去世，就率领征调自六乡的役夫，拖拉拴系在柩车上的六条大绳，并负责指挥与调度。

原文

大军旅，大田役，以旗致万民，而治其徒庶之政令。

译文

遇到天子率军出征或领众田猎，大司徒便用旗帜号召万民聚集，并负责调度、管理徒众。

原文

若国有大故①，则致万民②于王门，令无节③者不行于天下。

注释

①大故：天子驾崩或敌寇入侵。
②万民：六乡征调来的军卒。
③节：符节。即六种通行凭据。

译文

若国家突发大的变故，大司徒就负责召集六乡的兵士在王宫门前集合，巩固防卫，并诏令全国，凡是没有通行证的人不得随意通行，以防坏人乘机捣乱。

原文

大荒、大札①，则令邦国移民、通财、舍禁、弛力、薄征、缓刑②。

注释

①大札：发生大的疫病。
②移民：迁移灾民到粮价便宜的地方。财：此指米谷。

译文

若发生大灾荒或大疫情，大司徒就下令让各诸侯国将灾民迁移至粮价便宜的地方，或者将粮食运往灾区，解除关市、山泽的禁令，停止征调徭役，减轻租税，对犯罪者宽大处理。

原文

岁终，则令教官[1]正治而致事。正岁，令于教官曰："各共[2]尔职，修乃事，以听王命。其有不正，则国有常刑。"

注释

①教官：谓地官系统大司徒以外所有教官。
②共：通"供"，担任。

译文

夏历每年年终，大司徒就命令下属官员整理好文书资料并上报。夏历每年正月初一，大司徒命令属下教官说："你们都要恪尽职守，做好本职工作，听从天子的命令。若谁玩忽职守，国家自有相关的法律予以惩处。"

小司徒

原文

小司徒之职，掌建邦之教法[1]，以稽国中及四郊都鄙之夫家九比之数[2]，以辨其贵贱、老幼、废疾，凡征役之施舍[3]，与其祭祀、饮食、丧纪之禁令[4]。

注释

①掌建邦之教法：掌管建立王国有关的教官为官的法规。

②国中：谓王城之中。四郊都鄙：此为畿内的代名词。

③施舍：免除。施，通“弛”。

④饮食：指乡饮酒礼和族人会餐等饮食。丧纪：丧事。

译文

小司徒的职责是，负责建立王国有关教官为官的法规，用以考察王城、四郊、畿内采邑的民众人数，分辨他们中的贵贱、老幼与残疾者，免除相应人等的赋税徭役，掌管有关人民祭祀、饮食、丧事活动中的禁令，使他们不违背礼法。

原文

乃颁比法于六乡之大夫[①]，使各登其乡之众寡、六畜、车辇[②]，辨其物，以岁时入其数，以施政教，行征令[③]。及三年则大比。大比[④]则受邦国之比要。

注释

①比法：校比法，核定人口、财产数目的方法。六乡之大夫：《周礼》之制，四郊之内设六乡，每乡的长官叫乡大夫。

②登：登记。辇：靠人力牵拉行进的车子。

③征令：宣布法令，征收赋税。

④大比：全国性的人口和财产调查统计。

译文

向六乡的大夫颁布调查、统计户口财产之法，使他们搞清楚自己辖区的人口数量、六畜数量、车辆数量，以及各家各户的财物情况，每年按季度上报给小司徒，小司徒则有效地实行政治教化、宣布赋役的征调法令。每三年举行一次全国性的人口与财产统计。大校比之时，小司徒就要接受各诸侯国呈报上来的调查统计簿。

原文

乃会万民之卒伍而用之[1]。五人为伍，五伍为两，四两为卒，五卒为旅，五旅为师，五师为军，以起军旅，以作田役，以比追胥[2]，以令贡赋。

注释

①卒伍：指代各级军事组织。用之：指下文所说的军旅、田役、追胥等。

②追胥：追逐敌寇，伺捕盗贼。

译文

于是协助大司徒将六乡的民众按军事编制组织起来，以备调用。五人为一伍，五伍为一两，四两为一卒，五卒为一旅，五旅为一师，五师为一军，用以作战，进行田猎与从事大的工程活动，配合追逐敌寇与伺捕盗贼的行动，实施贡赋的政令。

原文

乃均土地，以稽其人民，而周知其数。上地家七人[1]，可任也者家三人；中地家六人，可任也者二家五人；下地家五人，可任也者家二人。凡起徒役，毋过家一人，以其余为羡[2]，唯田与追胥竭作[3]。凡用众庶，则掌其政教，与其戒禁，听其辞讼，施其赏罚，诛其犯命者。凡国之大事致民[4]，大故致余子[5]。

注释

①上地家七人：谓依据一家养活人口数量的不同分别授予上地、中地、下地。

②羡：谓羡卒，候补兵卒。

③竭作：尽行，全部出动。

④民：此指正卒。

⑤余子：谓羡卒。

译文

于是协助大司徒通过平均土地，来核查人口，以掌握精确的数字。有三名强壮劳动力的七口之家，授予上等土地；有两个半强壮劳动力的六口之家，授予中等土地；有两名强壮劳动力的五口之家，授予下等土地。凡是征调人民服役，每家不超过一人，如果家里还有剩余的劳动力，那就作为羡卒，只有举行田猎或追逐敌寇、伺捕盗贼的时候，无论是正卒、羡卒才都出动。凡征用民众，小司徒就掌管对他们的调度及其誓戒禁令，评断他们的争讼，实施对他们的赏罚，处分他们中的违令者。凡遇到国家有征伐诸侯之事，小司徒就召集六乡的正卒。遇到国家有外敌侵犯或乱民造反，不但要征集正卒，还要征集羡卒。

原文

乃经土地[①]，而井牧其田野。九夫为井[②]，四井为邑，四邑为丘，四丘为甸，四甸为县，四县为都，以任地事[③]，而令贡赋[④]，凡税敛[⑤]之事。

注释

①乃经土地：此指在都鄙（即王畿内的采邑）划分土地的方法。后文的井、牧，皆土地划分法。经，划分界限。土地，即田野。

②井：井田的最基本单位名。下文邑、丘、甸、县、都，均为井田单位名称。

③任地事：使人民因地制宜从事土地生产劳动。

④贡赋：指《闾师》之八贡（从业税）和《大宰》之九赋（地税）。

⑤税敛：田税等应当收取的租税。

译文

划分土地的界限，采用井田制施行。一夫授田百亩，九夫所受土地为一井，四井为一邑，四邑为一丘，四丘为一甸，四甸为一县，四县为一都，以使人民因地制宜经营土地，命令他们交纳贡赋，以及收取所有应当收取的税。

原文

乃分地域而辨其守，施其职而平其政①。

注释

①职：《天官·大宰》之九职。政：通“征”，税。

译文

于是协助大司徒划分行政区域而确定守护地产的官职，使百姓都能各有其业，并合理地征收税赋。

原文

凡小祭祀①奉牛牲，羞其肆。小宾客②，令野修道、委积，大军旅③，帅其众庶。小军旅④，巡役⑤，治其政令。大丧，帅邦役，治其政教。

注释

①小祭祀：又称小祀。指对山林、川泽、坟衍、四方百物之神，以及风师、雨师等神的祭祀。

②小宾客：诸侯之使臣。

③大军旅：大规模的军事行动，王亲自征伐。

④小军旅：谓使臣率军征伐。

⑤巡役：巡行其徒役。

译文

天子进行小祭祀的时候，小司徒负责奉进牛牲并进献经过剔解的牲体。接待诸侯的使臣时，小司徒就命有关部门在野外修整道路，并于沿途聚积粮草以接待使臣。遇天子率军亲征，小司徒就率领征召的军士听从大司徒号令。遇天子遣将出征，小司徒就负责巡视徒役，执行有关的政令。遇天子、王后及太子去世，小司徒就负责征召服役的民众，执行有关的政教。

原文

凡建邦国，立其社稷①，正其畿疆②之封。

注释

①立其社稷：指导他们建立社稷坛壝。

②畿疆：九畿的疆界。

译文

凡是建立诸侯国，指导他们设立社稷坛壝，规正诸侯国疆域的封界。

原文

凡民讼①，以地比②正之；地讼，以图正之。

注释

①民讼：指赋税、徭役方面的争讼。

②地比：谓校比当地居民。在此指代记载校比结果的簿册。

译文

若民众在赋税与徭役方面有争讼，小司徒就依据当地清查的簿册来判决；有关土地的争讼，就依据地图来判决。

原文

岁终，则考其属官之治成①而诛赏，令群吏正要会而致事②。正岁则帅其属而观教法之象③，徇以木铎，曰："不用法者，国有常刑。"令群吏宪④禁令，修法，纠职，以待邦治。

注释

①成：谓官府办事一日的记录文书。
②要：月度工作记录文书。会：年度工作记录文书。
③教法之象：《大司徒》所谓“教象之法”。
④宪：悬挂。

译文

夏历年终的时候，小司徒就考查属官办事的文书记录而予以相应的奖惩，命令官吏将全年的会计文书整理清楚并呈报上来。每年夏历正月初一，小司徒就率领属官前去观看教法，边走边摇动木铎，训诫道：“若不执行法令，国家自有相应的法律予以惩处。”命令官吏在各自的治所悬挂禁令，强化法制，纠察职事，以满足国家的治理要求。

原文

及大比，六乡四郊[①]之吏，平教治，正政事，考夫屋及其众寡、六畜、兵器[②]，以待政令。

注释

①四郊：郊里。此处四郊指在广义四郊内减去六乡的区域。
②夫屋：皆为计算田地面积的单位，此处指代田地数。井田制下一井内共九夫，三夫为一屋，三屋为一井。兵器：兵谓五兵，器谓车辇、任器（军中所须器物）等。

译文

到大校比的时候，评断六乡四郊官吏的教化与治理情况，规正他们的政事，考察田地以及人口、六畜、武器与器械的数目，以待国家下达有关的政令。

乡师

原文

乡师之职，各掌其所治乡①之教，而听其治。

注释

①所治乡：六乡，乡师四人，二人共治三乡。

译文

乡师的职责是，掌管治所下的教育，负责督查各级乡中官吏的治理情况。

原文

以国比之法①，以时稽其夫家众寡，辨其老幼、贵贱、废疾、马牛之物，辨其可任者②，与其施舍者，掌其戒令纠禁，听其狱讼。

注释

①国比之法：此谓四时之小比。即《小司徒》“乃颁比法于六官之大夫”中的比法。

②辨其可任者：分辨清楚他们当中可以充任兵役、劳役的人有哪些。

译文

根据国家制定的调查统计户口、财产的法规，按时核查其所管之乡男女人口的多少，将他们当中的老幼、贵贱、残疾者，以及牛马的数目详细登记，分辨清楚他们当中能够服兵役、劳役与应当免除兵役、劳役的人，掌管有关他们的戒令、纠察与禁令，评断他们的争讼。

原文

大役[1]，则帅[2]民徒而至，治其政令。既役，则受州里之役要[3]，以考司空[4]之辟，以逆[5]其役事。

注释

①大役：谓修筑堤防、城郭等。

②帅：通“率”，率领。

③州里：亦称乡里，即六乡七万五千家所居之里。役要：谓州里所送民徒之簿书。

④司空：官名。六官之一，掌管百工兴修土木工程等事。

⑤逆：钩求考校，察其是非。

译文

国家有大的工程建设，就率领征召的民夫到工地，并负责管理他们。工程动工后，就接受乡里所派民夫的花名册，依照司空拟订的施工章程，来考查他们的服役情况。

原文

凡邦事，令作秩叙。

译文

凡王国有使用民力的事，就命令乡中官吏有秩序地征调民夫。

原文

大祭祀，羞牛牲[1]，共茅蒩[2]。

注释

①羞牛牲：此处言“羞”而不言“奉”，说明乡师只辅佐大司徒进献骨体，而不辅佐其将牛牲牵入。

②茅蒩（zū）：放在神位前作为衬垫物以便放置黍稷等祭品的茅草垫。蒩，“苴”的假借字，草垫。

译文

遇到大的祭祀，负责协助大司徒进献剔解过的牲体，并提供祭祀时用以放置祭品的茅草垫。

原文

大军旅、会同，正治其徒役，与其輂[①]辇，戮其犯命者。

注释

①輂（jú）：马拉的直辕大车，用来载物。

译文

遇到天子率军亲征或者于国外会见诸侯，负责管理随行的民工与运载辎重的车辆，惩处那些触犯禁令的人。

原文

大丧用役，则帅其民而至，遂治之[①]。及葬，执纛以与匠师御柩[②]，而治役。及窆[③]，执斧以莅匠师。

注释

①治之：谓监督其事。

②纛：当作“翿（dào）”，即羽葆幢，用于下葬时指挥柩车前进。匠

师：官名，属司空，匠人之长，负责工程、制造等事。

③窆（biǎn）：下棺入墓穴。

译文

遇到天子、王后、太子去世，就率领治所下的乡民前往服役，并对他们予以监督。在下葬的路上，手持羽葆幢与匠师一起指挥拉柩车的民夫前进。等到下棺入墓穴的时候，就手持斧头在匠师身旁察看，以便在必要时给予帮助。

原文

凡四时之田，前期出田法于州里，简其鼓铎、旗物、兵器①，修其卒伍。及期，以司徒之大旗②致众庶，而陈之以旗物，辨乡邑而治其政令刑禁，巡其前后之屯，而戮其犯命者，断其争禽之讼。

注释

①铎：一种大铃。旗物：《司常》的九旗。兵器：包括各种武器、车辆和辎重。

②大旗：一种画有熊虎的旗。

译文

凡四季的田猎活动，事前乡师将有关田猎的法令传达给下级官吏，并检查征调上来的民众是否带齐了鼓铎、旗帜与兵器，并将民众按军事编制组织起来。到了田猎那天，将民众召集于大司徒的大旗之下，根据代表各乡邑的不同旗帜，组织他们排起阵列，并掌管针对吏卒的政令、禁令，巡查前后驻扎的吏卒与车辆，惩罚触犯命令的人，审理及裁决他们因争夺猎物而产生的纠纷与争讼。

原文

凡四时之征令有常者①，以木铎徇于市朝②。

注释

①征令有常者：每年当月例行发布的法令。征令，宣布法令。

②市：王城内及郊野的集市。朝：乡师的办公场所。

译文

凡一年之中每个月例行宣布的法令，就在人们聚集的地方摇动木铎，提醒人们记住并予以遵守。

原文

以岁时①巡国及野，而赒万民之艰厄②，以王命施惠。

注释

①岁时：随时。

②赒：同“周”，周济。艰厄：饥饿和困乏。

译文

要准备随时巡视王城之内及城外六乡四郊的人民，周济民众中饥饿与困乏的人，以天子的名义施惠于民。

原文

岁终，则考六乡①之治，以诏废置②。正岁，稽其乡器③，比④共吉凶二服，闾共祭器，族共丧器，党共射器，州共宾器⑤，乡共吉凶礼乐之器。

注释

①六乡：王引之认为当为“其乡”之误。

②诏：告诉，呈报。废置：罢免与提升。

③器：器物，衣服。

④比：谓五家为比之比。

⑤“党共射器”二句：党和州置备的公用器物，因为是用于公家的事，所以是用公家的钱购置的。

译文

夏历年终，考核所辖各乡官吏的政绩，并将考核的结果呈报上级，以作为对官员任免的参考。每年夏历正月，要检查各乡储备的公用器物是否完备，一比置备的公用器物是祭服与吊服，一闾置备的公用器物是祭祀用具，一族置备的公用器物是丧葬用具，一党置备的公用器物是举行乡射礼所需的器具，一州置备的公用器物是举行乡饮酒礼所需的器具，一乡置备的公用器物是满足吉凶二礼所需的一切礼器与乐器。

原文

若国大比，则考教，察辞[1]，稽器[2]，展事[3]，以诏诛赏。

注释

①察辞：考查各级乡吏汇报的情况有无虚假。

②器：上节“稽其乡器”之器。

③展事：省视、审查完备与否。

译文

若遇国家大校比之年，就要考核乡中官吏的教育成绩如何，考查乡中官吏的汇报是否属实，核查乡中官吏所掌管的公用器物是否保存完好，并将考核结果呈报上级，便于上级做出赏罚的决定。

乡大夫

原文

乡大夫之职，各掌其乡之政教禁令。

译文

乡大夫的职责是，各自掌管本乡的政教、禁令。

原文

正月之吉，受教法于司徒，退而颁之于其乡吏[1]，使各以教其所治，以考其德行[2]，察其道艺[3]。

注释

①乡吏：谓州长、党正、族师、闾胥和比长。
②德行：指六德、六行。
③道艺：指六艺和六仪。

译文

每年周历正月初一，从大司徒那里领来当年的教育法规，再向下级乡吏传达，让他们按照是年的教育法规来教导各自管理区域的民众，并据此方面的政绩来考核他们的德行与道艺。

原文

以岁时登其夫家之众寡，辨其可任者。国中自七尺[1]以及六十，野自六尺[2]以及六十有五，皆征之。其舍者，国中贵者、贤者、能者、服公事者、老者、疾者皆舍。以岁时入其书。

注释

①七尺：二十岁。

②六尺：十五岁。

译文

每年按时登记男女人口，搞清楚有多少人是能胜任役事的。王城之内，从二十岁到六十岁的人，王城外的郊野，从十五岁到六十五岁的人，都要服徭役。其中，王城之内的各级官吏、德行优异的人、才能突出的人、在官府服务的平民、年老的人、患病的人，服役可以豁免。每年按时将上述情况记录在册，并将簿册上呈大司徒。

原文

三年则大比①，考其德行、道艺，而兴②贤者、能者。乡老及乡大夫帅其吏与其众寡③，以礼礼宾之④。厥明，乡老及乡大夫群吏献贤能之书于王，王再拜受之⑤，登于天府⑥，内史贰之。退而以乡射之礼⑦五物询众庶：一曰和，二曰容⑧，三曰主皮⑨，四曰和容⑩，五曰兴舞⑪。此谓使民兴贤，出使长之；使民兴能，入使治之。

注释

①大比：此谓选士。

②兴：举荐。

③乡老：指退休在乡的卿大夫。众寡：善者之数不限制。

④以礼礼宾之：以乡饮酒之礼礼宾，即选出乡中的贤者作为宾客来礼敬，用来举荐贤人，然后推举给诸侯国君或天子。

⑤王再拜受之：天子为表示重视得到贤人，故再拜而受。

⑥天府：官名。负责天子祖庙、国家珍宝的守藏。

⑦乡射之礼：此谓通过乡大夫主持、在乡中举行的乡射比赛。

⑧容：《射义》“进退周还（旋）必中礼”。

⑨主皮：谓重在射中靶心。

⑩和容：谓乡射礼中的第三轮射箭，如不和音乐节奏相合，就不计成绩。

⑪兴舞：起舞。

译文

每三年举行一次大比，考查乡民的德行与道艺，并向上级推荐那些有德有才的人。然后，乡老与乡大夫率属吏与乡民用乡饮酒之礼礼敬那些被推举出来的德才兼具之人。次日，乡老与乡大夫率领乡吏将举荐文书上呈天子，天子接受文书时行再拜礼以示郑重，再将文书原本交由天府收藏、文书副本交由内史收藏。回来后，乡大夫举行乡射礼，并用乡射礼的五个方面询问众人：一是看参赛者是否做到了身心和谐，二是看参赛者的仪容动作是否符合礼的要求，三是看参赛者的命中率如何，四是看参赛者的射箭节奏与音乐是否合拍，五是看参赛者操弓矢而舞的舞姿如何。这就是让人们自己推举有德行的人做他们的长官，以便更好地为人民谋福祉。

原文

岁终，则令六[①]乡之吏皆会政致事。正岁，令群吏考法于司徒，以退，各宪之于其所治之[②]。

注释

①六："亓"（其）字之误。
②所治之："之"字是衍文。

译文

每到夏历年终，就命令本乡的官吏总结政绩并上报文书。每年正月，命令乡吏到司徒的衙门里观看教典并思考该如何贯彻实施，回来后，则各自将教典悬挂于自己的办公处。

原文

国大询[①]于众庶，则各帅其乡之众寡而致于朝[②]。国有大故[③]，则令民各守其闾，以待政令。以旌节[④]辅令，则达之。

注释

①大询：谓国家遇有如外敌入侵等危难，需要迁都、立新君等类大事，就需询问众人。

②朝：指外朝，在王宫的库门外。

③大故：谓天灾、兵祸等。

④旌节：符节。用作道路通行的证明、凭信。

译文

遇到天子有大事要征询百姓的意见时，就各自率领乡民来到王宫的外朝。若国家有重大的变故，就命令乡民以闾为单位各自集中在闾胥的办公之处以等待上级的命令。在此情形下，人民往来需要持有乡大夫发给的旌节才能准予通行。

比长

原文

比长各掌其比[1]之治。五家相受、相和亲，有罪奇邪[2]，则相及。

注释

①比：闾之下的行政区划单位。五家为一比。

②奇邪：指造谣惑众、作乱滋事等。

译文

比长的职责是各自掌管本比的治理。要使五家互相信赖、和睦相亲，五家之中若一家有犯罪或造谣生事的，其他四家知情不报，就要连坐。

原文

徙于国中及郊①，则从而授之②。若徙于他③，则为之旌节而行之。若无授无节，则唯圜土④内之。

注释

①郊：谓郊里，是郊民所居的地方。

②从而授之：谓比长要将迁徙者交付所迁处当地官吏，并负责说明迁徙者清白无罪恶。

③徙于他：迁徙到郊以外其他地方。

④圜土：凡有过失而未构成犯罪者，即所谓罢民，则收入周围筑有圆形围墙的圜土，冀其悔改。故圜土与监狱、囹圄不同，犹今劳教所。

译文

若比内居民有迁徙到王城内或郊里的，比长就要随同前往，将他们亲手交付给当地的官吏。若比内居民是迁徙到较远的地方，那比长不仅要亲自护送，还需要发给他们旌节做通行证，便于他们通行无阻。若迁徙者既没有比长护送，又没有通行证，那路上遇到盘查，就要把他们收押起来予以审问。

鼓人

原文

鼓人掌教六鼓、四金之音声①，以节声乐，以和军旅，以正田役。

注释

①六鼓：指下节所记雷鼓、灵鼓、路鼓、鼖（fén）鼓、鼛（gāo）鼓、晋鼓六种鼓。四金：指下节所记金錞（chún）、金镯、金铙、金铎四种铜制乐器。

译文

鼓人的职责是，负责教授人们敲击六种鼓和四种铜制乐器，用以使五声和合发出乐音，用以节制音乐，用来指挥军队，用以指挥田猎与力役。

原文

教为鼓而辨其声用。以雷鼓鼓神祀[①]，以灵鼓鼓社祭[②]，以路鼓鼓鬼享[③]，以鼖鼓[④]鼓军事，以鼛鼓[⑤]鼓役事，以晋鼓[⑥]鼓金奏。以金錞[⑦]和鼓，以金镯[⑧]节鼓，以金铙[⑨]止鼓，以金铎[⑩]通鼓。

注释

①雷鼓鼓神祀：雷鼓是一种八面鼓，神祀谓祭祀天神。

②灵鼓鼓社祭：灵鼓是一种六面鼓，社祭谓祭祀地祇。社，谓地祇。

③路鼓鼓鬼享：路鼓是一种四面鼓，鬼享谓祭祀宗庙。

④鼖（fén）鼓：一种两面鼓，长八尺，直径四尺，用于军事。

⑤鼛（gāo）鼓：是一种长一丈二尺的大鼓，有事情时用来召集人。

⑥晋鼓：是一种长六尺六寸的两面鼓。

⑦錞：錞于，一种铜制军乐器，可用于军阵，亦可用于祭祀集会。

⑧镯：军中乐器。军中鸣之以为鼓节。

⑨铙：军中铜制乐器，形如铃铛，但无舌，有柄，以物击之而鸣。可用于军中、祭祀和宴乐。

⑩铎：大铃，铜制乐器。金属舌者称金铎，用于军事田猎。木舌者则称木铎，用于警戒。

译文

教人敲鼓击金，要让人通晓不同的鼓声、金声的不同用途。祭祀天神的时候要敲击雷鼓，祭祀地神的时候要敲击灵鼓，祭祀祖宗的时候要敲击路鼓，在军事行动中要敲击鼖鼓，在人们从事力役劳作的时候要敲击鼛鼓，在钟、镈等乐器演奏过后要敲击晋鼓。用金錞调和演奏音乐时的鼓声，用金镯节制进军时的鼓声，用金铙停止进军时的鼓声并指挥撤军，用金铎使众人敲击军鼓一齐响应，用以传达命令。

原文

凡祭祀百物之神，鼓兵舞、帗舞者[1]。凡军旅，夜鼓鼜[2]。军动，则鼓其众。田役亦如之。

注释

①兵舞：谓以干（盾牌）戚（玉斧）等兵器为舞具，执之以舞。帗（fǔ）舞：执帗而舞，用于祭祀社稷。

②鼜（qì）：鼓名，巡夜警戒所敲的鼓。

译文

在祭祀形形色色的小神时，或跳兵舞，或跳帗舞，这时就需要击鼓伴奏。在军旅之中，巡夜戒备要击鼜鼓。军队在冲锋陷阵时，就要击鼓以振士气。征召徒役举行田猎时，亦是如此。

原文

救日月，则诏王鼓。大丧，则诏大仆鼓[1]。

注释

①“大丧”二句：在人始死时和下葬时，要击鼓警众。大仆在大丧时有击鼓的职责。

译文

遇到日食、月食，就要上报天子击鼓抢救。遇到天子或王后去世，要通知大仆击鼓。

载师

原文

载师掌任土[①]之法。以物地事[②]，授地职[③]，而待其政令。

注释

①任土：利用土地。

②以物地事：分辨不同土地所宜从事的各类生产。

③授地职：谓适宜于农业的土地就授给农民，适宜于放牧的土地就授给牧人，山林川泽则授给虞衡。

译文

载师的职责是因地制宜利用土地及制定相应税率的法规。分辨什么样的土地适合或该种什么，从而让相应土地上的人民进行适宜的生产，以便更好地完成国家赋税的征收。

原文

以廛里[①]任国中之地，以场圃任园地[②]，以宅田、士田、贾田任近郊之地[③]，以官田、牛田、赏田、牧田任远郊之地[④]，以公邑之田任甸地[⑤]，以家邑之田任稍地[⑥]，以小都之田任县地，以大都之田任畺地[⑦]。凡任地，国宅无征，园廛二十而一，近郊十一，远郊二十而三，甸、稍、县、都皆无过十二，唯其漆林之征二十而五。

注释

①廛里：居宅，住宅。

②场圃：场人所掌之园圃。园地：国城外空闲的土地。

③宅田：退休官吏之家所领受的养家之田。士田：是做官者所领受的田

地，亦称圭田。贾田：商贾之家所领受的田地。近郊：距都城五十里以内之地。

④官田：在官府服务的庶人之家所领受的田地。牛田、牧田：为公家畜牧者之家所领受的田地。赏田：对有功者赏赐的田地，地在远郊。

⑤甸地：郊外之地，距都城百里至二百里之间，亦称邦甸。

⑥家邑：大夫的采地，下文小都是卿的采地，大都是公（包括王子弟）的采地。稍地：家削之地，即王都外二百里与三百里的土地，通常做大夫的采地。

⑦畺地：王畿边界之地，即邦都之地，在距王都四百里至五百里之间。

译文

用王城内的土地来营建百姓的住宅与士大夫的府第，用城外的空地来建种植瓜果蔬菜的场圃，用近郊的土地作为宅田、士田、贾田，用远郊的土地作为官田、牛田、赏田、牧田，用邦甸的土地作公邑，用稍地来做家邑之田，用县地来做小都之田，用畺地来做大都之田。对使用土地的征税办法是，王城内士大夫的官宅免征税，老百姓的宅地与种植瓜果蔬菜的园地，税率是二十分之一，近郊的田地，税率是十分之一，远郊的田地，税率是二十分之三，甸、稍、县、都的田地，税率均不超过十分之二，只有对漆树林的征税率是二十分之五。

原文

凡宅不毛[①]者，有里布[②]；凡田不耕者，出屋粟[③]；凡民无职事者，出夫、家之征。

注释

①宅不毛：宅地旁边不种植桑麻。

②里布：按住宅占地大小来进行罚款。布，钱。

③屋粟：税名，计亩征收的罚粮。

译文

凡住宅旁不植桑种麻的，要按住宅面积的大小予以罚款；凡是让田地荒芜不耕种的，要按田地的亩数予以罚粟；凡没有固定职业的游手好闲者，不仅要罚他交纳粟而且还要罚钱。

原文

以时征其赋。

译文

按时命令下属官吏征收各种赋税。

闾师

原文

闾师掌国中及四郊之人民、六畜之数，以任其力，以待其政令，以时征其赋。

译文

闾师的职责是，掌管王城之中及四郊之内的人民、六畜的数目，以利用其人力、畜力进行生产，以征调劳役，而按时向他们征收赋税。

原文

凡任民：任农以耕事，贡九谷；任圃以树事，贡草木①；任工以饬材②事，贡器物；任商以市事，贡货贿；任牧以畜事，贡鸟兽；任嫔以女事③，贡布帛；任衡④以山事，贡其物；任虞⑤以泽事，贡其物。

注释

①草木：谓葵韭果蓏（luǒ）之属。蓏，瓜类植物的果实。

②饬材：整治各种原材料以成器物。为十二职事之一，即百工之事。

③嫔：妇女。女事：谓“化治丝枲”。

④衡：本指掌山林的官，此指利用山林从事生产之民。

⑤虞：本指掌川泽的官，此指利用川泽从事生产之民。

译文

凡任用百姓：让农民从事耕种，交纳各种谷物；让菜农从事种植，交纳瓜果蔬菜；让工人从事制造，交纳各种器物；让商人从事交易，交纳财物；让牧民从事畜牧，交纳鸟兽；让妇女从事女红，交纳布帛；让山民从事山林生产，交纳各种山货；让川泽之民从事川泽生产，交纳各种水产。

原文

凡无职者[①]，出夫布[②]。

注释

①无职者：谓没有固定职业而四处去打工的人。

②夫布：丁钱。夫谓劳力，布谓钱。因按夫出钱，故称。

译文

凡是没有固定职业而四处去打工的人，可以不交纳实物，但要交纳丁钱。

原文

凡庶民不畜者，祭无牲；不耕者，祭无盛[①]；不树者，无椁；不蚕者，不帛；不绩者，不衰[②]。

注释

①盛：指盛于器而用于祭祀的黍稷等谷物。

②衰（cuī）：本指服斩衰、齐衰丧的人缀于丧服前当心处的麻布。

译文

凡是不养牲畜的人家，祭祀的时候就不能用牲；凡是不耕种土地的人家，祭祀的时候就不许有黍稷；凡是不种树的人家，埋葬亲属时就不许使用外棺；凡是不养蚕的人家，就不许穿丝织品；凡是不纺织的人家，办丧事的孝服上就不许缀衰。

县师

原文

县师掌邦国、都鄙、稍、甸、郊里之地域，而辨其夫家人民、田莱之数①，及其六畜车辇之稽。三年大比，则以考群吏而以诏废置。

注释

①田：当年可耕之田。莱：指当年休耕之田。

译文

县师的职责是，掌管外连诸侯国、内连郊里的都、县、稍、甸四等公邑的地域，调查清楚可供征调的人口数量、耕地的情况、六畜及车辆的数目。每逢三年大校比，就据以考查所属官员的政绩，而后向上级呈报，以决定对他们的提升与罢免。

原文

若将有军旅、会同、田、役之戒，则受法于司马，以作其众庶及马牛车辇，会其车人之卒伍，使皆备旗鼓、兵器，以帅而至①。

注释

①以帅而至：有说法称，由公邑之长帅之，县师不帅。

译文

如果有将要出征、会同、田猎或劳役的戒令，就从大司马那里接受征兵的法令，据以征调兵卒及马牛车辆，并且把车辆与士卒按军事编制组织起来，让他们都带上战旗、战鼓、武器、用器，由公邑长官率领他们到县师那里报到。

原文

凡造都邑[①]，量其地，辨其物[②]，而制其域。

注释

①都邑：周代王子弟、大夫的采邑，指大都、小都和采邑。
②物：指山林、川泽、物产和人民等。

译文

凡是在公邑的地域内建造都邑，负责测量其土地，查明该地的物产，划定其疆界。

原文

以岁时征野[①]之赋贡。

注释

①野：谓甸、稍、县、都。

译文

每年按时征收的公邑赋税，负责送入大府。

遗人

原文

遗人掌邦之委积[1]，以待施惠。乡里[2]之委积，以恤民之艰厄；门关之委积[3]，以养老孤[4]；郊里之委积，以待宾客。野鄙[5]之委积，以待羁旅[6]；县都之委积，以待凶荒。

注释

①委积：储聚米粮一类的生活必需品。

②乡里：谓六乡中七万五千家所居之里。

③门：城门。关：关门。

④老孤：为国捐躯者的父母及其未成年子弟。

⑤野鄙：此指甸地（距王都一百里到二百里间）和稍地（距王都二百里到三百里间）。

⑥羁旅：寄居在外的旅客。

译文

遗人的职责是，掌管王城内粮草等生活物资的储备，以备向需要者施惠。乡里粮草等生活物资的储备，用以救济饥困中的人民；城门、关门处粮草等生活物资的储备，用以抚恤为国捐躯者的家属；郊里粮草等生活物资的储备，用以接待过往的国宾。甸地与稍地粮草等生活物资的储备，用以救助羁旅他乡的漂泊者；县都粮草等生活物资的储备，用以应付荒年。

原文

凡宾客、会同、师、役，掌其道路之委积。凡国野之道，十里有庐①，庐有饮食；三十里有宿②，宿有路室③，路室有委；五十里有市，市有候馆④，候馆有积。

注释

①庐：谓四面透风的棚子。只可白天歇脚，不能过夜。

②宿：设于道旁的住宿馆舍。

③路室：宿处的房室，即客舍。

④候馆：路旁宾馆。可住宿、洗澡、登高观望。

译文

凡有接待宾客、会同、征伐、劳役等事，掌管沿途各处生活物资的储备。自王城到王城辖区边界的大道上，每隔十里就设置一个可供歇息的草棚，草棚里备有饮食；每隔三十里就设置一个可供过夜的客舍，客舍里备有粟米薪刍；每隔五十里就有集市，集市上建有完备的宾馆，宾馆里备有充足的粟米薪刍。

原文

凡委积之事，巡而比之，以时颁之。

译文

凡是储备物资的地方，遗人都要经常巡视与考校，若发现储备不足，就要及时补充。

师氏

原文

师氏掌以媺[①]诏王。

注释

①媺：同“美”。美善之德。

译文

师氏的职责是负责以美善的道理来告诉天子。

原文

以三德教国子[①]：一曰至德[②]，以为道本；二曰敏德[③]，以为行本；三曰孝德，以知逆恶[④]。教三行：一曰孝行，以亲父母；二曰友行[⑤]，以尊贤良；三曰顺行，以事师长[⑥]。

注释

①国子：谓天子及公卿、大夫、士等贵族子弟。
②至德：中庸之德。
③敏德：及时行仁义之德。
④知逆恶：用来制止悖逆犯上等邪恶之事的发生。知，通“折”，挫败。
⑤友行：善于交友之行。
⑥师长：师谓道德高尚、学问渊博的人。

译文

以三种德行教导贵族子弟：第一种是中庸之德，把它作为道德的根本；第二种是及时行仁义之德，把它作为行动的根本；第三种是孝德，用来制止悖逆邪恶之心的产生。以三种操行教导贵族子弟：第一种是孝行，教导他们热爱父母；第二种是友行，教导他们尊敬贤良；第三种是顺行，教导他们服从师长。

原文

居虎门之左①，司②王朝。

注释

①虎门：路门，其内即谓王寝息之地。因路门上画有虎以示勇猛，故称。左：东也。

②司：通“伺”，探察。

译文

天子每日临朝之时，师氏要站在虎门外的东边，留心观察，适时地进善言。

原文

掌国中失之事①，以教国子弟②。凡国之贵游子弟学焉。

注释

①中：合乎礼法。失：违背礼法。

②国子弟：包括王的太子、诸王子，以及诸侯卿大夫之子弟。

译文

掌握国家的掌故，无论是合乎礼法还是违背礼法的，都要用来教育天子和诸王子，让他们知晓。国中的贵族子弟都要跟随师氏学习。

原文

凡祭祀、宾客、会同、丧纪、军旅，王举①则从。听治亦如之。

注释

①举：通“与”，参与。

译文

凡有祭祀、接待宾客、会同、丧事、军旅征战之事，若天子参加，师氏就要随从。天子在野外处理朝政，师氏亦当如此。

原文

使其属帅四夷之隶[1]，各以其兵服守王之门外[2]，且跸。朝在野外[3]，则守内列[4]。

注释

①四夷之隶：《秋官》中的蛮隶、闽隶、夷隶、貉隶，是被没为奴的四方少数民族战俘。

②门外：指库门（第二门）之外。王宫五门，自外而内，首先是皋门，次为库门，次为雉门，次为应门，次为路门。中间的库门、雉门、应门三门叫作中门。

③朝在野外：谓用作临时处理政事之所的野外宫舍。

④列：通“迾”，拦阻。此释为厉禁，警卫。

译文

命令部属率领四夷的徒隶，穿着本民族的服装，装备本民族的武器，把守在王宫的中门之外，并禁止行人随意走动。若天子在野外听朝，就负责内线的警戒、守卫。

调人

原文

调人掌司万民之难①而谐和之。凡过而杀伤人者，以民成②之。鸟兽亦如之。

注释

①难：仇怨，结仇。

②成：调解，和解。

译文

调人的职责是，调查民众中的纠纷并予以调解。凡非故意而致人死伤者，就与乡里民众共同调解，先评判孰是孰非，后开释彼此之间的仇怨。凡因过失杀伤他人畜禽者，亦如此处理。

原文

凡和难，父之仇辟诸海外①，兄弟之仇辟诸千里之外，从父兄弟②之仇不同国；君之仇视父③，师长之仇视兄弟④，主⑤友之仇视从父兄弟。弗辟，则与之瑞节⑥而以执之。

注释

①辟：通“避”。海外：谓九夷、八蛮、六戎、五狄等周边少数民族聚居地区。

②从父兄弟：见《尔雅·释亲》，“兄之子，弟之子，相谓为从父兄弟”。

③君之仇：杀害国君的仇人。视：比，同。

④师：从学之师。长：官府的长官。

⑤主：侨居他国时下榻处的主人。

⑥瑞节：此指玉节中的琰圭，执之象征除害。

译文

凡是调解过失杀人的仇怨，按照如下的原则：若是杀父之仇，受害方不肯释怨，就让过失杀人者躲避到海外去，如果是杀害亲兄弟之仇，受害方不肯释怨，就让过失杀人者躲避到千里之外，如果是杀害从父、从兄弟之仇，受害方不肯释怨，就让过失杀人者躲避到另一个国家；若是杀害国君之仇，则类同杀父之仇的办法处置，若是杀害师长之仇，则类同杀害兄弟之仇的办法处置，若是杀害主人或朋友之仇，则类同杀害从父、从兄弟之仇的办法处置。若调解之后而杀人者坚持不肯躲避，在此情形下，调人就将象征可除害的瑞节交给受害方，让其捉拿杀人者至官府治罪。

原文

凡杀人有反杀者①，使邦国交仇之。凡杀人而义②者，不同国，令勿仇，仇之则死。凡有斗怒者，成之；不可成者则书之，先动者诛之。

注释

①反杀者：重杀。谓杀人者害怕受害方报仇害己，而又将受害方的子弟也杀死。

②杀人而义：杀人但符合一定的道义。

译文

凡过失杀人者担心报复而故意杀害被害人家属的，调人不得予以调解，而应通告天下，人人都可抓住他乃至杀死他。凡杀人而符合一定道义的，就让杀人者避去他国，同时劝令被害人家属不许报仇，不听劝令而执意报仇者就要被判处死刑。对于吵嘴、斗殴之事，首先加以评断、调解；调解不成，则将事情经过与双方姓名记录下来，对于那些先行动手报复的人，要严加训斥与惩戒。

司市

原文

司市掌市之治、教、政、刑、量度、禁令。

译文

司市的职责是，掌管市场的争讼、教导经营，掌管政令、刑罚、度量衡及其禁令。

原文

以次、叙[①]分地而经市，以陈肆辨物而平市[②]，以政令禁物靡而均市[③]，以商贾阜[④]货而行布，以量度成贾而征儥[⑤]，以质剂[⑥]结信而止讼，以贾民[⑦]禁伪而除诈，以刑罚禁暴而去盗，以泉府[⑧]同货而敛赊。

注释

①次、叙：都是管理市场的市吏的办公处。

②以陈肆辨物而平市：将不同种类、不同质量的货物分别陈放于不同店铺，便于购买者比较识别货物好坏。

③禁物靡而均市：奢侈品价贵而不实用，但购买者多，就使得较实用的货物滞销，引起降价，造成物价不均，故要禁止售卖奢侈品。物靡，即奢侈品。

④阜：盛，充足。

⑤征儥（yù）：招徕顾客。儥，买。

⑥质剂：货物成交的文书、证券。

⑦贾民：此指胥师至肆长等市场管理者。

⑧泉府：官名。掌管市场税收、收购滞销货物以待急需者购买。

译文

依照次叙的方位来划分地片、划分市场范围；依照货物的类别来使不同的店铺陈列不同的货物，使市场公平；依照政令禁止出售奢侈品，使买卖合理；通过招徕行商坐贾来使货物丰盛，使货币流通；按照货物的大小、轻重、长短确定其价格，从而吸引顾客购买；通过货物成交的文书保证买卖双方的信用，从而避免争讼；利用胥师、贾师这些懂得市场行情的官吏，来禁止假货而消除欺诈；利用刑罚来禁止暴乱而惩除盗贼；通过泉府的购进或赊出，从而体现与民同财货。

原文

大市日昃[①]而市，百族[②]为主。朝市[③]朝时而市，商贾为主。夕市夕时而市，贩夫贩妇为主。

注释

①昃（zè）：指日过正午而略微偏西的时候。

②百族：百姓。

③朝市：谓早市。时间从清晨到上午九时左右，以商贾的营业为主。

译文

大市在午后进行交易，入市的人以百姓为主。朝市在早晨进行交易，入市的人以商贾为主。夕市在傍晚进行交易，入市的人以小商小贩为主。

原文

凡市入，则胥执鞭度守门[①]，市之群吏平肆、展成奠贾[②]，上旌于思次以令市[③]。市师[④]莅焉，而听大治、大讼；胥师、贾师莅于介次[⑤]，而听小治、小讼。

注释

①胥：负责“守门察伪诈”者。度：挞罚用的棍杖。门：指肆门。

②群吏：胥师以下的官吏，包括贾师、司暴、司稽、胥、肆长等。奠贾：谓定价。奠，读为“定”。

③旌：插有五彩羽毛及牦牛尾为饰的旗子。思次：市官的总治所。

④市师：司市，市官之长。

⑤胥师、贾师：皆为司市聘用的市吏。介次：市官的分治所。

译文

每当市场开始交易，人们纷纷进入的时候，胥就要手持皮鞭、木棍守在肆门，检查有无诈伪，市场上的官吏要整顿卖货者的行列，使其井然有序，审视将成交的货物而确定其价格，在思次的屋楼上竖起旌旗以示交易开始。司市坐镇思次，就在那里处理大的事情与大的纠纷；胥师、贾师坐镇介次，就在那里处理小的事情与小的纠纷。

原文

凡万民之期于市者，辟布①者，量度者②，刑戮者，各于其地之叙③。凡得货贿、六畜者，亦如之，三日而举之④。

注释

①辟布：价钱已经讲好，而买者所付的钱与之前谈好的价格不符或者价钱已给而卖者诈称未付。

②量度者：犹今市场所置公平尺、公平秤等。

③叙：是胥及肆长的治事处。

④举之：没收充公。

译文

凡买卖双方在市场上交易，或一方在金钱上有欺诈行为，或一方在货物上有欺骗行为，或要对不法分子进行惩戒，都要在各自交易地点所在肆的叙中进行处理。凡拾得货物或牲畜的，也要将所拾的货物、牲畜交到叙中以便失主认领，若过了三天没有失主认领，就没收充公。

原文

凡治市之货贿、六畜、珍异[①]，亡者使有，利者使阜，害者使亡，靡者使微[②]。

注释

①珍异：此指时鲜果实和各种食物。

②“亡者使有”四句：谓以价格作为调节杠杆，对欲使其有、欲使其多的商品，抬高售价，鼓励生产，而对欲使其无、欲使其少的商品，则压低售价，使人民不乐于生产。利者，对百姓有利的（物品）。

译文

对于市场上各种货物、牲畜、四时食物的销售，应做如下引导：市场没有的货物应设法使其有，物美价廉的货物应设法使其增多，质量低劣的货物应设法使其绝迹，华而不实的奢侈品应设法使其减少。

原文

凡通货贿，以玺节出入之。

译文

凡运输货物的商人，发放盖有司市印章的通行证，以便其顺利进出。

原文

国凶荒、札丧[①]，则市无征，而作布[②]。

注释

①凶荒、札丧：《膳夫》之大荒大札。

②作布：铸造钱币。遇到荒年或疾疫流行，由于不征税，国家收入锐减，无以保证民用，故大量铸钱以济其乏；而铸钱必须采矿冶金，又能够给民众带来就业机会。

译文

国家若有灾荒或疫情，市场上就不再对货物征税，而应大量铸造钱币以救济百姓。

原文

凡市伪饰之禁：在民者十有二，在商者十有二，在贾者十有二，在工者十有二。

译文

市场上对诈伪巧饰的货物颁有禁令：十二项针对普通民众，十二项针对行商，十二项针对坐贾，十二项针对工人。

原文

市刑：小刑宪罚①，中刑徇罚②，大刑扑罚③。其附于刑者，归于士。

注释

①宪罚：将其罪状悬于肆门之外的处罚。

②徇罚：游街市众。

③扑罚：鞭笞。

译文

市场中的刑罚：轻的刑罚是将罪状张贴于肆，中等的刑罚是将罪状挂在胸前游街，重的刑罚是打板子。若情节严重，触犯了刑律的，则移交司法官处置。

原文

国君过市，则刑人赦。夫人过市，罚一幕。世子过市，罚一帟。命夫过市，罚一盖。命妇过市，罚一帷。

译文

如果国君到市场去，就应赦免应当受刑的人。如果国君夫人经过市场，就罚应当受刑的人出一幕。如果太子到市场去，就罚应当受刑的人出一个帟。如果卿大夫经过市场，就罚应当受刑的人出一个盖。如果卿大夫妻子到市场去，就罚应当受刑的人出一个帷。

原文

凡会同、师、役，市司①帅贾师而从，治其市政，掌其卖儥之事。

注释

①市司：司市。

译文

凡天子有会同、征伐、劳役等事，司市就要率贾师随从前往，治理在当地临时形成的市场，掌管市场上买卖相关的事宜。

泉府

原文

泉府掌以市之征布，敛市之不售、货之滞于民用者，以其贾买之，物楬[①]而书之，以待不时而买者[②]。买者各从其抵[③]：都鄙从其主，国人、郊人从其有司[④]，然后予之。

注释

①楬（jié）：起标志作用的小木桩。此指标签，写有货物名称、价格等。

②不时而买者：急需使用的人前来购买。

③抵：同“柢”，主管官。

④国人：都城内的居民。郊人：郊外六遂及公邑的居民。

译文

泉府的职责是，负责利用从市场上征收来的税款以原价收购那些滞销货物，并给这些收购上来的货物贴上标签，以待急需的人前来购买。急需的人前来购买必须持有其所在地官员开具的凭证：都鄙的人须持有当地邑宰开具的证明，王城及四郊的人须持有当地官员开具的证明。然后才能以原价卖给他们。

原文

凡赊者，祭祀无过旬日，丧纪无过三月。凡民之贷者，与其有司辨而授之，以国服为之息[①]。

注释

①以国服为之息：谓依照国家一般税率来计算利息。国服，谓国家税法。

译文

凡赊购此类滞销货物的人，用于祭祀的限十日还清，用于丧事的限三个月还清。凡是民众因事而借贷钱物或借货物从事经营的人，就会同他们所在地的地方官验明其身份、借贷数量、偿还能力，然后才能把贷款与货物发放给他们，并依照国家规定的农田税的税率来征收其利息。

原文

凡国事之财用取具焉。岁终，则会其出入，而纳其余。

译文

凡国家办事需要的钱都从泉府支取。每到夏历年终，就要审计、核查一下钱物的收支情况，将结余的税金与物品交给职币。

司关

原文

司关掌国货之节[1]，以联门、市。司货贿之出入者，掌其治禁与其征、廛[2]。凡货不出于关者，举其货，罚其人。

注释

①节：玺节，即印章。

②廛：谓《廛人》之廛布。

译文

司关的职责是，掌管货物的出入境证明的检查，由此，便与司门、司市有了工作上的联系。负责检查出关入关的货物，掌管有关这方面的政令以及征收货物税与货物存放的税收。凡不报关就进出的货物，一律没收，并对货主施以杖刑。

原文

凡所达货贿者，则以节、传[1]出之。

注释

①传：商人所持的通行证。

译文

凡是从民间购货而报关出境的商人，就由司关发给货物出境证与人员通行证。

原文

国凶札，则无关门之征，犹几。

译文

若国中有灾荒与疫情发生，就免除关税，但对人员的检查依旧如常。

原文

凡四方之宾客叩关[1]，则为之告。有外内之送令[2]，则以节[3]、传出内之。

注释

①叩关：谒见关人。

②送：奉送贡物。令：文书。

③节：旌节，不同于下文所说“达货贿”的玺节。

译文

凡四方的诸侯因朝觐而来到关前求见，安顿好客人的同时立即派人禀告天子。如有境内臣民与境外臣民由于一般性事务而需要进出的，就发给旌节与通行证。

遂人

原文

遂人掌邦之野[1]。以土地之图经[2]田野，造县鄙形体之法。五家为邻，五邻为里，四里为酂，五酂为鄙，五鄙为县，五县为遂，皆有地域，沟树之，使各掌其政、令、刑、禁，以岁时稽其人民，而授之田野，简[3]其兵器，教之稼穑。

注释

①野：此处指从百里以外的远郊到五百里王畿边界的地域。

②经：划分（边界）。

③简：简阅，检查，查验。

译文

遂人的职责是，掌管畿内的野地。依照地图划出田野的分界，设立县、鄙等行政区划。五家为一邻，五邻为一里，四里为一酂，五酂为一鄙，五鄙为一县，五县为一遂，邻、里、酂、县、鄙、遂都有各自的地域，其疆界上都要挖沟植树，使各级地方长官在各自掌管的辖区内施行政令、刑罚和禁令，每年按时核查各辖区内的人口，以便分给他们田地，检阅他们的兵器，教导他们耕种。

原文

凡治野：以下剂[1]致氓，以田里安氓，以乐昏扰[2]氓，以土宜[3]教氓稼穑，以兴锄[4]利氓，以时器[5]劝氓，以强予任氓[6]，以土均平政。

注释

①剂：义同役要，即记录服役者姓名、人数的簿册。
②扰：谓顺，和顺。
③土宜：谓不同土壤所宜种植的作物不同。
④锄：谓锄粟，即农民合出的自救互助粮。
⑤时器：农具。
⑥以强予任氓：用多授给强壮有余力的农民土地的方式来任用民力。

译文

凡治理野地的民众：要用最低限度的劳役征召农民，用分给农田、宅地的办法使农民安居乐业，用促成婚姻的办法使农民和顺，用因地制宜的办法教导农民耕种，用兴办互助事业的办法来使农民获得利益，用及时铸造农具的办法来鼓励农民耕作，用授予强壮有力的农民以土地的办法来任用民力，用依据土地的肥瘠合理征税的办法来平均赋税。

原文

辨其野之土，上地、中地、下地，以颁田里[1]。上地夫一廛[2]，田百亩，莱五十亩，余夫亦如之[3]；中地夫一廛，田百亩，莱百亩，余夫亦如之；下地夫一廛，田百亩，莱二百亩，余夫亦如之。

注释

①里：宅地。
②夫：谓成家的男子。廛：五亩之宅。

③余夫亦如之：余夫也按这样的比例授田。余夫，为羡卒、余子，即一家中正夫以外的成丁男子。

译文

区别野地的土地，将其分为上、中、下三等，用以颁授田地与宅地。上等土地，每家的主要劳动力授给宅地一处、田一百亩、休耕地五十亩，家中其余的劳动力也依照一定的比例配给田地；中等土地，每家的主要劳动力授给宅地一处、田一百亩、休耕地一百亩，家中其余的劳动力也依照一定的比例配给田地；下等土地，每家的主要劳动力授给宅地一处、田一百亩、休耕地二百亩，家中其余的劳动力也依照一定的比例配给田地。

原文

凡治野①，夫间有遂②，遂上有径③；十夫有沟，沟上有畛；百夫有洫，洫上有涂；千夫有浍，浍上有道；万夫有川，川上有路，以达于畿。

注释

①凡治野："野"下脱"田"字。

②遂：及下文沟、洫（xù），浍（kuài），皆田野间的水渠名。遂之水流入沟，沟之水流入洫，洫之水流入浍，浍之水流入川。

③径：及下文畛（zhěn）、涂、道、路，皆宽窄不同的道路名。径宽约四尺，畛宽六尺，涂宽八尺，道宽一丈六尺，路宽二丈四尺。

译文

凡治理野地的田地，每两家的田地之间有遂，遂旁边有径；每两邻的田地之间有沟，沟旁边有畛；每两酂的田地之间有洫，洫旁边有涂；每两鄙的田地之间有浍，浍旁边有道；每四县的田地之间有川，川旁边有路，能四通八达。

原文

以岁时登其夫家之众寡，及其六畜、车辇，辨其老幼、废疾与其施舍者，以颁职作事[1]，以令贡赋，以令师田，以起政役[2]。若起野役，则令各帅其所治之民而至，以遂之大旗致之，其不用命者诛之。

注释

①颁职作事：分配职事给民众从事。

②政役：政，亦当为“征”，与《小司徒》之“征役”及《均人》“力政”义同。

译文

依照一年的四季登记男女人口数目的多少，以及六畜、车辆的数目，查明其中老幼、残疾和那些应当免除徭役的人，以便分配更多的职业给人民从事，使民众缴纳贡赋，征调民众参加征伐和田猎，征调劳役。若起用野地的民众服役，就命令县正以下的地方长官各自率领所治理的民众前来，用遂的大旗作为标志召集他们，如有不服从命令的就加以诛罚。

原文

凡国祭祀，共野牲[1]，令野职[2]。凡宾客，令修野道而委积。大丧，帅六遂之役[3]而致之，掌其政令。及葬，帅而属六綍[4]。及窆[5]，陈役。

注释

①野牲：野地所豢养的牲畜。

②野职：供给野地出产的薪炭之类。

③役：劳役、役作之事。

④六綍（fú）：綍，同“绋”，牵引棺柩的绳索。王及后丧牵引棺柩用六根大绳，故称六綍。

⑤窆（biǎn）：下棺入穴。

译文

凡是国家举行祭祀，就命令遂师供给野地里圈养的牲畜，供给野地生产的薪炭。遇到宾客来朝，就命令有关部门修整郊野的道路并沿途储存好粮米、柴草。遇到天子或者王后去世，就率领六遂的役徒到大司徒那里报到，让他们去打理坟墓等日常事务并对他们加以管理。到出殡的时候，就率领劳工手执六绋。到下棺的时候，就让劳工列队排好，背碑负引，以便下棺入穴。

原文

凡事致野役，而师、田作野民，帅而至，掌其政、治、禁令。

译文

凡是国家有关劳役方面的事情，就征调野地的民众，而有征伐、田猎等大规模劳作的事，就要调集野地的民众，率领民众前来，并掌管有关他们的政令、治理事宜及禁令。

遂师

原文

遂师各掌其遂之政令、戒禁，以时登其夫家之众寡，六畜、车辇，辨其施舍与其可任者。经、牧其田野[1]，辨其可食[2]者，周知其数而任之，以征财征[3]。作役事，则听其治讼。巡其稼穑，而移用其民，以救其时事。

注释

①经：划界。牧：井牧。

②可食：可种庄稼、产粮食的土地。

③财征：赋税之事。

译文

遂师各自掌管所治理之遂的政令、戒禁，每年按时核定遂中男女人数的多少，以及六畜、车辆的准确数目，查明其中应当免除徭役的人数，以及哪些人可以服役。在田野上划分田界、井田的界线，分辨当年可耕种的土地，详细了解它的确切数字而任用农民耕种，以便征收赋税。若征召民众参加征伐、田猎和大规模的劳役，就负责处理他们的事情和纠纷。巡视地里的耕作情况，安排民众互助，以帮助农忙时节困难农户的农事。

原文

凡国祭祀，审其誓戒，共其野牲[①]。入野职、野赋于玉府[②]。宾客，则巡其道修，庀[③]其委积。大丧，使[④]帅其属以幄、帟先，道野役[⑤]；及窆，抱磿[⑥]，共丘笼及蜃车之役[⑦]。军旅、田猎，平野民，掌其禁令，比叙[⑧]其事而赏罚。

注释

①共其野牲：祭祀时通过遂师收取而供给所需野牲。

②野职：远郊以外九职之民的贡物（即其从业税）。野赋：远郊以外所征之地税，即《大宰》之九赋。

③庀（pǐ）：具备，备办。

④使：当指受大宰所使。

⑤道野役：引导野地的役徒前往墓地。

⑥磿（lì）：执绋人的花名册。

⑦丘：谓取土填圹所起坟。笼：竹制盛土器。蜃车：辁（quán）车，下葬途中所用的载柩车。

⑧比叙：谓评比排序。比，考校，考核。

译文

凡是国家举行祭祀，就要告诫遂民应注意的法规，供给野地所豢养的牲畜。把从野地征收上来的贡品、从业税、地税加以挑选，将适合天子日常所需的转交给玉府。遇到将有诸侯或其他国家的宾客到来，就要巡视道路的修整情况，准备粮草以备招待之用。如果天子、王后或者太子去世，大宰就让遂师率领下属拿幄、帟先行，并带领野地的民众前往墓地。等到下棺入穴的时候，就手持执绋人的花名册检查役徒人数，让服劳役的人从事打扫墓穴、聚土成坟以及把灵柩从灵车上搬运下来等工作。遇到征伐、田猎，要把野地服役的民众整顿整齐，掌管他们的禁令，评比排序役徒的工作表现从而进行赏罚。

遂大夫

原文

遂大夫各掌其遂之政令，以岁时稽其夫家之众寡、六畜、田野，辨其可任者与其可施舍者，以教稼穑，以稽功事①，掌其政令、戒禁，听其治讼。令为邑者②，岁终则会政致事。

注释

①功事：劳动成绩。

②为邑者：谓邻长、里宰、酂长、鄙师、县正等遂中属吏。

译文

遂大夫各自掌管本遂的政令，每年按时核定本遂的男女人口数量，以及六畜、田地的数目，分辨他们当中哪些人可以免除徭役及哪些人可以服役，以便教导他们耕种庄稼，以便考查他们的劳动情况，掌管本遂有关的政令、戒禁，听断有关的事务和纠纷。命令治理本遂的官员在每年的夏历年终总结政事，以便上报。

原文

正岁，简稼器，修稼政①。

注释

①稼政：修整田地的地界，修整田间的小沟和道路，考察什么地方适合种什么农物，等等。

译文

夏历正月，简阅查验农具是否需修理、补充，教导农民积极采取各项备耕措施。

原文

三岁大比，则帅其吏而兴氓[1]，明[2]其有功者，属其地治者[3]。凡为邑者，以四达[4]戒其功事，而诛赏废兴之。

注释

①兴氓：举荐民众中德行优异、才能卓越的人。

②明：显明，表彰。

③属其地治者：属，集中，聚集。地治者，当地有治理责任的官吏。

④四达：指人口多少、六畜车辇、稼穑耕耨、旗鼓兵甲四方面的情况。

译文

每隔三年举行大比的时候，就率领各级地方官员从民众中选拔出具备德行、有才能的贤人，表彰有功的官吏，并告诫其他官员要恪尽职守，尽心做好本职工作。凡是本遂的官员，要按照四方面的标准来诫饬，并据此对他们进行奖励、升迁或罢免、处分。

鄙师

原文

鄙师各掌其鄙之政令、祭祀[①]。凡作民[②]，则掌其戒令。

注释

①祭祀：指祭禜（yǒng）。即祭祀水旱之神。

②作民：《党正》"凡作民而师、田、行、役"。

译文

鄙师各自掌管本鄙的政令和祭祀。凡是国家征调民众去服征伐、田猎、巡狩等劳役，就要掌管相关的戒令。

原文

以时数其众庶，而察其媺恶而诛赏。岁终，则会其鄙之政而致事。

译文

按季节调查统计鄙中的民众人数，察访他们表现的好坏并给予赏罚。每年年终，就要总结本鄙的政事并向上级汇报。

土均

原文

土均掌平土地之政[①]，以均地守[②]，以均地事[③]，以均地贡[④]。

注释

①掌平土地之政：政，通“征”，谓征税。谓掌管使邦国（各诸侯国）、都鄙的土地税均平的政务。

②地守：山林川泽的税收。

③地事：各和从业税。

④地贡：各诸侯国进献的贡物。

译文

土均负责均平邦国的土地税，使山林川泽的税收均平，使各种从业税均平，使各诸侯国进献的贡物均平。

原文

以和[1]邦国、都鄙之政令、刑、禁与其施舍，礼俗、丧纪、祭祀，皆以地媺恶为轻重之法而行之[2]，掌其禁令。

注释

①和（xuān）：当读为“宣”，宣布。

②“礼俗”至“行之”：土地肥沃，礼俗、丧事、祭祀的法令就规定重些；土地贫瘠，礼俗、丧事、祭祀的法令就规定轻些。

译文

负责宣布各诸侯国的政令刑法以及对诸侯国的贡赋和徭役的减免事宜，对诸侯国、采邑的礼俗、丧事、祭祀，都按照土地的好坏程度来制定或轻或重的相关法令并使其遵守，同时掌管其法令。

诵训

原文

诵训掌道方志①，以诏观事②。掌道方慝③，以诏辟忌，以知地俗。

注释

①方志：四方各国史书所记载的久远之事。
②以诏观事：以告诉王让其能够了解古代的事。
③方慝（tè）：各地所忌讳的恶语。

译文

诵训负责解说四方史书上记载的历史典故，告诉天子并使他能够了解古代的事。还负责解说四方言语的忌讳，使天子能够避免触犯忌讳，使其了解各地的风俗习惯。

原文

王巡守，则夹王车。

译文

如果天子外出巡守，就随在王车左右以备顾问。

山虞

原文

山虞掌山林之政令，物为之厉①，而为之守②禁。

注释

①厉：设藩篱以为界。
②守：谓守护山林的民众。

译文

山虞掌管有关山林的政令，山中的各种物产，都要划定区域并给它设置藩篱，并为守护山林的民众制定相关的禁令。

原文

仲冬斩阳木①，仲夏斩阴木。凡服耜②，斩季材③，以时入之。令万民时斩材，有期日。凡邦工入山林而抡④材，不禁。春秋之斩木，不入禁。凡窃木者，有刑罚。

注释

①阳木：生长于山南面的树木。
②服：谓车厢。耜（sì）：指耒，古代农具，形状像叉子，用来松土。
③季材：幼小的木材。季，幼小，幼嫩。
④抡：选择。

译文

仲冬时可砍伐生长在山南的树木，仲夏时可砍伐生长在山北的树木。凡是制造车厢和耒，可砍伐较幼小的木材，并按时送到负责制造的官员那里。命令民众按规定的时间进山砍伐木材，并规定人数、日期。凡是国家建设的需要砍伐树木，不管什么季节都不能禁止。若百姓在春秋季节砍伐树木，只允许在平地砍伐，而不允许进入山内禁区砍伐。凡是盗伐树木的，就要接受相应的惩处。

原文

若祭山林，则为主[①]，而修除，且跸。

注释

①为主：担任掌事者。

译文

若祭祀山林之神，就要作为掌事者负责办理、监视祭祀，而整治、扫除道路、祭场、祭坛等，并且禁止行人通行。

原文

若大田猎，则莱山田之野。及弊[①]田，植虞旗[②]于中，致禽而珥焉[③]。

注释

①弊：终止。

②虞旗：画有熊的旗。

③致禽而珥焉：谓集中猎获的禽兽到虞旗下，割取禽兽的左耳以便计功。

译文

若天子亲自参加田猎，就芟除山中田猎场周围的杂草。等到田猎结束时，就在猎场中央竖起画有熊的虞旗，让山民把所有猎获的禽兽送到旗下，并割取禽兽的左耳以便计功。

林衡

原文

林衡掌巡林麓之禁令①，而平其守②，以时计林麓而赏罚之。

注释

①林：平地之林。麓：谓有林之山的山脚。
②平其守：均衡分配民众守林的任务。

译文

林衡掌管巡视林麓的林木而执行有关的禁令，平均民众守林的任务，按时统计他们守护林麓林木的成绩并对他们进行赏罚。

原文

若斩木材，则受法于山虞，而掌其政令。

译文

如果要砍伐木材，就要接受山虞所下达的法规，而掌管相关政令。

川衡

原文

川衡掌巡川泽之禁令①，而平其守，以时舍②其守，犯禁者执而诛罚之。

注释

①掌巡川泽之禁令：川衡掌川而不掌泽（泽虞掌泽），此处连言泽。因部分泽、川相连，则兼掌之。

②舍：安置。

译文

川衡掌管巡视川泽，执行有关的禁令，而平均守护川泽的任务，按时巡视守护人，有违犯禁令的人，就要抓起来并加以处罚。

原文

祭祀、宾客，共川奠。

译文

遇到举行祭祀、招待宾客，就供给河中所产的鱼、蛤等奠祭物品。

泽虞

原文

泽虞掌国泽之政令，为之厉禁，使其地之人守其财物，以时入之于玉府，颁其余于万民。

译文

泽虞掌管王国湖泽的政令，在湖泽的周围划分范围并设置藩篱、制定禁令，促使当地的人民守护湖泽的物产，按时将皮角珠贝等作为赋税缴纳给玉府，然后把剩下的东西分给民众。

原文

凡祭祀、宾客，共泽物之萁[①]。丧纪，共其苇蒲之事[②]。

注释

①泽物之萁：谓芹、茆（莼菜）、蔆（菱）、芡等物品。

②苇：芦苇，可防潮。蒲：蒲草，可织席。

译文

凡是祭祀或接待宾客，就负责提供湖泽丰富的物产。若遇到丧事，就提供所需要的芦苇和蒲草。

原文

若大田猎，则莱泽野[①]。及弊田，植虞旌以属禽。

注释

①莱泽野：为泽中打猎场芟除杂草。

译文

若天子亲自田猎，就芟除湖泽猎场周围原野的杂草。等到田猎结束时，就在猎场中竖起虞旗，让山民把所猎获的禽兽送到旗下，并割取禽兽的左耳以便计功。

迹人

原文

迹人掌邦田之地[①]政，为之厉禁而守之，凡田猎者受令[②]焉。禁麛[③]卵者，与其毒矢射者。

注释

①田之地：谓苑囿。
②令：谓规定田猎的时间地点。
③麛（mí）：本指幼鹿，此处泛指一切幼兽。

译文

迹人掌管王国田猎之地的政令，在猎场的周围设置藩界、制定禁令而加以守护，凡是田猎的人都要接受迹人的命令。禁止捕杀幼小的野兽，禁止掏取鸟蛋，禁止用毒箭来射杀禽兽。

羽人

原文

羽人掌以时征羽翮①之政于山泽之农以当邦赋之政令。凡受羽，十羽为审②，百羽为抟，十抟为缚。

注释

①羽翮（hé）：长茎的羽毛，故下文单称羽。翮，羽茎。
②审：及下文“抟（tuán）”“缚（zhuàn）”，皆羽束计量单位。

译文

羽人掌管按时向山泽地区的农民征收羽毛并用来抵作上缴国家赋税的政令。凡是所征收的羽毛计算标准是，十根羽毛为一审，百根羽毛为一抟，十抟为一缚。

廪人

原文

廪人掌九谷之数，以待国之匪颁、赒赐、稍食[①]。

注释

①匪（fēn）颁：分颁。谓分颁给群臣的俸禄。匪，通“分”。赒赐：赒即《乡师》所谓“赒万民之艰阨”，赐谓好赐，即天子特别的恩赐。

译文

廪人掌管谷米数量，以备国家分颁群臣俸禄、救济或赏赐臣民、发放没有爵位但在官府服役人员的月俸。

原文

以岁之上下数[①]邦用，以知足否，以诏谷用，以治年之凶丰。

注释

①数：计数，计算，查点。

译文

依据年成的好坏计算王国的粮食开支，以了解是否够用，并报告上级用粮的情况，据以制定出适于丰年或荒年不同的用粮计划。

原文

凡万民之食食者，人四鬴①，上也；人三鬴，中也；人二鬴，下也。若食不能人二鬴，则令邦移民就谷，诏王杀②邦用。

注释

①鬴（fǔ）：同“釜”，古代量器名，内方外圆，容六斗四升。
②杀：减少。

译文

凡是民众吃粮，如果每人每月口粮数达到四鬴，就算是丰收的年成；每人每月口粮数达到三鬴，就算是中等年成；如果每人每月口粮数为二鬴，就算是歉收的下等年成。若每人每月口粮数不足二鬴，就要报告上级，建议把这些饥民迁移到粮多的丰收地区，并报告天子使之减省国家支出。

原文

凡邦有会同、师、役之事，则治其粮与其食①。大祭祀②，则共其接盛③。

注释

①治其粮与其食：置备行路与宿营时所需要的粮食。
②大祭祀：谓祭祀天地、宗庙等神。
③接：通“扱（chā）”，收取。盛：谓祭祀所用粮。

译文

凡是国家有会同、征伐、劳役等事，就置备行路与宿营时所需要的粮食。每逢大祭祀，就供给收取的祭粮。

春官宗伯第三

叙官

原文

惟王建国，辨方正位，体国经野，设官分职，以为民极。乃立春官宗伯①，使帅其属，而掌邦礼②，以佐王和邦国。

注释

①春官宗伯：下文大宗伯，礼官之长，掌管邦礼。因宗伯在六官中位居第三，于四时当春，故称。宗谓宗庙，伯谓长官。

②邦礼：国家的礼制，即吉、凶、宾、军、嘉五礼。详见下文《大宗伯》。

译文

天子建立国都，首先要辨明建都之地的方位，以确定宫殿与宗庙的位置，然后主次有别地建设国都及附近区域。设立各种官职，从而辅助天子更好地统领百姓。为了达到这一目的，于是设立春官宗伯这一官职，让他率领部属，来掌管天下的礼事，以辅佐王协和各诸侯国。

原文

礼官①之属：大宗伯②，卿一人；小宗伯③，中大夫二人；肆师④，下大夫四人，上士八人，中士十有六人，旅下士三十有二人，

府六人，史十有二人，胥十有二人，徒百有二十人。

注释

①礼官：春官系统官员为礼官，即主管礼制之官。
②大宗伯：官名。礼官之长。
③小宗伯：官名。大宗伯的副职。
④肆师：官名。大宗伯的助手。

译文

礼官的属官有：大宗伯，由一名卿担任长官；小宗伯，由两名中大夫担任长官；肆师，由四名下大夫担任长官。此外还有八名上士，十六名中士，三十二名下士递相辅佐，下辖六名府，十二名史，十二名胥，一百二十名徒。

原文

郁人[1]，下士二人，府二人，史一人[2]，徒八人。

注释

①郁人：官名。掌管裸器。裸，又作“灌”，谓以郁香酒浇地降神。
②“府二人”二句：据王引之说，当作“府一人，史二人”。

译文

郁人，由两名下士担任长官，下辖一名府，两名史，八名徒。

原文

鬯人[1]，下士二人，府一人，史一人，徒八人。

注释

①鬯人：官名。负责提供秬鬯酒。秬（jù），黑黍。鬯即用黑黍酿造的酒。

译文

鬯人，由两名下士担任长官，下辖一名府，一名史，八名徒。

原文

鸡人①，下士一人，史一人，徒四人。

注释

①鸡人：官名。掌管供给鸡牲及报时。

译文

鸡人，由一名下士担任长官，下辖一名史，四名徒。

原文

司尊彝①，下士二人，府四人，史二人②，胥二人，徒二十人。

注释

①司尊彝：官名。掌管行礼所需的六尊、六彝的陈设位置，辨明其用途及所盛之酒醴。

②"府四人"二句：当作"府二人，史四人"。

译文

司尊彝，由两名下士担任长官，下辖两名府，四名史，两名胥，二十名徒。

原文

司几筵①，下士二人，府二人，史一人②，徒八人。

注释

①司几筵：官名。掌管五几、五席的名称、种类，辨明其用途及陈设的位置。
②“府二人”二句：当作“府一人，史二人”。

译文

司几筵，由两名下士担任长官，下辖一名府，两名史，八名徒。

原文

天府[1]，上士一人，中士二人，府四人，史二人[2]，胥二人，徒二十人。

注释

①天府：官名。掌管宗庙玉器、宝物的收藏。
②“府四人”二句：当作“府二人，史四人”。

译文

天府，由一名上士担任长官，两名中士担任副职，下辖两名府，四名史，两名胥，二十名徒。

原文

典瑞[1]，中士二人，府二人，史二人，胥一人，徒十人。

注释

①典瑞：官名。掌管玉瑞、玉器的收藏保管。

译文

典瑞，由两名中士担任长官，下辖两名府，两名史，一名胥，十名徒。

原文

典命[1]，中士二人，府二人，史二人，胥一人，徒十人。

注释

①典命：官名。掌管王封迁诸侯、群臣爵位（命数）的文书。

译文

典命，由两名中士担任长官，下辖两名府，两名史，一名胥，十名徒。

原文

司服[1]，中士二人，府二人，史一人[2]，胥一人，徒十人。

注释

①司服：官名。掌管王的吉凶礼服。

②府二人，史一人：当作“府一人，史二人”。

译文

司服，由两名中士担任长官，下辖一名府，两名史，一名胥，十名徒。

原文

典祀[1]，中士二人，下士四人，府二人，史二人，胥四人，徒四十人。

注释

①典祀：官名。掌管四郊外祀之坛域。

译文

典祀，由两名中士担任长官，四名下士担任副职，下辖两名府，两名史，四名胥，四十名徒。

原文

守祧[①]，奄八人，女祧[②]每庙二人，奚四人。

注释

①守祧：官名。掌管守护先王先公的庙祧。

②女祧：女奴中有才智者。

译文

守祧，由八名奄担任长官，每庙下辖两名女祧，四名奚。

原文

世妇[①]，每宫卿二人[②]，下大夫四人，中士八人，女府二人，女史二人，奚十有六人。

注释

①世妇：妇官名。原指天子之妾，位次九嫔，协助王后掌管宫中行礼之事。但此处世妇及下所列属官皆为外命妇（即卿大夫之妻）。

②每宫卿二人：王后六宫，则十二人，余类推。

译文

世妇，每宫由两名卿担任长官，四名下大夫，八名中士递相辅佐，下辖两名女府，两名女史，十六名奚。

原文

内宗①，凡②内女之有爵者。

注释

①内宗：官名。掌管佐助王后祭祀、宾客飨食之事。由内女（嫁于大夫、士而有爵的王同姓之女）任长官。

②凡：表示无固定数目。

译文

内宗，由凡是内女中出嫁而有爵位者任长官。

原文

外宗①，凡外女之有爵者。

注释

①外宗：官名。掌管协助王后祭祀等事，由外女（外姓卿、大夫、士之女嫁与王的姑、姊妹之子为妻者）任长官。

译文

外宗，由凡是外女中出嫁而有爵位者任长官。

原文

冢人①，下大夫二人，中士四人，府二人，史四人，胥十有二人，徒百有二十人。

注释

①冢人：官名。掌管王族及贵族墓葬茔域及下葬事宜。

译文

冢人，由两名下大夫担任长官，四名中士担任副职，下辖两名府，四名史，十二名胥，一百二十名徒。

原文

墓大夫[1]，下大夫二人，中士八人，府二人，史四人，胥二十人，徒二百人。

注释

①墓大夫：官名。掌管王国中万民的墓葬事宜。

译文

墓大夫，由两名下大夫担任长官，八名中士担任副职，下辖两名府，四名史，二十名胥，二百名徒。

原文

职丧[1]，上士二人，中士四人，下士八人，府二人，史四人，胥四人，徒四十人。

注释

①职丧：官名。掌管诸侯、卿、大夫、士的丧事。

译文

职丧，由两名上士担任长官，四名中士、八名下士递相辅佐，下辖两名府，四名史，四名胥，四十名徒。

原文

大司乐[①]，中大夫二人。乐师[②]，下大夫四人，上士八人，下士十有六人。府四人，史八人，胥八人，徒八十人[③]。

注释

①大司乐：官名。乐官之长，掌管王国大学教育之法，教国子乐德、乐语、乐舞。自乐师至鞮鞻氏，皆其属官。

②乐师：官名。大司乐之副职，主管国子乐舞教育及乐官官吏。

③“府四人”至“徒八十人”：大司乐、乐师同府治事，故其府、史、胥、徒同。

译文

大司乐，由两名中大夫担任长官。乐师，由四名下大夫担任长官，此外，还有八名上士、十六名下士递相辅佐，下辖四名府，八名史，八名胥，八十名徒。

原文

大胥[①]，中士四人。小胥[②]，下士八人，府二人，史四人，徒四十人。

注释

①大胥：乐官名。掌管学士（卿、大夫之子学舞者）的名籍、按籍召令入学并教育学舞者、管理学宫中的事务等。

②小胥：官名。协助大胥进行征召并督察学舞之人。

译文

大胥，由四名中士担任长官。其副职小胥，由八名下士担任长官，下辖两名府，四名史，四十名徒。

原文

大师[1]，下大夫二人。小师[2]，上士四人。瞽矇[3]：上瞽四十人，中瞽百人，下瞽百有六十人。视瞭[4]三百人。府四人，史八人，胥十有二人，徒百有二十人[5]。

注释

①大师：官名。为乐官之长。掌管六律、六同等音律。以盲人的贤智者任长官。

②小师：亦称少师，官名。掌管教授瞽矇演奏鼓乐、唱歌。以盲人担任长官。

③瞽矇：官名。即众乐工，从事演奏乐器和歌唱。皆由盲人担任长官。

④视瞭：官名。掌管击鼗（鼓）奏磬，扶助瞽矇。皆目明者，人数与瞽矇数相等。

⑤"府四人"至"徒百有二十人"：大师、小师、瞽矇、视瞭同府治事，故其府、史、胥、徒同。

译文

大师，由两名下大夫担任长官。小师，由四名上士担任长官。瞽矇：上瞽四十名，中瞽一百名，下瞽一百六十名。视瞭三百名。共下辖四名府，八名史，十二名胥，一百二十名徒。

原文

典同[1]，中士二人，府一人，史一人，胥二人，徒二十人。

注释

①典同：官名。掌管调理乐器的音律。同，同"吕"，阴律；律，阳律。

译文

典同，由两名中士担任长官，下辖一名府，一名史，两名胥，二十名徒。

原文

磬师[1]，中士四人，下士八人，府四人，史二人[2]，胥四人，徒四十人。

注释

①磬师：官名。掌管教击编钟、编磬。

②府四人，史二人：当作“府二人，史四人”。

译文

磬师，由四名中士担任长官，八名下士担任副职，下辖两名府，四名史，四名胥，四十名徒。

原文

钟师[1]，中士四人，下士八人，府二人，史二人，胥六人，徒六十人。

注释

①钟师：官名。掌管敲击钟、镈，以为奏乐节奏。

译文

钟师，由四名中士担任长官，八名下士担任副职，下辖两名府，两名史，六名胥，六十名徒。

原文

笙师[1]，中士二人，下士四人，府二人，史二人，胥一人，徒十人。

注释

①笙师：官名。掌管教吹奏竽、笙等管乐器。

译文

笙师，由两名中士担任长官，四名下士担任副职，下辖两名府，两名史，一名胥，十名徒。

原文

镈师[1]，中士二人，下士四人，府二人，史二人，胥二人，徒二十人。

注释

①镈（bó）师：官名。掌管金奏时击鼓。镈，形如钟而略大的乐器。

译文

镈师，由两名中士担任长官，四名下士担任副职，下辖两名府，两名史，两名胥，二十名徒。

原文

韎师[1]，下士二人，府一人，史一人，舞者十有六人，徒四十人。

注释

①韎（mèi）师：官名。掌管教授东方夷族舞乐。韎，东方夷族之乐舞名。

译文

韎师，由两名下士担任长官，下辖一名府，一名史，十六名舞者，四十名徒。

原文

旄人①，下士四人，舞者众寡无数，府二人，史二人，胥二人，徒二十人。

注释

①旄（máo）人：官名。掌管教授民间通俗乐舞及四夷乐舞。旄，牦牛尾，舞者手持的道具。

译文

旄人，由四名下士担任长官，舞者的多少无定数，下辖两名府，两名史，两名胥，二十名徒。

原文

籥师①，中士四人，府二人，史二人，胥二人，徒二十人。

注释

①籥（yuè）师：官名。掌管教授国子跳文舞时吹籥。

译文

籥师，由四名中士担任长官，下辖两名府，两名史，两名胥，二十名徒。

原文

篇章①，中士二人，下士四人，府一人，史一人，胥二人，徒二十人。

注释

①篇章：官名。掌管演奏、教授敲击土鼓和用篇吹奏豳地的诗乐。

译文

篇章，由两名中士担任长官，四名下士担任副职，下辖一名府，一名史，两名胥，二十名徒。

原文

鞮鞻氏①，下士四人，府一人，史一人，胥二人，徒二十人。

注释

①鞮（dī）鞻（lóu）氏：官名。掌管教授四夷音乐歌舞。鞮，四夷舞者所着皮制舞鞋。

译文

鞮鞻氏，由四名下士担任长官，下辖一名府，一名史，两名胥，二十名徒。

原文

典庸器①，下士四人，府四人，史二人②，胥八人，徒八十人。

注释

①典庸器：官名。掌管收藏、保管乐器、钟鼎之器。庸器，从战败国所获得的重器。

②府四人，史二人：当作“府二人，史四人”。

译文

典庸器，由四名下士担任长官，下辖两名府，四名史，八名胥，八十名徒。

原文

司干[①]，下士二人，府二人，史二人，徒二十人。

注释

①司干：官名。掌管舞蹈所执之道具，如羽、干、戚等。干，盾，跳舞时手持的道具。

译文

司干，由两名下士担任长官，下辖两名府，两名史，二十名徒。

原文

大卜[①]，下大夫二人。卜师[②]，上士四人。卜人[③]，中士八人，下士十有六人，府二人，史二人，胥四人，徒四十人。

注释

①大卜：官名。为卜官之长，掌管卜筮之法。下文自卜师至筮人，皆其属官。卜，通过龟甲问吉凶叫卜。

②卜师：官名。掌管开取兆书、辨龟、授龟等具体占卜之事。

③卜人：官名。协助大卜、卜师做事。以上三官同府治事，故其府、史、胥、徒同。

译文

大卜，由两名下大夫担任长官。卜师，由四名上士担任长官。卜人，由八名中士担任长官，十六名下士担任副职，下辖两名府，两名史，四名胥，四十名徒。

原文

龟人[①]，中士二人，府二人，史二人，工[②]四人，胥四人，徒四十人。

注释

①龟人：官名。掌管龟甲的攻治、收藏及供给，以备占卜之用。

②工：掌取龟、攻（治）龟的工人。

译文

龟人，由两名中士担任长官，下辖两名府，两名史，四名工，四名胥，四十名徒。

原文

菙氏[①]，下士二人，史一人，徒八人。

注释

①菙（chuí）氏：官名。掌管供给灼龟所用的焌（灼龟所用的火种）、契（灼龟所用的荆木）。菙，“棰”字之误，即荆木。

译文

棰氏，由两名下士担任长官，下辖一名史，八名徒。

原文

占人[1]，下士八人，府一人，史二人，徒八人。

注释

①占人：官名。掌管占视蓍、龟的卦兆而言吉凶。

译文

占人，由八名下士担任长官，下辖一名府，两名史，八名徒。

原文

筮人[1]，中士二人，府一人，史二人，徒四人。

注释

①筮人：官名。掌管占筮事。筮，用蓍草问吉凶。

译文

筮人，由两名中士担任长官，下辖一名府，两名史，四名徒。

原文

占梦[1]，中士二人，史二人、徒四人。

注释

①占梦：官名。掌管占验梦的吉凶。

译文

占梦，由两名中士担任长官，下辖两名史，四名徒。

原文

视祲[1]，中士二人，史二人，徒四人。

注释

①视祲（jìn）：官名。掌管占望云气，以辨吉凶妖祥。祲，妖氛，不祥之气。

译文

视祲，由两名中士担任长官，下辖两名史，四名徒。

原文

大祝[1]，下大夫二人，上士四人。小祝[2]，中士八人，下士十有六人，府二人、史四人，胥四人，徒四十人。

注释

①大祝：官名。为祝官之长，掌管祭祀告神之赞辞。下文自小祝至诅祝，皆其属官。

②小祝：官名。掌管小祭祀之祝号，并协助大祝行事。

译文

大祝，由两名下大夫担任长官，四名上士担任副职。小祝，由八名中士担任长官，十六名下士担任副职。下辖两名府，四名史，四名胥，四十名徒。

原文

丧祝①，上士二人，中士四人，下士八人，府二人，史二人，胥四人，徒四十人。

注释

①丧祝：官名。掌管丧事祝告之事。

译文

丧祝，由两名上士担任长官，四名中士担任副职，八名下士递相辅佐，下辖两名府，两名史，四名胥，四十名徒。

原文

甸祝①，下士二人，府一人，史一人，徒四人。

注释

①甸祝：官名。掌管四时田猎及征伐、祭祀的祝告之事。

译文

甸祝，由两名下士担任长官，下辖一名府，一名史，四名徒。

原文

诅祝①，下士二人，府一人，史一人，徒四人。

注释

①诅祝：官名。掌管盟、诅及六祈（类、造、攻、说、禬、禜）等祝号之事。

译文

诅祝，由两名下士担任长官，下辖一名府，一名史，四名徒。

原文

司巫[1]，中士二人，府一人，史一人，胥一人，徒十人。

注释

①司巫：官名。为巫官之长，掌管群巫的政令。

译文

司巫，由两名中士担任长官，下辖一名府，一名史，一名胥，十名徒。

原文

男巫[1]，无数。女巫[2]，无数。其师[3]，中士四人，府二人，史四人，胥四人，徒四十人。

注释

①男巫：官名。掌管望祀、望延（详其职文）及以茅招迎四方众神。

②女巫：宫中女官。掌管以巫舞通神。

③其师：巫师，男巫、女巫之长。

译文

男巫，无定数。女巫，无定数。巫师，由四名中士担任长官，下辖两名府，四名史，四名胥，四十名徒。

原文

大史[1]，下大夫二人，上士四人。小史[2]，中士八人，下士十有六人。府四人，史八人，胥四人，徒四十人。

注释

①大史：官名。史官之长，掌管法典、礼籍、祭祀、星历等。属官有小史、冯相氏、保章氏。

②小史：官名。大史之副。掌管王国及诸侯国之史籍以及定世系、辨昭穆等事。

译文

大史，由两名下大夫担任长官，四名上士担任副职。小史，由八名中士担任长官，十六名下士担任副职。下辖四名府，八名史，四名胥，四十名徒。

原文

冯相氏[1]，中士二人，下士四人，府二人，史四人，徒八人。

注释

①冯（píng）相（xiàng）氏：官名。掌管天文星历的推算，登高台以观测天文之次序。冯，登。相，视。

译文

冯相氏，由两名中士担任长官，四名下士担任副职，下辖两名府，四名史，八名徒。

原文

保章氏[①]**，中士二人，下士四人，府二人，史四人，徒八人。**

注释

①保章氏：官名。掌管观察、记录天星变动等天文现象，以观天下之变，分辨吉凶。

译文

保章氏，由两名中士担任长官，四名下士担任副职，下辖两名府，四名史，八名徒。

原文

内史[①]**，中大夫一人，下大夫二人，上士四人，中士八人，下士十有六人，府四人，史八人，胥四人，徒四十人。**

注释

①内史：官名。掌管天子八柄之法及国法之贰，以助王治理邦国。属官有外史、御史。因内史的官府在宫内，职能如王之秘书长，故称。

译文

内史，由一名中大夫担任长官，两名下大夫担任副职，此外，还有四名上士，八名中士、十六名下士递相辅佐，下辖四名府，八名史，四名胥，四十名徒。

原文

外史[①]**，上士四人，中士八人，下士十有六人，胥二人，徒二十人。**

注释

①外史：官名。掌管书写王下达给畿外邦国的命令，收藏各诸侯国史书及三皇五帝之书，并推广统一的文字。

译文

外史，由四名上士担任长官，此外还有八名中士、十六名下士递相辅佐，下辖两名胥，二十名徒。

原文

御史[1]，中士八人，下士十有六人，其史百有二十人[2]，府四人，胥四人，徒四十人。

注释

①御史：官名。掌管邦国、都鄙及万民之治令文件、档案典籍，并协助记事及起草文件。

②其史百有二十人：御史有为王草拟诏令之责，故需多人从事。

译文

御史，由八名中士担任长官，十六名下士担任副职，其手下的史有一百二十名，下辖四名府，四名胥，四十名徒。

原文

巾车[1]，下大夫二人，上士四人，中士八人，下士十有六人，府四人，史八人，工百人，胥五人，徒五十人。

注释

①巾车：官名。掌管天子、王后及官用之车及用车规格、配备等政令。属官有典路、车仆。巾，犹衣，车上蒙有装饰物，故称。

译文

巾车，由两名下大夫担任长官，四名上士担任副职，八名中士、十六名下士递相辅佐，下辖四名府，八名史，一百名工人，五名胥，五十名徒。

原文

典路[1]，中士二人，下士四人，府二人，史二人，胥二人，徒二十人。

注释

①典路：官名。掌管王、王后所乘的车辇，并佐助驾车、解马等事。路，车也，王、王后所乘之车。

译文

典路，由两名中士担任长官，四名下士担任副职，下辖两名府，两名史，两名胥，二十名徒。

原文

车仆[1]，中士二人，下士四人，府二人，史二人，胥二人，徒二十人。

注释

①车仆：官名。掌管五种战车（即戎路、广车、阙车、苹车、轻车）之副车的卒伍。

译文

车仆，由两名中士担任长官，四名下士担任副职，下辖两名府，两名史，两名胥，二十名徒。

原文

司常[1]，中士二人，下士四人，府二人，史二人，胥四人，徒四十人。

注释

①司常：官名。掌管各种旗帜的名称及其使用方法。常，旌旗。

译文

司常，由两名中士担任长官，四名下士担任副职，下辖两名府，两名史，四名胥，四十名徒。

原文

都宗人[1]，上士二人，中士四人，府二人，史四人，胥四人，徒四十人。

注释

①都宗人：官名。掌管王子弟及公卿所封采邑（即大都、小都）的祭祀。大都，王子弟、公的采邑。小都，卿的采邑。宗人性质同于宗伯，但级别较低。

译文

都宗人，由两名上士担任长官，四名中士担任副职，下辖两名府，四名史，四名胥，四十名徒。

原文

家宗人[1]，如都宗人之数。

注释

①家宗人：官名。掌管大夫采邑的祭祀。家，大夫所食采邑。

译文

家宗人，如同都宗人的编制数目。

原文

凡以神士者①，无数，以其艺为之贵贱之等②。

注释

①神士者：以事神为官职的人。负责辨别天上鬼神祇的方位，祀之以消除灾祸。以男巫中有才智者担任。士，通“仕”，其职文即作“仕”。

②以其艺为之贵贱之等：艺高者为上士，次之为中士，又次之为下士。艺，即礼、乐、射、御、书、数。

译文

凡是以神士为职业的人，没有固定的数目，国家依照他们技艺的高低来区分其地位贵贱的等次而给予不同的待遇。

大宗伯

原文

大宗伯之职，掌建邦之天神、人鬼①、地示之礼，以佐王建保邦国。

注释

①人鬼：谓宗庙之神。

译文

大宗伯的职责，是掌管为王国建立对于天神、人鬼、地神的祭祀礼制，以辅佐天子建立、安定各诸侯国。

原文

以吉礼[①]事邦国之鬼神示。以禋祀祀昊天上帝[②]，以实柴祀日、月、星、辰[③]，以槱燎祀司中、司命、风师、雨师[④]。

注释

①吉礼：五礼之一。也叫祭礼。

②禋祀：谓烧柴升烟以祭天。禋祀及下文卖柴、槱（yǒu）燎，名虽不同，却是同一种祭法：先积柴，再在柴上加牲体、玉帛等，然后燔烧而使烟气上升，天神闻到烟气，就算享用了。昊天上帝：是天上至上的神。

③实柴：歆神（令鬼神享用祭品的香气）之礼。星：谓木、火、金、水、土五星。辰：谓二十八宿。

④司中：文昌第五星，据说主察人间咎过。司命：文昌第四星，据说主赏功进贤。风师、雨师：分别指箕星、毕星，能兴风、雨。

译文

用吉礼侍奉各诸侯国的人鬼、天神和地神。在祀天神开始请神降临时，用禋祀的礼数来祭祀昊天、上帝，用实柴的礼数来祭祀日、月、星、辰，用槱燎来祭祀司中、司命、风师、雨师。

原文

以血祭祭社稷、五祀、五岳[①]，以貍沉[②]祭山林、川泽，以疈辜祭四方、百物[③]。

注释

①血祭：用牲血祭祀。五祀：谓祭祀“五官之神”。五官，谓五行之官。五岳：泰山、衡山、华山、恒山、嵩山。

②貍沉：谓祭地祇时的歆神之礼。貍，通“埋”。

③疈（pì）辜：谓祭地祇的歆神之礼。即将牲体分割、肢解以祭。四方、百物：谓四方小神。

译文

用血祭的礼数来祭祀社稷、五祀、五岳，用埋沉的礼数来祭祀山林、川泽，用疈辜的礼数来祭祀四方众多小神。

原文

以肆、献、祼享先王，以馈食[①]享先王，以祠春享先王，以禴[②]夏享先王，以尝秋享先王，以烝冬享先王。

注释

①馈食：祭祀时向尸进献熟食。

②禴（yuè）：夏季祭祀先王的祭名。

译文

用经过解割且煮熟的牲肉、牲血和生的牲肉、向地下灌郁鬯香酒的礼数来祭祀先王，用馈食的礼数祭祀先王，春天用祠祭来祭祀先王，夏天用禴祭来祭祀先王，秋天用尝祭来祭祀先王，冬天用烝祭来祭祀先王。

原文

以凶礼[①]哀邦国之忧：以丧礼哀死亡，以荒礼[②]哀凶札，以吊礼哀祸灾[③]，以禬礼[④]哀围败，以恤礼[⑤]哀寇乱。

注释

①凶礼：五礼之二，处理不幸事情的礼数。

②荒礼：遭遇饥荒、疾疫流行，统治者以降低自己的享受标准来救济之礼。

③吊：慰问。祸灾：谓水火之灾。

④禬礼：诸侯国之间通过聚合财物来弥补战败国所遭受损失之礼。

⑤恤礼：指慰问救济他国遭受寇乱之礼。

译文

用凶礼哀悼各诸侯国所遭遇的忧伤：用丧礼哀悼死亡者，用荒礼救助饥荒和疾疫流行，用吊礼哀悼水灾、火灾等灾祸，用禬礼帮助被敌国击败的盟国，用恤礼慰问遭受侵犯或有内乱的邻国。

原文

以宾礼[①]亲邦国：春见曰朝，夏见曰宗，秋见曰觐，冬见曰遇[②]，时见[③]曰会，殷见[④]曰同，时聘[⑤]曰问，殷眺[⑥]曰视。

注释

①宾礼：五礼之三，接待宾客之礼。

②朝、宗、觐、遇：诸侯四时朝见天子的礼节名称。

③时见：如王有征伐之事，就在国外筑坛，使诸侯国来朝，征讨不顺服的诸侯。因见无常期，故称时见。时，谓不定时。

④殷见：殷，众多，谓众多诸侯。天子本有巡守天下的制度，若天子不巡守，则诸侯同来王都朝见，此谓殷见之礼。

⑤时聘：此指诸侯遣卿前往聘问天子。

⑥眺（tiào）：探望。

译文

用宾礼来加强诸侯国之间的亲密联系：诸侯春季朝见天子叫作朝，夏季朝见天子叫作宗，秋季朝见天子叫作觐，冬季朝见天子叫作遇，天子将有征讨而无定期地会合诸侯叫作会，天子在应巡守之年如果没有巡狩，天下诸侯国一起来朝见天子叫作同，诸侯不定期派遣卿前来慰问天子叫作问，每十二年中有三年侯服诸侯来朝，而其他五服众诸侯派卿来探望天子叫作视。

原文

以军礼[①]同邦国：大师之礼[②]，用众也；大均之礼[③]，恤众也；大田之礼[④]，简众也；大役之礼[⑤]，任众也；大封之礼[⑥]，合众也。

注释

①军礼：五礼之四，有关军事活动的礼数。

②大师之礼：军礼之一。谓天子率兵征伐之礼。

③大均之礼：军礼之一。调查户口、统计平均税收之礼。

④大田之礼：军礼之一。天子诸侯亲自参加的四季田猎之礼。

⑤大役之礼：军礼之一。谓国家为建筑王宫、城邑等工程建设项目而征调徒众之礼。

⑥大封之礼：军礼之一。谓以武力分封诸侯并确定封国疆界之礼。

译文

用军礼协同各诸侯国使其服从中央：大师之礼，用来利用民众的义勇之志；大均之礼，用来体恤民众的赋税负担；大田之礼，为了检阅民众以习兵练武；大役之礼，为了任用民众的劳力；大封之礼，为了民众能够回归故土。

原文

以嘉礼[①]亲万民：以饮、食之礼[②]，亲宗族兄弟；以昏、冠之礼[③]，亲成男女；以宾射之礼[④]，亲故旧朋友；以飨、燕之礼[⑤]，亲四方之宾客；以脤、膰之礼[⑥]，亲兄弟之国；以贺庆之礼[⑦]，亲异姓之国。

注释

①嘉礼：五礼之五，即喜庆之礼。

②饮、食之礼：谓君主招待族人吃饭、饮酒之礼。

③昏、冠之礼：婚礼和冠礼。

④宾射之礼：谓天子与来朝诸侯（即宾）分宾主在朝比射之礼。

⑤飨、燕之礼：谓招待宾客的宴会之礼。

⑥脤（shèn）、膰（fán）之礼：天子祭祀后把祭肉分赐诸侯之礼。脤是祭祀社稷的肉，膰是祭祀宗庙的肉。

⑦贺庆之礼：谓诸侯有值得庆贺之事，天子派人携带礼品前往庆贺。

译文

用嘉礼来使民众相亲相爱：用饮、食之礼来和睦同族兄弟；用婚礼、冠礼使男女相亲相爱并使行冠礼的男子具有成人的品德性情；用宾射之礼使故亲旧友相亲和；用飨礼和燕礼来使四方的宾客感情深厚；用脤、膰之礼来加强与同姓诸侯和异姓诸侯的亲和；以贺庆之礼来加强异姓诸侯的亲近。

原文

以九仪之命[①]，正邦国之位。壹命[②]受职，再命[③]受服，三命[④]受位，四命受器[⑤]，五命赐则[⑥]，六命[⑦]赐官，七命[⑧]赐国，八命作牧[⑨]，九命作伯[⑩]。

注释

①九仪之命：九等仪命。命谓册命，即天子策命之诸侯群臣的等级。

②壹命：最低的贵族等级，包括王之下士、公侯伯之士、子男之大夫。

③再命：天子的中士、公侯伯之大夫、子男之卿。

④三命：天子的上士、列国的卿。

⑤四命：天子的下大夫、公国的孤卿。器：谓祭器。

⑥五命赐则：受地不及三百里而未成国，实即子、男类小国，封地方百里或二百里，谓之则。一说，则为王掌控都鄙之法。

⑦六命：天子的卿。

⑧七命：天子的卿六命，出封加一等，则为七命。

⑨八命作牧：侯伯七命，因有功德，加一命为八命。牧，州牧。一州诸侯之长。

⑩九命作伯：九命，王之八命，因有功德，加一命为九命，可为方伯。有权征伐地方诸侯。

译文

用九等不同礼仪的册命，以区别诸侯的贵贱。一命可以接受国君分派的职务进入仕途，再命可以接受国君所颁赐的命服，三命可以位列天子之臣，四命可以接受公家所颁赐的祭器，五命可以由天子赐予一则之封地，六命可以赐予在采邑中自主选用官吏的权力，七命可以出封为侯伯之国的国君，八命可以被任命为一州的州牧，九命可以担任一方的方伯。

原文

以玉作六瑞[①]，以等[②]邦国。王执镇圭[③]，公执桓圭[④]，侯执信圭[⑤]，伯执躬圭[⑥]，子执谷璧[⑦]，男执蒲璧[⑧]。

注释

①瑞：玉制的信物。

②等：谓等级。

③镇圭：天子镇抚天下之圭。圭，一种上圆下方的长方形瑞玉。

④桓圭：一种长九寸、刻有桓（宫室的柱子）形的圭。公执桓圭，象征协助天子安定天下。

⑤信圭：一种长七寸、刻有伸直的人形的圭，画文较繁细。侯执信圭，象征“欲其慎行以保身”。

⑥躬圭：一种长七寸、刻有微曲的人形的圭。诸伯所执，象征意义同信圭。

⑦谷璧：一种直径五寸、刻有五谷形的璧。子执谷璧，表示养活民众。璧，是一种正圆形的玉，中央有孔。璧径五寸。

⑧蒲璧：一种直径五寸、刻有蒲草花纹的璧。男爵执蒲璧，象征安民。

译文

用玉制作成六种玉瑞，以区别五等诸侯的等级。王手执镇圭，公手执桓圭，侯手执信圭，伯手执躬圭，子手执谷璧，男手执蒲璧。

原文

以禽作六挚①，以等诸臣。孤执皮帛②，卿执羔③，大夫执雁④，士执雉⑤，庶人执鹜⑥，工商执鸡⑦。

注释

①挚：拜访别人时所持的见面礼。

②皮帛：束帛外包上虎豹皮作为装饰。

③羔：羔羊。取其"群而不党"之意。

④雁：鹅。

⑤雉：野鸡。取其"守介而死，不失其节"之意。

⑥鹜（wù）：鸭子。

⑦鸡：取其"守时而动"之意。

译文

用鸟兽图案作为六种见面礼，来区分不同身份的臣民。孤携带兽皮裹饰的束帛做见面礼，卿携带羔羊做见面礼，大夫携带鹅做见面礼，士携带野鸡做见面礼，平民携带鸭做见面礼，工商阶层携带鸡做见面礼。

原文

以玉作六器①，以礼②天地四方。以苍璧③礼天，以黄琮礼地④，以青圭礼东方⑤，以赤璋礼南方⑥，以白琥礼西方⑦，以玄璜礼北方⑧。皆有牲币⑨，各放⑩其器之色。

注释

①六器：用来祭祀神灵的六种玉器。

②礼：犹言祭祀。

③苍璧：青色的玉璧。天子祭天所荐之玉。外圆内方，象天之形。苍，天的颜色。

④黄：地的颜色。琮：外方内圆、中央有孔如筒形的玉。

⑤青：东方之色。圭：上锐（象征春天万物出生）下方的玉。

⑥赤：南方之色。璋：圭的一半，象征夏物半死。

⑦白：西方之色。琥：虎形玉雕。象征秋天的肃杀。一说，琥是琮的一半。

⑧玄：北方之色。璜：璧的一半，象征冬天万物闭藏，只见半个天。

⑨牲币：牺牲和帛。

⑩放（fǎng）：仿效，依照。

译文

用玉制成六种玉器，用来祭祀天神、地神和四方之神。用苍璧进献天神，用黄琮进献地神，用青圭进献东方之神，用赤璋进献南方之神，用白琥进献西方之神，用玄璜进献北方之神。祭祀上述诸神时，都有牺牲和束帛，而牲、帛之色都要和该方所用玉器的颜色一致。

原文

以天产作阴德①，以中礼防之②。以地产作阳德③，以和乐防之。以礼乐合天地之化，百物之产，以事鬼神，以谐万民，以致百物。

注释

①天产：动物，谓六牲之属。阴德：指人所具有的阴气。

②以中礼防之：人体内的阴气动得过分会伤害人的正性，故要用礼来调节，使其适中。

③地产：指植物，九谷之类，属阴。阳德：指人所具有的阳气。

译文

用动物性食物调剂人体内的阴气，用教人适中的礼来防止阴气过分。用植物性食物调剂人体内的阳气，用和谐的音乐来防止阳气过分。圣人制礼作乐，合聚天地之间化生的无生物，以及各种动物、植物，用来祭祀鬼神，和谐万民，得到所需的种种物品。

原文

凡祀大神，享大鬼，祭大示，帅执事而卜日，宿①，视涤濯，莅玉鬯②，省牲镬，奉玉粢③，诏大号，治其大礼，诏相王之大礼。若王不与祭祀，则摄位。凡大祭祀，王后不与，则摄而荐豆、笾彻。

注释

①宿：再次申诫。祭祀前十日戒百官使斋谓之戒，祭祀前三日或一日再戒百官谓之宿。

②玉鬯：是指圭瓒。瓒是玉勺，而以圭为柄。

③玉粢：与《天官·九嫔》玉粢同，指玉敦，盛祭祀用黍稷等谷物的玉饰祭器。

译文

凡是祭祀大天神、大人鬼、大地神，要提前通知有关官吏占卜祭祀的日期，然后重申对百官的告诫，祭祀前夕检察祭器、炊具等的洗涤情况，前往视察行祼礼用的玉饰、勺子，察看牺牲和烹煮牲体用的镬，亲手奉持盛黍稷用的玉敦，要提醒大祝在祝祷辞中使用美好称呼，将预计天子亲自参加的典礼预演一遍，等到正式祭礼时就提醒天子如何行礼。若天子因故不能够参加祭祀，就代替天子行祭礼。凡是大祭祀，若王后因故不参加，就代替王后进献和撤除豆、笾。

原文

大宾客[①]，则摄而载果[②]。朝觐、会同，则为上相[③]。大丧亦如之。王哭诸侯亦如之。王命诸侯，则傧[④]。

注释

①大宾客：谓来朝诸侯。

②载果：再祼。载，通“再”。果，通“祼”。

③上相：王举行大典时主持礼仪的最高官员。

④傧：导引宾客，以礼迎宾。

译文

遇到天子设宴宴请宾客，如果王后因故不能参加就代替王后向宾客行祼礼。遇到诸侯朝觐天子或天子外出会同，就担任上相。遇到王、王后或世子的丧事，也是这样。遇到诸侯死于本国而天子为其哭吊时也是这样。天子在分封诸侯时，就引导被策命者进前受命。

原文

国有大故[①]，则旅上帝及四望[②]。王大封，则先告后土[③]。

注释

①故：凶灾。

②旅：祭名，一种祈求之祭。上帝：此处谓五方帝。四望：谓设坛四望而遥祭四方名山大川（五岳、四镇、四渎）及海。

③告：祭名，用牲币祭。后土：土神。

译文

国家若有重大灾害，就祭祀上帝并遥祭四方的名山大川。天子在分封诸侯的时候，就事先告祭后土。

原文

乃颁祀于邦国、都家[①]、乡邑。

注释

①都家：泛指大都、小都、家邑三等采邑。

译文

向各诸侯国、各采邑、各乡遂和公邑颁布所当遵循的祀典，并以天子的名义向邦国、都家、乡遂、公邑颁发祀典。

小宗伯

原文

小宗伯之职，掌建国之神位：右社稷，左宗庙[①]。兆[②]五帝于四郊。四望、四类[③]亦如之。兆山川丘陵坟衍[④]，各因其方[⑤]。

注释

①“右社稷”二句：在路门外、应门内之左右，中间夹王之治朝。
②兆：为祭坛圈定营域。
③四类：谓日、月、星、辰、风师、雨师、司中、司命等神。
④山川丘陵坟衍：此皆地神而小于四望者。
⑤各因其方：谓如东方的山川、丘陵、坟衍，则兆之于东方。

译文

小宗伯的职责，掌管在都城及四郊建立王国祭祀的神位：在王宫路门外的右边建立社神稷坛，在王宫路门外的左边建立宗庙。在四郊建立祭祀五帝的坛场。划定四望、四类祭祀坛场的范围也这样做。在祭祀山川、丘陵、坟衍的坛场周围，依照各自所在的方向而建立。

原文

掌五礼之禁令，与其用等①。

注释

①用等：谓因行礼者身份不同，所用牺牲、器物之尊卑等差。

译文

掌管有关吉、凶、宾、军、嘉五礼的禁令，以及在行礼时所用牺牲和礼器的级别等差。

原文

辨庙祧①之昭穆。

注释

①庙祧：据周制，天子七庙为始祖庙（即后稷庙）、二祧庙（即文王庙、武王庙）和四亲庙（即父庙、祖庙、曾祖庙、高祖庙四庙）。

译文

辨别四亲庙、祧庙神位的昭穆顺序。

原文

辨吉凶之五服①，车旗宫室之禁②。

注释

①五服：五种吉服（即祭服）和五种丧服。
②禁：谓车旗宫室皆严守等差，禁止僭越。

译文

辨别王和公、卿、大夫、士的五等吉服、凶服，掌管有关五等服装和车旗、宫室的禁令，禁止僭上逼下。

原文

掌三族[1]之别，以辨亲疏[2]，其正室皆谓之门子[3]，掌其政令。

注释

①三族：谓父、子、孙。

②辨亲疏：谓依血缘关系远近，亲情有薄厚，亲情厚则丧服重，亲情薄则丧服轻。

③正室：嫡子。侧室为庶子。门子：嫡子，将代父当门户者。

译文

掌管区别三族（九族）的远近，以辨别他们关系的亲疏，王族和卿大夫的嫡子都叫作门子，掌管有关征调使用门子的政令。

原文

毛[1]六牲，辨其名物，而颁之于五官[2]，使共奉之。辨六粢[3]之名物与其用，使六宫之人[4]共奉之。辨六彝[5]之名物，以待果将[6]。辨六尊[7]之名物，以待祭祀、宾客。

注释

①毛：谓选择牲体的毛色。

②五官：谓地官大司徒、春官大宗伯、夏官大司马、秋官大司寇、冬官大司空。

③六粢：谓六谷，黍、稷、稻、粱、麦、苽（gū，菰米）。

④六宫之人：谓女御以下。

⑤六彝：六种盛郁鬯香酒的酒器。

⑥果将：祼将。谓助王行祼祭之礼，即持郁鬯香酒以献尸或宾客。

⑦六尊：谓六种酒器。

译文

负责选择毛色纯一的六牲，辨别牲的名称、实物，然后将这些要求通知大司徒等五官，让他们供奉于祭祀。辨别六谷的名称、实物及其用量多少，并让六官之人依照要求供奉于祭祀。辨别六彝的名称、实物，以备行祼将礼时使用。负责辨别六尊的名称、实物，以备祭祀和招待宾客之用。

原文

掌衣服、车旗、宫室之赏赐。

译文

掌管辨别天子赏赐臣下的衣服、车旗、宫室等不同的规格。

原文

掌四时祭祀之序事①与其礼。

注释

①序事：谓卜日、省牲、视涤濯、饔（yōng）爨（cuàn）等事。因为这些事情有先后顺序，故称序事。

译文

掌管四时祭祀之事中各种礼仪的先后顺序及其礼数。

原文

若国大贞①，则奉玉帛以诏号②。

注释

①大贞：大卜，卜问大事。

②玉帛：用以礼神。号：名号，对神鬼等受祭者及祭品的美称。

译文

若国家有大事需要占卜，就供奉玉帛并告知占卜的人神、玉帛的名号。

原文

大祭祀，省牲，视涤濯。祭之日，逆①粢，省镬，告时于王，告备于王。凡祭祀、宾客，以时将瓒果②。诏相祭祀之小礼③。凡大礼，佐大宗伯。

注释

①逆：接受。

②瓒果：行祼礼时所用的瓒。果，亦读为“祼”。

③小礼：群臣之礼。王不参加，王若参加则为大礼。

译文

遇到大祭祀，要协助大宗伯事先检查牺牲是否合要求，查看祭器、炊具的洗涤情况。等到祭祀那天，要从饎人手中迎受祭祀用的谷，并省视镬中牲肉烹煮的情况，向天子报告陈列祭品和进献祭品的时间，并报告所有馔具都已经备齐。凡是祭祀或招待宾客，要按时把行祼礼用的玉勺送到天子和大宗伯手中。教导群臣如何行祭祀小礼。凡是有天子参加的祭祀大礼，就要协助大宗伯行事。

原文

赐卿、大夫、士爵，则傧。

译文

天子向卿、大夫、士赐爵，就赞引受赐者前来受赐。

原文

小祭祀，掌事如大宗伯之礼。大宾客，受其将币[①]之赍。

注释

①币：此处泛指贡献之物。

译文

小祭祀，有权掌管其事，就像大宗伯在大祭祀中所做的那样。有诸侯来朝，接受他们带来进贡给天子的财物。

原文

若大师，则帅有司而立军社[①]，奉主车[②]。若军将有事，则与祭有司将事于四望。若大甸[③]，则帅有司而馌[④]兽于郊，遂颁禽。

注释

①有司：谓大祝。军社：军中之社。天子亲征，先祭祀社神，然后带社神神主出征，谓之军社。

②主车：载有神主的车。

③大甸：天子四时的田猎活动。甸，通“田”，田猎。

④馌（yè）：狩猎时以兽馈神。

译文

若天子率军亲征，就要率领大祝设立军中之社，并守护载有神主的车辆。如果军队将要交战，就和掌管祭祀的官吏一道祭祀名山大川。如果要举行大型的田猎活动，田猎结束之后就率领有关属官在国郊向四郊的群神进献猎获的禽兽，然后将剩下的猎物颁赐给群臣。

原文

大灾，及执事[①]祷祠于上下神示。

注释

①执事：大祝及男巫、女巫。

译文

国家发生大灾荒，就同大祝及男、女巫等官员一道向天神、地祇和四方之神祈祷、报谢祭祀以求免灾。

原文

王崩，大肆以秬鬯渳[①]。及执事莅大敛、小敛[②]，帅异族而佐[③]。县衰冠之式于路门之外[④]。及执事视葬献器[⑤]，遂哭之[⑥]。卜葬兆[⑦]，甫竁[⑧]，亦如之。既葬，诏相丧祭之礼[⑨]。成葬而祭墓，为位。

注释

①大肆：谓将王的尸体伸直、放正。渳（mǐ）：浴尸。

②大敛、小敛：为死人包裹衣衾曰敛。王死第五天小敛，第七天大敛。大敛所用衣衾多，礼仪隆重，且入棺（小敛不入棺）。

③异族：谓天子的异姓。佐：谓佐助敛事。

④县：同“悬”。衰：丧服。冠：丧冠。

⑤执事：梓匠（木工之长）之属。葬献器：谓明器。

⑥哭之：谓代嗣王而哭。

⑦兆：界域。此指墓地四旁的界限。

⑧竁（cuì）：穿地挖墓穴。

⑨丧祭之礼：谓虞祭、祔祭。

译文

天子驾崩，让天子的身体舒展，监视有关官员用郁鬯酒来浴尸。同大祝等官员亲临大敛、小敛。并率领与天子异姓的人协助小敛、大敛。将孝衣、孝帽的样式悬挂在路门之外，昭示百官。到入葬时同梓匠等官吏察看随葬明器，并代替嗣王哭泣。占卜墓地，开始挖墓穴时，也这样代替嗣王哭泣。下葬以后，教导嗣王如何行虞祭、祔祭之礼。聚土成坟以后要祭祀坟墓所在地的地神，求其保佑。在坟墓左边设置土神的神位。

原文

凡王之会同、军旅、甸、役之祷祠，肄仪[1]，为位。国有祸灾，则亦如之。凡天地之大灾[2]，类[3]社稷、宗庙，则为位。

注释

①肄仪：预先演习礼仪。肄，习也。

②天地之大灾：如水灾、火灾、日食、月食、地震等。

③类：祭名，属祈祷之祭。因礼数比正常礼略有精简，坛兆亦可临时就地设置，故名。

译文

凡是天子会同、征伐、田猎或征用劳役而祭祀求福，就预先演习礼仪，要安排好预演中的神位和百官之位。如果国家发生灾祸举行祈祷和报谢之祭，也是这样做。凡是天地有了日食、地震等大灾祸，对社稷、宗庙进行类祭时，就安排神位。

原文

凡国之大礼，佐大宗伯。凡小礼，掌事如大宗伯之仪。

译文

凡是国家的重大典礼，就辅佐大宗伯行礼事。凡是小型典礼，就可以专掌礼事，如同大宗伯掌管重大礼事时那样的仪法。

肆师

原文

肆师之职，掌立国祀之礼①，以佐大宗伯。立大祀②，用玉、帛、牲牷③。立次祀，用牲币。立小祀，用牲。以岁时序其祭祀，及其祈珥④。

注释

①立国祀之礼：《大宗伯》中的“建邦之天神、人鬼、地示之礼”。

②大祀：对天地、宗庙等大神的祭祀；次祀，也叫中祀，指对日月星辰、社稷、五祀、五岳等中神的祭祀；小祀，指对司中、司命、风师、雨师、山川、百物（诸小神）等小神的祭祀。

③牲牷：角体完好无损且纯色的牲。

④祈（jī）珥（ěr）：谓衅礼、衅庙礼，即杀牲取血以涂抹新成之器物。

译文

肆师的职责是，掌管建立王国的祭祀礼仪，以协助大宗伯。建立大祀的礼仪，规定祭品可以用玉、帛、纯色而完好的牺牲。建立中祀的礼仪，规定其祭品可以使用牲和束帛。建立小祀的礼仪，规定其祭品可以使用牲。依照一年四季，所有的祭祀及宫庙落成的衅礼都要按照其规格来做并事先安排好时间的先后顺序。

原文

大祭祀，展牺牲，系于牢，颁于职人[①]。凡祭祀之卜日、宿、为期，诏相其礼。视涤濯亦如之。祭之日，表粢盛[②]，告絜；展器陈，告备；及果[③]，筑煮。相治小礼[④]，诛其慢怠者。掌兆中、庙中之禁令。凡祭祀礼成，则告事毕。

注释

①职（zhǐ）人：充人及监门。

②表：标明。粢：祭祀用的谷物。盛：谓盛之于器，如簠簋等。

③果：通"裸"，谓裸礼。

④相治：指协助小宗伯。小礼：谓臣礼。

译文

举行大祭祀时，要先查看牺牲是否合乎要求，然后把符合要求的牺牲拴在栏圈里，交付给充人及监门精心饲养。凡是祭祀中的占卜日期、祭前三日重申对百官的告诫，以及祭祀前夕确定开始祭祀的具体时间等，都要教导人们并协助大宗伯行礼。视察祭器、炊具是否洗涤干净时也是这样做。正式祭祀那天，用标签标明器物中所盛的谷物，并向天子报告所献谷物洁净；要检查所陈列的馔具，并向天子报告陈列齐备；等到将行裸礼时，要将郁金香草捣碎并煮汁用以调和鬯酒。告教并协助小宗伯主持祭祀的小礼，对行礼怠慢的人加以责备。掌管郊外各祭坛兆域、国中所有庙宇的禁令。凡是祭祀的礼仪结束，就报告说礼事完毕。

原文

大宾客，莅筵几，筑煮，赞果将。大朝觐，佐傧，共设匪瓮之礼。飨、食授祭[①]。

注释

①飨、食：谓王亲自为宾客举行飨礼、食礼。授祭：谓由肆师拿起当祭的食物授给宾，由其行食前祭礼。

译文

天子设宴招待来朝诸侯，要亲临检查筵席和几案的设置，捣碎郁金香草并煮成汁液来调和鬯酒，协助大宗伯向宾客行祼礼，负责把斟满的郁鬯酒递给大宗伯。诸侯大朝觐时，担任第二傧相而协助上傧行事。天子若未能参加飨礼、食礼，就供给所当设的酒食装入筐筥，派人送至宾馆；天子亲自为宾客举行飨礼或食礼，就把当祭的食物递给宾客。

原文

与祝侯、禳于畺及郊①。

注释

①祝：谓小祝。侯：祈祷福祥之祭。禳：祈祷消灾之祭。

译文

同小祝一道在畺地和郊地举行侯祭和禳祭。

原文

大丧，大渳①以鬯，则筑煮。令外、内命妇序哭②。禁外、内命男女之衰不中法者③，且授之杖。

注释

①大渳：谓浴尸。
②序哭：以丧服重轻为先后顺序而哭。

③外、内命男女：外命男、内命男和外命女、内命女。

译文

天子或王后去世，将要用郁鬯香酒浴尸，就捣碎郁金香草并煮成汁液而调和鬯酒。命令外内命妇依照次序哭泣。禁止外内百官、外内命妇穿着不合定制的丧服，并且发给他们丧杖。

原文

凡师、甸，用牲于社、宗[①]，则为位。类造上帝[②]，封于大神[③]。祭兵于山川，亦如之。凡师不功，则助牵主车[④]。凡四时之大甸猎，祭表貉[⑤]，则为位。

注释

①社：《小宗伯》中的“军社”。宗：军中的迁庙神主。

②类：一种祭祀祭名。造：即，就。

③大神：前句所言上帝。

④助牵主车：协助大司马。

⑤祭表貉（mà）：立表举行貉祭。表，指练兵场上从南到北所立的四表（标杆）。貉，通“祃”。貉祭是军中之祭，在立表处祭祀始造军法之神，以鼓励士气。

译文

凡是出师征伐或四时田猎，若用牲祭祀军社和迁庙神主，就负责设立神位。若所征之地用类祭祭上帝，就封土筑坛以行礼祭祀上帝。祭祀驻军所在地的山川，也是这样。凡是军队战败，就协助大司马将载有神主的车辆尽快撤离。凡是四季的大田猎，在练兵场立表处举行貉祭，就设立神位。

原文

尝[①]之日，莅卜来岁之芟。狝[②]之日，莅卜来岁之戒。社之日，莅卜来岁之稼。

注释

①尝：秋祭名。

②狝（xiǎn）：秋季打猎。

译文

秋季祭祀宗庙那天，亲临卜问来年要收割多少草料。秋季开始田猎那天，亲临卜问来年是否有外敌入侵、是否有盗贼。秋季祭社神那天，亲临卜问来年的种植情况。

原文

若国有大故[①]，则令国人祭[②]。岁时之祭祀亦如之。

注释

①大故：水旱凶荒。

②祭：祭祀土地神、水旱神、给人与农作物带来灾害的神。

译文

若国家发生了水旱凶荒等大灾害，就命令国人举行祭祀。一年四季的正常祭祀也命令国人照常举行。

原文

凡卿大夫之丧，相[①]其礼。

注释

①相：肆师需辅佐嫡长子行拜宾、送宾等礼事。

译文

凡是卿大夫的丧事，就协助他们的嫡长子行礼事。

原文

凡国之大事，治其礼仪，以佐宗伯。凡国之小事，治其礼仪，而掌其事，如宗伯之礼。

译文

凡是国家的重大典礼，就演习有关的礼仪，以辅佐大宗伯。凡是国家的小型典礼，就演习有关的礼仪，而掌管礼事，如同大、小宗伯在重大典礼中所实行的礼法那样。

大司乐

原文

大司乐掌成均[①]之法，以治建国之学政，而合国之子弟[②]焉。凡有道者、有德者，使教焉，死则以为乐祖[③]，祭于瞽宗[④]。

注释

①成均：周代大学之通称。
②国之子弟：国子，贵族子弟。
③乐祖：音乐的祖师。乐官才艺出众、道德高尚者，死后尊为乐祖。
④瞽宗：泛指学校。

译文

大司乐掌管大学的教学法规，建立并掌理王国有关学校教育的政令，把国子们集中在大学里让他们接受教育。凡是有才能、有德行的人，就请来大学执教，死后就尊奉为乐祖，并在学校里祭祀他们。

原文

以乐德[1]教国子中、和、祗、庸、孝、友，以乐语[2]教国子兴、道、讽、诵、言、语，以乐舞教国子舞《云门》《大卷》《大咸》《大韶》《大夏》《大濩》《大武》。

注释

①乐德：文中、和、祗、庸、孝、友六者。中，通“忠”。和，刚柔适中。祗，恭敬。庸，有常，有原则。孝，孝顺，善事父母。友，和睦兄弟。

②乐语：指下文兴、道、讽、诵、言、语六种说话应答的技巧。兴，借用乙物来比喻甲物。道，通“导”，引导。谓称引古语以论今。讽，背诵诗文。诵，吟咏诗文。言，主动发言。语，回答叙述。

译文

用乐德教育国子具备六种德行，即忠诚、刚柔适中、恭敬、有原则、孝顺父母、友爱兄弟，用乐语教育国子掌握六种语言技巧，即比喻、称引古语、背诵诗文、吟咏诗文、主动发言、回答叙述，用乐舞教育国子学会六代舞蹈，即《云门》《大卷》《大咸》《大韶》《大夏》《大濩》《大武》等。

原文

以六律、六同、五声、八音、六舞大合乐[1]，以致鬼、神、示，以和邦国，以谐万民，以安宾客，以说远人，以作动物[2]。

注释

①六律、六同：合起来即十二律，十二个声高不同的标准音。

②动物：生物之一类，与植物相对。包括毛物、鳞物、羽物、介物、蠃物等。

译文

用六律、六同、五声、八音和六代的舞一起进行大规模的联合演奏，以招致人鬼、天神和地祇而祭祀，以使各邦国亲睦，以和谐民众，以使安定宾客，以使边远的少数民族诚心归附，以使百兽兴旺。

原文

乃分乐而序之，以祭，以享，以祀。乃奏黄钟，歌大吕，舞《云门》，以祀天神；乃奏大蔟，歌应钟，舞《咸池》①，以祭地示；乃奏姑洗，歌南吕，舞《大韶》，以祀四望；乃奏蕤宾，歌函钟②，舞《大夏》，以祭山川；乃奏夷则，歌小吕③，舞《大濩》，以享先妣④；乃奏无射，歌夹钟，舞《大武》，以享先祖。凡六乐者，文之以五声，播之以八音。

注释

①《咸池》：《大咸》。
②函钟：林钟。
③小吕：中吕。
④先妣：姜嫄。姜嫄是周人祖先后稷之母。

译文

于是分别演奏六代的乐舞且依据尊卑顺序排列先后，用以祭地神，享人鬼，祀天神。用钟磬演奏黄钟官调式的乐曲，用大吕官调式歌唱，跳起《云门》舞，来祭祀天神；用钟磬演奏大蔟官调式的乐曲，用应钟官的调式歌唱，跳起《咸池》舞，用来祭祀地神；用钟磬演奏姑洗官调式的乐曲，用南吕官的调式歌唱，跳起《大韶》舞，用来祭祀四方名山大川；用钟磬演奏蕤宾官调式的乐曲，用函钟官的调式歌唱，跳起《大夏》舞，用来祭祀山川；用钟磬演奏夷则官调式的乐曲，用中吕官的调式歌唱，跳起《大濩》舞，用来祭祀国母姜嫄；用钟磬演奏无射官调式的乐曲，用夹钟官的调式歌唱，跳起《大武》舞，用来祭祀先祖。所有六种调式的舞乐，在表演时都要用五声、八音来相配合。

原文

凡六乐者，一变而致羽物①，及川泽之示；再变而致蠃物，及山林之示；三变而致鳞物，及丘陵之示；四变而致毛物，及坟衍之示；五变而致介物，及土示；六变而致象物②，及天神。

注释

①变：犹更，意谓演奏一遍后从头再来。致：谓感召而使之来。

②象物：指龙、凤、龟、麟等四灵。

译文

上述六种舞乐，演奏一遍就感召有羽毛的动物和川泽之神；演奏两遍就感召毛短浅的兽类动物和山林之神；演奏三遍就感召有鳞甲的鱼类动物和丘陵之神；演奏四遍就感召毛细密的动物和坟衍之神；演奏五遍就感召有甲壳的动物和土神；演奏六遍就感召龙凤龟麟和天神。

原文

凡乐，圜钟为宫①，黄钟为角，大蔟为徵，姑洗为羽，雷鼓、雷鼗②，孤竹③之管，云和④之琴瑟，《云门》之舞，冬日至，于地上之圜丘⑤奏之，若乐六变，则天神皆降，可得而礼⑥矣。凡乐，函钟为宫，大蔟为角，姑洗为徵，南吕为羽，灵鼓、灵鼗⑦，孙竹⑧之管，空桑之琴瑟，《咸池》之舞。夏日至，于泽中之方丘⑨奏之，若乐八变，则地示皆出，可得而礼矣。凡乐，黄钟为宫，大吕为角，大蔟为徵，应钟为羽，路鼓、路鼗，阴竹⑩之管，龙门⑪之琴瑟，《九德》之歌，《九韶》之舞，于宗庙之中奏之，若乐九变，则人鬼可得而礼矣。

注释

①圜钟为宫：谓以圜钟律来定宫音的音高。圜钟，即夹钟也。

②雷鼓：是一种八面鼓。雷鼗（táo）：一种长柄手摇的小鼓，两旁缀灵活小耳，执柄摇动时，两耳双面击鼓作响。俗称“拨浪鼓”。

③孤竹：一种独生的竹。

④云和：山名。

⑤圜丘：国都南郊祭天的圆形高丘。圆象征天。

⑥礼：谓向神进献玉。

⑦灵鼓、灵鼗：都是六面鼓。

⑧孙竹：横生的竹根生出的小竹。

⑨方丘：国都北郊祭地的方形高丘。方象地。

⑩阴竹：生长于山北的竹子。

⑪龙门：山名。在今陕西韩城和山西河津之间。

译文

凡是演奏，用夹钟律定宫音的音高，用黄钟律定角音的音高，用大蔟律定徵音的音高，用姑洗律定羽音的音高，为演奏定下基调，敲响雷鼓、雷鼗，使用孤竹做的管乐器，使用云和山上的木材制成的琴瑟，表演《云门》舞，冬至那天，在国都南郊的圜丘上一齐演奏，若演奏六遍，天神就会纷纷下降，这时候就可以向神进献玉而行祭祀之礼了。但凡演奏，用函钟律定宫音的音高，用大蔟律定角音的音高，用姑洗律定徵音的音高，用南宫律定羽音的音高，为演奏定下基调，敲响灵鼓、灵鼗，使用孙竹制成的管乐器，使用空桑山上的木材制成的琴瑟，表演《咸池》舞。夏至那天，在国都北郊泽中的方丘上一齐演奏，若演奏八遍，地神就会纷纷出来，这时候就可以向神进献玉并行祭祀之礼了。凡是演奏，用黄钟律定宫音的音高，用大吕律定角音的音高，用大蔟律定徵音的音高，用应钟律定羽音的音高，为演奏定下基调，敲响路鼓、路鼗，使用阴竹制成的管乐器，使用龙门山上的木材制成的琴瑟，唱起《九德》歌，表演《大韶》舞，在宗庙中一齐演奏起来，若演奏九遍，就会吸引祖先的神灵纷纷降临，这时候就可以向神灵进献玉，以行祭祀之礼了。

原文

凡乐事大祭祀宿[1]县，遂以声展之[2]。王出入则令奏《王夏》[3]；尸出入则令奏《肆夏》；牲出入则令奏《昭夏》。帅国子而舞。大飨不入牲，其他皆如祭祀。大射[4]，王出入[5]令奏《王夏》，及射，令奏《驺虞》[6]；诏诸侯以弓矢舞。王大食，三宥[7]，皆令奏钟鼓。王师大献[8]，则令奏恺乐[9]。

注释

①宿：谓祭之前夕。

②以声展之：把乐器悬挂起来，依次陈列并试奏，检查乐器有无缺损。

③王出入：以及下言尸、牲出入，皆谓出入庙门。《王夏》：及下《肆夏》《昭夏》，皆为乐章名。

④大射：王为选择助祭者而举行的射礼。

⑤出入：此大射是在辟雍（即大学）中举行的，故亦出入于此。

⑥《驺虞》：《诗经·召南》之一篇。天子射箭时，以《驺虞》为节拍。

⑦“王大食”二句：谓王每月初一、十五加牲盛馔，其礼胜于常日，需三次奏钟鼓以劝食。

⑧大献：出师得胜，告捷于祖庙。

⑨恺乐：凯旋之乐。恺，通“凯”。

译文

凡是演奏方面的事，大祭祀时，就在祭祀的前夜把乐器悬挂起来，依次陈列并试奏，确保无损。祭祀时天子出入庙门就下令演奏《王夏》；尸出入庙门就下令演奏《肆夏》；牲出入时就下令演奏《昭夏》。率领国子翩翩起舞。招待宾客并举行大飨礼时没有牵牲入庙的礼节，其他都和祭祀时一样。举行大射礼时，天子出入辟雍就下令演奏《王夏》，等到天子射箭时就下令演奏《驺虞》；告知诸侯手持弓矢舞蹈。每逢初一、十五天子进行大食时，要三次奏乐以劝三进食，都下令演奏钟鼓。王出征大捷，向宗庙列祖列宗大献战功，就下令演奏凯旋的乐曲。

原文

凡日月食，四镇、五岳崩，大傀异灾①，诸侯薨，令去乐。

注释

①大傀异灾：令人心惊胆战的灾异。

译文

每逢遇见日食、月食，四镇、五岳发生崩裂，以及天地奇变等特别怪异的灾害，或有诸侯去世，就下令撤去乐器并收藏起来。

原文

大札、大凶、大灾、大臣死，凡国之大忧，令弛县。

译文

大瘟疫、大饥馑、大水灾或火灾、大臣去世，凡是遇到此类国家层面的不幸，就下令暂时把悬挂着的乐器取下收好。

原文

凡建国，禁其淫声、过声、凶声、慢声①。

注释

①淫声：淫乱之声，指不是雅乐的世俗音乐。过声：谓当哀不哀、当乐不乐或哀伤过度的声音。凶声：亡国之声。

译文

凡是建立诸侯国，要一律禁止该国创作、演奏淫乱的乐曲、哀乐失节的乐曲、不祥的亡国乐曲、惰慢不恭的乐曲。

原文

大丧，莅廞乐器[①]。及葬，藏乐器，亦如之。

注释

①廞（xīn）：陈列。

译文

遇有王、王后、世子去世，要亲临督察陈列随葬的乐器。等到下棺入圹，要把这些乐器藏于椁中时，也是这样做。

典同

原文

典同掌六律、六同之和[①]，以辨天地、四方、阴阳之声，以为乐器。

注释

①六律、六同：六律属阳声，六同属阴声。

译文

典同掌管六律、六同的谐和，以辨别天地、四方、阴阳的声音，以为各种乐器调音。

原文

凡声：高声䃂[①]，正声缓[②]，下声肆[③]，陂[④]声散，险声敛[⑤]，达

声赢[6]，微声韽[7]，回声衍[8]，侈声筰[9]，弇声郁[10]，薄声甄[11]，厚声石[12]。

注释

①硍（gǔn）：形容钟的声音沉闷重浊，不响亮。

②正声缓：钟体上下直正，发出的声音就缓慢凝滞。

③下声肆：钟体下部过大，发出的声音就会肆意地外出而毫无余韵。

④陂（bēi）：倾斜。谓钟形一边偏大。

⑤险声敛：若钟体一边偏窄，发出的声音就内敛而不外扬。

⑥达声赢：若钟体偏大，发出的声音就有余而洪大。

⑦微声韽（ān）：若钟体偏小，发出的声音就微弱而小。韽，声音微小。

⑧回声衍：若钟体过圆，发出的声音就过于婉转、回旋，略无节奏。回，圆。

⑨侈声筰（zuó）：若钟体中央偏小，发出的声音就过于迫促细长。侈，大。筰，通“窄”，狭窄。

⑩弇声郁：若钟体中央偏宽，发出的声音就抑郁回旋而不扬。

⑪薄声甄：若钟体偏薄，发出的声音就震颤动摇。甄，通“震”，震动。

⑫厚声石：若钟体过厚，则发出的声音就如敲打石头般重浊无声。石，形容声音重浊、不响亮。

译文

凡是钟发出的声音：若钟体上部过大，发出的声音就不响亮；若钟体上下部口径同样大，发出的声音就缓慢凝滞；若钟体下部过大，发出的声音就会肆意地外出而毫无余韵；钟体一边偏大，发出的声音就离散而不内聚；若钟体有一边偏窄，发出的声音就内敛而不外扬；若钟形偏大，发出的声音就过于洪大；若钟体偏小，发出的声音就微弱无力；若钟体过圆，发出的声音就过于婉转、回旋，略无节奏；若钟体中央偏小，发出的声音就过于迫促细长；若钟体中央偏宽，发出的声音就抑郁回旋而不扬；若钟壁偏薄，发出的声音就震颤动摇；若钟壁过厚，发出的声音就如敲打石头般重浊无声。

原文

凡为乐器，以十有二律为之数度[1]，以十有二声为之齐量[2]。凡

和[3]乐亦如之。

注释

①以十有二律为之数度：钟类乐器，广谓口径、宽度，长谓高度。琴弦的粗细长短、钟磬的大小厚薄，以及各种乐器的大小尺寸，皆以发声能符合十二律为准，以确定其广和长。数度，广和长。

②十有二声：上文十二种有毛病的钟声。齐量：容量。

③和：调整旧的乐器。

译文

凡是制造乐器，都以发出的声音能够符合钟的十二律来确定它们的口径、高度，对照十二声来纠正其容量使合乎要求。凡是调整旧的乐器也是这样。

大卜

原文

大卜掌三兆[1]之法：一曰玉兆，二曰瓦兆，三曰原兆。其经兆之体[2]皆百有二十，其颂[3]皆千有二百。

注释

①三兆：指下文玉兆、瓦兆、原兆。因兆纹分别与玉、瓦或原田上的裂纹相似，故分此三类。兆，是龟甲经火烧灼后呈现的裂纹，卜者可据以推测吉凶。

②经兆之体：基本兆象。

③颂：谓繇（zhòu）辞，即占辞，推断兆象吉凶的文辞。因为都是韵语，故称颂。

译文

大卜掌管对于三类兆象的占卜法：一是玉兆，二是瓦兆，三是原兆。每种占卜法的基本兆象，都有一百二十种，而这些兆象的繇辞都有一千二百条。

原文

掌三《易》[1]之法：一曰《连山》，二曰《归藏》，三曰《周易》。其经卦皆八[2]，其别皆六十有四。

注释

①三《易》：指《连山》《归藏》《周易》。易，变易义，古人认为据蓍草的分组变易可预测吉凶。

②经卦皆八：经卦即单卦、基本卦，是由三爻（爻分阴阳二种）构成，共有乾、坤、震、巽、坎、离、艮、兑八种卦形。

译文

掌管三种《易》书根据蓍草占筮的方法：一叫作《连山》，二叫作《归藏》，三叫作《周易》。它们的基本卦象都有八个，它们的别卦派生为六十四卦。

原文

掌三梦之法：一曰《致梦》，二曰《觭梦》，三曰《咸陟》。其经运[1]十，其别九十。

注释

①运：假借作“员”，数目。

译文

掌管三种梦书的占梦方法：一叫作《致梦》，二叫作《觭梦》，三叫作《咸陟》。它们所记载的基本占法都有十种，又都变化出九十种。

原文

以邦事作龟之八命[①]：一曰征，二曰象，三曰与，四曰谋，五曰果，六曰至，七曰雨，八曰瘳。以八命者，赞三兆、三《易》、三梦之占，以观国家之吉凶，以诏救政。

注释

①命：谓命龟之文辞，即将所要占卜之事制作成辞，占卜时告知于龟。

译文

对国家大事进行龟卜时，有八个方面需要制作命龟辞：一是适合出师征战与否，二是天象是吉是凶，三是是否适合参与某事，四是谋议可行与否，五是事情结果如何，六是某人到达与否，七是会不会下雨，八是疾病能不能痊愈。根据这八方面的命辞，帮助推演三种征兆、三种《易》和三种梦书的占卜，从而卜算国家命运的吉凶，若不吉就告诉天子如何在政事上采取补救措施。

原文

凡国大贞，卜立君，卜大封，则视高作龟；大祭祀，则视高命龟[①]；凡小事，莅卜[②]。

注释

①命龟：告龟以所卜之事。

②莅卜：亲临主持占卜之事。

译文

如果国家有大事向龟卜问，如卜问立新君，卜问分封诸侯，就向大宗伯指示龟的腹甲高起当灼的部位并且在此凿眼，方便用火灼烤；大祭祀的卜日，就向大宗伯指示龟的腹甲高起当灼的部位将所卜之事告命于龟；凡是卜问小事情，就代替大宗伯主持其事。

原文

国大迁、大师，则贞[①]龟。凡旅，陈龟[②]。凡丧事，命龟。

注释

①贞：正，端正。

②陈龟：陈列诸侯进献的宝龟。

译文

若国家大规模地迁移，或进行大规模的军事行动，就把龟甲端正地放在卜位上。每逢举行旅祭，就要陈列龟甲。每逢丧事，就宣读命龟之辞。

卜师

原文

卜师掌开龟之四兆[①]：一曰《方兆》，二曰《功兆》，三曰《义兆》，四曰《弓兆》。

注释

①四兆：四篇龟卜兆书。一说，四兆谓四类兆象。

译文

卜师掌管占卜时取出龟卜的四篇兆书：一是《方兆》，二是《功兆》，三是《义兆》，四是《弓兆》。

原文

凡卜事视高，扬火以作龟，致其墨[①]。

注释

①墨：龟甲经烧灼后出现的明显裂纹。

译文

凡是有占卜之事就给主持卜事的官员指示龟甲高起当灼的部位，并以猛火烧灼龟甲，直到得到明显的兆纹。

原文

凡卜，辨龟之上、下、左、右、阴、阳，以授命龟者，而诏相之。

译文

凡是用龟占卜，辨别龟甲形状的上仰、下俯、左斜、右斜、后面长、前面长，将应该用的龟甲授给命龟的人，并在旁边告知命龟之辞和协助命龟的礼仪。

龟人

原文

龟人掌六龟①之属，各有名物：天龟曰灵属，地龟曰绎属，东龟曰果属，西龟曰雷属，南龟曰猎属，北龟曰若属，各以其方之色与其体②辨之。

注释

①六龟：指下文天龟、地龟、东龟、西龟、南龟、北龟。

②体：所谓俯、仰、前弇、后弇、左倪、右倪，此皆六类龟体的特征。

译文

龟人掌管六类龟，各自有它的名称与特征：天龟之类叫作灵属，地龟之类叫作绎属，东龟之类叫作果属，西龟之类叫作雷属，南龟之类叫作猎属，北龟之类叫作若属，各自依照这些龟所在方位的颜色及其形体特征来辨别它们。

原文

凡取龟①用秋时，攻龟②用春时，各以其物，入于龟室。

注释

①取龟：谓杀龟取甲。
②攻龟：谓整治龟甲。

译文

凡是杀龟取甲都在秋季，整治加工龟甲都在春季，依照它们各自的名称、种类，分别收进储藏龟甲的仓库里。

原文

上春衅龟①，祭祀先卜②。若有祭事，则奉龟以往。旅亦如之。丧亦如之。

注释

①衅龟：谓杀牲取血以涂抹龟甲。
②先卜：发明卜筮的先人。

译文

每年的春天用牲血涂抹龟甲，祭祀发明卜筮的先人。若有祭祀之事，就把龟甲送到占卜的地方。举行旅祭时也是这样。有丧事时也是这样。

大祝

原文

大祝掌六祝之辞，以事鬼神示，祈福祥，求永贞①：一曰顺祝②，二曰年祝③，三曰吉祝④，四曰化祝⑤，五曰瑞祝⑥，六曰策祝⑦。

注释

①永贞：谓长享正命、永得吉祥。

②顺祝：祈祷丰年之祝。

③年祝：祈祷年年吉利之祝。

④吉祝：祈祷多福之祝。

⑤化祝：祈祷逢凶化吉之祝。

⑥瑞祝：祈祷风调雨顺之祝。

⑦策祝：祈祷远离犯罪、无病灾之祝。

译文

大祝掌握六种祝告辞，以祭祀人鬼、天神和地神，祈求福祥，祈求永远吉利：一是顺祝，二是年祝，三是吉祝，四是化祝，五是瑞祝，六是策祝。

原文

掌六祈以同鬼神示①：一曰类②，二曰造，三曰禬，四曰禜，五曰攻，六曰说。

注释

①六祈：文中类、造、禬、禜、攻、说六种祈祷祭祀。同鬼神示：协调人鬼、天神和地神的关系。

②类：及下文造、禬、禜、攻、说，皆祭名。类、造二祭之礼今不可考。

译文

掌管六种祭祀祈祷法以协调人鬼、天神和地神的关系：一是类祭，二是造祭，三是禬祭，四是禜祭，五是攻祭，六是说祭。

原文

作六辞，以通上下、亲疏、远近：一曰祠[1]，二曰命[2]，三曰诰[3]，四曰会[4]，五曰祷[5]，六曰诔[6]。

注释

①祠：谓得体的应酬话。
②命：外交辞令。
③诰：是上对下发布的一种告诫、勉励文辞。
④会：会同盟誓之辞。
⑤祷：贺庆言福祚之辞。
⑥诔：是总述死者一生德行以示哀悼的祭告之辞。

译文

掌管制作六类文辞，以沟通上下、亲疏、远近之人：一是互相交接之辞，二是外交辞令，三是上对下的告诫、劝勉之辞，四是会同盟誓之辞，五是庆贺祝福之辞，六是概括死者生平以示哀悼的诔辞。

原文

辨六号[1]：一曰神号[2]，二曰鬼号[3]，三曰示号[4]，四曰牲号[5]，五曰粢号[6]，六曰币号[7]。

注释

①号：祭祀时所用美称。

②神号：对天神的美号。

③鬼号：对人鬼的美号。

④示号：对地祇的美号。

⑤牲号：对牺牲的美号。

⑥粢号：对粢盛的美号。谓祭祀用谷。

⑦币号：对礼神的礼品的美号。币谓玉帛。

译文

辨别六种祭祀时所用的美号：一是神的美号，二是人鬼的美号，三是地神的美号，四是牺牲的美号，五是谷物的美号，六是玉帛的美号。

原文

辨九祭[①]：一曰命祭[②]，二曰衍祭[③]，三曰炮祭[④]，四曰周祭[⑤]，五曰振祭[⑥]，六曰擩祭[⑦]，七曰绝祭[⑧]，八曰缭祭[⑨]，九曰共祭[⑩]。

注释

①九祭：皆谓食前祭。

②命祭：堕祭。是九祭中礼最重的一种。

③衍祭：延祭。衍，通“延”，引导。

④炮祭：包祭、兼祭，谓豆间已有祭物，又以他物置入，兼而祭之。炮，通“包”，兼。

⑤周祭：遍祭。谓将所有佳肴，依次祭之。

⑥振祭：将所当祭的食物先蘸一下醢或盐，然后取出在手中振动几下，尝一尝，再放在豆间以示祭祀。

⑦擩（rǔ）祭：将笾中的肉脯取出一点，放在醢里蘸一下，然后放在盛脯的笾和盛醢的豆之间。

⑧绝祭：掐断肺的末端以祭。绝，掐断。

⑨缭祭：亦谓将肺的末端掐断以祭，但此前要用手从肺的底部抚摩至肺的末端。缭，扭断。

⑩共祭：供祭、授祭。祭者不亲自取所祭食品，而由他人将祭品递来。共，通“供”，供给。

译文

辨别九种食前祭礼：一是命祭，二是衍祭，三是包祭，四是周祭，五是振祭，六是擩祭，七是绝祭，八是缭祭，九是共祭。

原文

辨九拜，一曰稽首①，二曰顿首②，三曰空首③，四曰振动④，五曰吉拜⑤，六曰凶拜⑥，七曰奇拜⑦，八曰褒拜⑧，九曰肃拜⑨，以享、右祭祀⑩。

注释

①稽首：九拜之一。先拱手下地，而后叩头至地。为九拜最恭敬者，多为君臣之礼。

②顿首：九拜之一，为男子之正拜。双膝跪地，拱手俯身，手、首、心三者平行，再下俯以首顿地，至地即举。顿，击。

③空首：九拜之一，又叫拜。双膝跪地，先以两手拱于胸前，后拱至地，头俯至手，与心平。

④振动：九拜之一。具体行礼方式说法不一。

⑤吉拜：谓尚左手之拜。即左手放在右手上而拜。

⑥凶拜：谓尚右手之拜。即右手放在左手上而拜，多见于居丧之时。

⑦奇（jī）拜：谓一拜。奇，数目不成双的。

⑧褒拜：谓再拜以上之拜。褒，大也。

⑨肃拜：九拜之一。屈膝跪地，双手下垂不至于地而头微俯。为妇人所行之常礼。

⑩享：向尸（代表死者受祭的人）献酒。右：通“侑”，劝，谓劝尸进食。

译文

辨别九种跪拜的礼节：一是稽首，二是顿首，三是空首，四是振动，五是吉拜，六是凶拜，七是奇拜，八是褒拜，九是肃拜，用于祭祀祖宗进献祭品时向尸献酒和劝尸进食。

原文

凡大禋祀、肆享、祭示[1]，则执明水、火而号祝[2]。

注释

①禋祀：谓祭祀天神。肆享：谓祭祀祖庙。肆，谓剔解牲体。享，庙祭的通名。

②明水、火：明水、明火。明水即夜间承接的露水，明火即用类似凹透镜的东西在阳光下取得的火。

译文

凡是祭祀天神、享人鬼、祭祀地神，就手执明水、明火而告知各种祭祀名号、向神祝告。

原文

隋衅[1]、逆牲、逆尸，令钟鼓。右亦如之。

注释

①隋衅：进献牲血。

译文

当向祖先进献牲血、迎取祭祀用牲、迎接尸的时候，就命令钟师等敲击钟鼓。劝尸进食时也是这样。

原文

来瞽，令皋[1]舞，相尸礼。既祭，令彻。

注释

①皋：通“号”，谓呼叫。

译文

呼喊瞽者进来歌唱奏乐，并下令呼喊舞者进来表演舞蹈，教导尸如何行礼。祭祀完毕后，下令撤去祭器、祭品。

原文

大丧，始崩，以肆鬯洐尸①，相饭②，赞敛，彻奠③；言甸人读祷④，付、练、祥⑤，掌国事。

注释

①肆：陈也，谓陈尸。鬯：郁鬯。洐：浴尸。

②饭：谓饭含，把珠、玉、谷物或钱放入死者口中的丧仪。

③彻奠：谓彻始死奠、小敛奠和大敛奠。

④言甸人读祷：告诉甸师读代王受灾祸的祈祷之辞。

⑤付：通“祔”，祭名。指卒哭后次日，将新死者按昭穆附于祖庙。练：谓小祥祭，人死一周年举行的祭名，孝子除去缞服，穿上白素之练服。祥：谓大祥祭，人死两周年举行的祭名。孝子除去孝服，生活恢复正常。

译文

大丧，天子刚刚驾崩时，为陈尸准备郁鬯香酒并用来浴尸，辅助行饭含礼，协助大敛、小敛，依次撤去始死奠、大敛奠、小敛奠；既殡之后，为去世者制作祈祷之辞并告诉甸师进行宣读，到了举行祔祭、小祥祭和大祥祭时，则指导相关的礼仪等事。

原文

国有大故、天灾①，弥②祀社稷，祷③，祠④。

注释

①大故：兵寇之灾。天灾：疫疠、水旱。

②弥：表示统括，遍。

③祷：祈祷，向神许愿。

④祠：向神还愿。

译文

若国家有大的变故或天灾，就要遍祀社稷，并举行祈祷之祭，事后则要向神祭祀还愿。

原文

大师，宜①于社，造②于祖，设军社，类上帝，国将有事③于四望，及军归献于社，则前祝。

注释

①宜：祭名，或是祈求适宜之祭。

②造：祭名。

③有事：谓祭祀。

译文

天子率领大军出征，要告祭社神，要到祖庙告祭祖先，在军中设立军社，并要用类祭祭祀上帝，国家将要祭祀四方名山大川，以及凯旋的军队向社神献捷时，就要在祭祀神灵前先致以祝告辞。

原文

大会同，造于庙，宜于社。遇大山川，则用事焉。反行舍奠①。

注释

①舍奠：释奠，祭名。用于庙社、山川、征伐等事。舍，通“释”。

译文

遇到有大会同，天子就要到宗庙举行告祭，到社举行宜祭。前往会同途中经过大山川，也要举行祭祀。回来以后就要举行释奠之礼，大祝也要在祭祀这些神灵之前先致以祝告辞。

原文

建邦国，先告后土，用牲币。

译文

天子分封诸侯时，大宗伯负责事先告祭社神后土，而大祝则负责祭祀所用的牲和玉帛等祭品。

原文

禁督逆祀命①者。颁祭号②于邦国、都鄙。

注释

①祀命：祀令，国家所颁祀典的规定。
②祭号：六种名号。

译文

负责禁止并纠察诸侯中违背祭祀的人。向各诸侯国、王畿采邑颁发有关祭祀的六种名号。

小祝

原文

小祝掌小祭祀[①]，将事侯、禳、祷、祠之祝号，以祈福祥，顺丰年，逆时雨，宁风旱，弥[②]灾兵，远罪疾。

注释

①小祭祀：指下文侯、禳、祷、祠等祭。
②弥：停息，防止。

译文

小祝掌管在举行小祭祀时，负责侯祭、禳祭、祈祷和报福之祭时祝辞、祭祀的名号，来祈求福祥，祈求丰收，祈求雨顺，消除风旱，消除灾祸兵乱，消除罪戾和疾病。

原文

大祭祀，逆粢盛[①]，送逆尸，沃尸盥，赞隋，赞彻，赞奠。

注释

①逆粢盛：迎取祭祀用的黍稷。

译文

举行大祭祀时，协助小宗伯迎取盛在祭器中的谷物，迎尸、送尸，给尸浇水洗手，协助尸行隋祭，协助大祝下令撤除豆笾，协助放置尸席前的酒爵。

原文

凡事佐大祝。

译文

凡事都要协助大祝来做。

原文

大丧，赞渳，设熬[1]，置铭[2]。及葬设道赍之奠[3]，分祷五祀。

注释

①熬：炒熟的谷物。
②铭：书死者名于旌。
③道赍之奠：在送葬道中陈牲体以祷告五方之神。赍，赍送也。

译文

天子去世时，要协助大祝沐浴尸体，殡棺时在棺柩旁边放置炒熟的谷物，设置铭旌。等到出葬要设置路祭，并分出牲体以祭五祀。

原文

大师，掌衅[1]、祈、号、祝。有寇戎之事，则保郊祀于社。

注释

①衅：以牲血涂鼓。

译文

天子率领大军亲征，则掌管衅鼓、祈祷、祭祀的名号和宣读祝告辞。若有寇贼或外敌入侵的事，就要负责保卫祭祀和守护四郊的群祀坛域及社坛。

原文

凡外内小祭祀、小丧纪、小会同、小军旅，掌事焉。

译文

凡内外小祭祀、小丧祭、小会同、小征伐，都是小祝负责的。

大史

原文

大史掌建邦之六典，以逆邦国之治；掌法以逆官府之治；掌则以逆都鄙之治。凡辨法者①考焉，不信者②刑之。

注释

①辨法者：争讼者。辨，用法同“辩”，争讼，争辩。

②不信者：理屈的一方。信，通“伸”，直也。

译文

大史掌握大宰所建王国的六典，代表天子接受天下各诸侯国上报的关于治理情况的文书；掌握八法以接受各官府上报的关于治理情况的文书；掌握八则以接受各采邑上报的关于治理情况的文书。凡各诸侯国、官府、都鄙因六典、八法、八则发生争讼而前来要求裁决者，对于理屈的一方就要受惩罚。

原文

凡邦国、都鄙及万民之有约剂①者藏焉，以贰六官，六官之所登。若约剂乱，则辟②法，不信者刑之。

注释

①约剂：作为凭据的契约文书。

②辟：打开。

译文

凡是各诸侯国、都鄙和民众相互间订有契约的就负责收藏，正本交给六官，副本由太史收藏，若契约有所更改，正本由六官首长收藏，副本由六官送交太史。若有违背契约的，就打开收藏的契约副本加以查验，不守约且理屈的一方就要加以处罚。

原文

正岁年以序事[①]，颁之于官府及都鄙。颁告朔于邦国[②]。闰月，诏王居门终月。

注释

①正岁年：通过置闰，协调阴、阳历的岁、年之间的误差。序事：排出一年各季节民众应做事情的顺序。

②颁告朔于邦国：将次年十二个月的朔政（天文、节气、候应及据之制订的政令）告知诸侯。

译文

用置闰的方法调整岁和年的误差来制定历法，使民众根据历法的季节安排来做农活，并向各官府和都鄙颁布。年末将次年十二个月的朔政向天下诸侯颁布。每逢闰月，就通知天子整月都于明堂门听政。

原文

大祭祀，与执事[①]卜日。戒及宿之日[②]，与群执事读礼书而协事[③]。祭之日，执书以次位常。辨事者[④]考焉，不信者诛之。

注释

①执事：大卜之属。

②戒：谓祭前十日告诫百官。宿：谓祭前三日申诫百官。

③礼书：记载礼法之书。协：协同，协助。

④辨事者：谓以事争讼者。

译文

举行大祭祀，与掌卜事的官吏一起占卜吉日。在告诫百官和申诫那天，要和祭祀的有关官员一起阅读礼书，并按照礼书来进行演习，确保当天不会有差错。到了祭祀那天，要手执礼书来安排助祭诸臣的位置及他们的职事。有因祭祀事务争讼的就依据礼书审核判断，违礼的一方就要加以责罚。

原文

大会同朝觐，以书协礼事。及将币[①]之日，执书以诏王。大师，抱[②]天时与大师同车。大迁国，抱法[③]以前。大丧，执法以莅劝防，遣[④]之日读诔。凡丧事考焉。小丧[⑤]赐谥。凡射事，饰中[⑥]，舍筭[⑦]，执其礼事。

注释

①将币：奉献玉帛等财物。将，送也。

②抱：谓占验。

③法：司空营国之法。

④遣：谓大遣奠，是对死者的最后一次祭奠。

⑤小丧：谓卿大夫之丧。一说，谓诸侯之丧。

⑥饰中：洗刷筭（suàn）的盛器。饰，谓洗刷。中，是木制伏兽形盛筭器（筭，射筹，计算射中次数的筹码）。

⑦舍筭：舍，通“释”。释筭，即将中里的筭释之于地，以计射中次数。

译文

遇到诸侯大会同和诸侯来朝觐王，也要根据事先的礼书进行演习和记录。到了诸侯向天子进献玉的那天，要手执礼书告知天子应如何行礼。遇到天子亲自率军出征，要占验天象吉凶，就抱持占卜天时的式与大师一起乘车。遇到国都迁移，就要拿着营造国都的方法前往。遇到天子大丧时，要执掌丧葬的法规且亲临指挥拉柩车的人等的安全保护，举行大遣奠那天宣读诔辞。凡是丧事中遇到不明白的礼节可以向大史咨询。遇到诸侯小丧，负责赐予死者谥号。凡有举行射箭比赛的事，负责刷洗计分器，计算射中的筹码，并执掌有关的礼事。

小史

原文

小史掌邦国之志①，奠系世，辨昭穆。若有事，则诏王之忌讳。

注释

①邦国之志：谓掌王国及畿内侯国之史记。志，记。

译文

小史掌管王国和王畿内侯国的史记，确定王室的族谱，辨别其中的昭穆次序。若天子有事到宗庙中祈祷祭祀，就告诉天子先王的忌日和名讳以免触犯。

原文

大祭祀，读礼法，史以书叙昭穆之俎簋①。

注释

①俎簋：两种祭器。俎用以盛牲体，簋用以盛黍稷。

译文

举行宗庙大祭祀，大史与有关官吏读礼法时，小史要依照礼法书的规定排好昭穆、检查俎簋的位置。

原文

大丧、大宾客、大会同、大军旅，佐大史。凡国事之用礼法者，掌其小事。

译文

遇到大丧、大宾客、大会同、大征伐时，凡是大史所掌管的礼法，小史都要协助。凡是王国的事要使用礼法的，如果是小事就由小史单独负责。

原文

卿大夫之丧，赐谥、读诔。

译文

卿大夫的丧事，负责依据天子的命令赐予谥号、宣读诔辞。

御史

原文

御史掌邦国、都鄙及万民之治令，以赞冢宰①。凡治者受法令焉。掌赞书。凡数从政者②。

注释

①冢宰：大宰。

②从政者：谓自公卿至胥徒所有在官府工作的人员。

译文

御史掌管天子治理诸侯、都鄙以及万民的法令，以协助冢宰进行治理。凡是从事治理的官吏来获取相关法令条文的都书写一份让其带走。负责代天子起草命令。统计所有从政人员的在职数目和缺员数目。

车仆

原文

车仆掌戎路之萃[1]，广车[2]之萃，阙车[3]之萃，苹车[4]之萃，轻车[5]之萃。

注释

①戎路之萃：戎路的正车、副车。戎路，天子在军中所乘之车。萃，通“倅”，副，此谓副车。

②广车：纵横陈列阵前以作防御屏障的车。

③阙车：用以后备补阙的车。

④苹车：有屏蔽的战车。四周蒙以皮甲，以抵御矢石。苹，通“屏”。

⑤轻车：用以冲锋陷阵、轻便快捷的兵车。

译文

车仆掌管戎路的正、副车，广车的正、副车，阙车的正、副车，苹车的正、副车，轻车的正、副车。

原文

凡师共革车[①]，各以其萃。会同亦如之。大丧廞革车。

注释

①共革车：供天子戎车，天子之五戎车皆革车，天子乘其一，其余四车则从行。

译文

凡有征伐供给天子革车，每种革车的正车各自率领其副车前行。遇到天子外出会同时也是这样做。遇到有大丧就陈列作为明器用的革车。

原文

大射，共三乏[①]。

注释

①共三乏：大射要设三侯，每侯设一唱获者，各需设一乏，故需供三乏。乏，亦名容、防，是唱获者（犹今射击比赛的报靶人）藏身的屏障。屏风状，长、宽皆七尺，用牛皮制成。

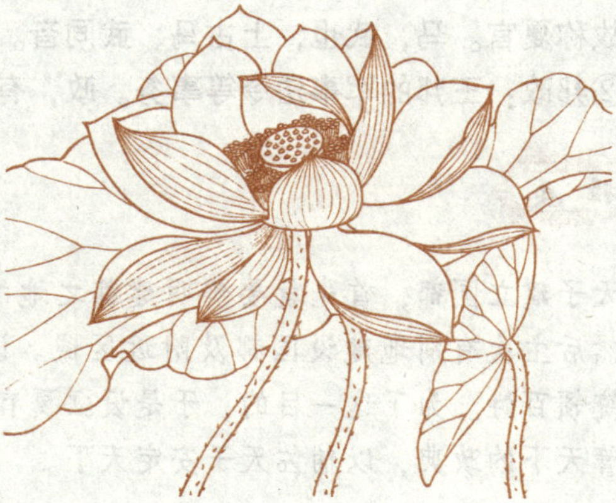

译文

举行大射礼，为报靶人供给所需的三乏。

夏官司马第四

叙官

原文

惟王建国，辨方正位，体国经野，设官分职，以为民极。乃立夏官司马①，使帅其属而掌邦政②，以佐王平邦国。

注释

①夏官司马：下文的大司马，主管全国军事的长官。因为司马在六官中位居第四，于四时当夏，夏天是整齐万物的季节，而司马也有整齐万民的职责，故称夏官。马，武也，上古马、武同音。

②邦政：王邦的军事法令等事务。政，有平诸侯、正天下之义。

译文

天子建立国都，首先就要辨明建都之地的方位，以确定官殿与宗庙的位置，然后主次有别地建设国都及附近区域。设立各种官职，从而辅助天子更好地统领百姓。为了这一目的，于是设立夏官司马这一官职，让他率领部属，来掌管天下的政典，以辅佐天子安定天下。

原文

政官①之属：大司马②，卿一人；小司马③，中大夫二人；军司

马[4]，下大夫四人；舆司马[5]，上士八人；行司马，中士十有六人；旅下士三十有二人，府六人，史十有六人，胥三十有二人，徒三百有二十人。

注释

①政官：因夏官司马的职责是“掌邦政”，故称夏官系统的官为“政官”。

②大司马：官名。政官的最高长官，其职务略等于后世的兵部尚书。

③小司马：官名。大司马的副职，其职务略等于后世的兵部侍郎。

④军司马：官名。政官中的第三把手。主司对夏官系统官吏的考核。其职文佚缺。

⑤舆司马：官名。掌管战车。

译文

政官的构成体系是：大司马，由一名卿担任；小司马，由两名中大夫担任；军司马，由四名下大夫担任；舆司马，由八名上士担任；行司马，由十六名中士担任；另配有三十二名下士，下辖六名府，十六名史，三十二名胥，三百二十名徒。

原文

凡制军[1]，万有二千五百人为军[2]，王六军，大国[3]三军，次国二军，小国一军，军将[4]皆命卿；二千有五百人为师，师帅皆中大夫；五百人为旅，旅帅皆下大夫；百人为卒，卒长皆上士；二十五人为两[5]，两司马皆中士；五人为伍，伍皆有长。一军则二府，六史，胥十人，徒百人。

注释

①制军：军队编制。

②万有二千五百人为军：六乡每乡一万二千五百家，家出一人为卒，恰为一军之人数。

③大国：上公为大国。

④军将：军的最高指挥官。犹今言军长。

⑤两：同“辆”。军中五伍共卫一车，故称二十五人为两。

译文

凡军队编制，一万二千五百人为一军，天子拥有六军，大的诸侯国可以拥有三军，中等的诸侯国可以拥有两军，小的诸侯国可以拥有一军，军将皆由卿来担任；两千五百人为一师，师帅皆由中大夫担任；五百人为一旅，旅帅皆由下大夫担任；一百人为一卒，卒长皆由上士担任；二十五人为一两，两司马皆由中士担任；五人为一伍，每伍都有伍长。战时，每一军配有两名府，六名史，十名胥，一百名徒。

原文

司勋[①]，上士二人，下士四人，府二人，史四人，胥二人，徒二十人。

注释

①司勋：官名。掌管功赏之事。勋，功也。

译文

司勋，由两名上士担任长官，四名下士担任副职，下辖两名府，四名史，两名胥，二十名徒。

原文

马质[①]，中士二人，府一人，史二人，贾四人，徒八人。

注释

①马质：官名。掌管买马之事。

译文

马质，由两名中士担任长官，下辖一名府，两名史，四名贾，八名徒。

原文

量人[①]，下士二人，府一人，史四人，徒八人。

注释

①量人：官名。掌管都城建设的规划之法以及土地度量。

译文

量人，由两名下士担任长官，下辖一名府，四名史，八名徒。

原文

小子[①]，下士二人，史一人，徒八人。

注释

①小子：官名。掌管祭祀中的一些小事。

译文

小子，由两名下士担任长官，下辖一名史，八名徒。

原文

羊人[①]。下士二人，史一人，贾二人，徒八人。

注释

①羊人：官名。掌管羊牲和祭祀时杀羊等事。

译文

羊人，由两名下士担任长官，下辖一名史，二名贾，八名徒。

原文

司爟[①]，下士二人，徒六人。

注释

①司爟（guàn）：官名。掌管有关火的政令。

译文

司爟，由两名下士担任长官，下辖六名徒。

原文

掌固[①]，上士二人，下士八人，府二人，史四人，胥四人，徒四十人。

注释

①掌固：官名。掌管畿疆守固之事。

译文

掌固，由两名上士担任长官，八名下士担任副职，下辖两名府，四名史，四名胥，四十名徒。

原文

司险①，中士二人，下士四人，史二人，徒四十人。

注释

①司险：官名。掌管守九州天然险阻。

译文

司险，由两名中士担任长官，四名下士担任副职，下辖两名史，四十名徒。

原文

掌疆①，中士八人，史四人，胥十有六人，徒百有六十人。

注释

①掌疆：官名。其职文缺，未知其事，盖掌守疆界，亦是禁戒之事。

译文

掌疆，由八名中士担任长官，下辖四名史，十六名胥，一百六十名徒。

原文

候人①，上士六人，下士十有二人，史六人，徒百有二十人。

注释

①候人：官名。掌管迎送宾客，保护其安全。

译文

候人，由六名上士担任长官，十二名下士担任副职，下辖六名史，一百二十名徒。

原文

环人[1]，下士六人，史二人，徒十有二人。

注释

①环人：官名。掌管致师（对敌挑战）和查禁军中奸慝等事。

译文

环人，由六名下士担任长官，下辖两名史，十二名徒。

原文

挈壶氏[1]，下士六人，史二人，徒十有二人。

注释

①挈壶氏：官名。掌悬壶滴漏以记时刻等事。

译文

挈壶氏，由六名下士担任长官，下辖两名史，十二名徒。

原文

射人[1]，下大夫二人，上士四人，下士八人，府二人，史四人，胥二人，徒二十人。

注释

①射人：官名。掌朝位及射礼等事。

译文

射人，由两名下大夫担任长官，四名上士担任副职，八名下士协理众事，下辖两名府，四名史，两名胥，二十名徒。

原文

服不氏[①]，下士一人，徒四人。

注释

①服不氏：官名。掌驯兽及射箭比赛等事。

译文

服不氏，由下士一名担任长官，下辖四名徒。

原文

射鸟氏[①]，下士一人，徒四人。

注释

①射鸟氏：官名。掌射鸟及射箭比赛时取矢。

译文

射鸟氏，由一名下士担任长官，下辖四名徒。

原文

罗氏[1]，下士一人，徒八人。

注释

①罗氏：官名。负责以罗网搏鸟。

译文

罗氏，由一名下士担任长官，下辖八名徒。

原文

掌畜[1]，下士二人，史二人，胥二人，徒二十人。

注释

①掌畜：官名。掌畜养鸟。

译文

掌畜，由两名下士担任长官，下辖两名史，两名胥，二十名徒。

原文

司士[1]，下大夫二人，中士六人，下士十有二人，府二人，史四人，胥四人，徒四十人。

注释

①司士：官名。掌朝位以及有关士的政令。

译文

司士，由两名下大夫担任长官，六名中士担任副职，十二名下士协理众事，下辖两名府，四名史，四名胥，四十名徒。

原文

诸子[①]，下大夫二人，中士四人，府二人，史二人，胥二人，徒二十人。

注释

①诸子：官名，亦称庶子。掌管由国子单独编成的队伍。

译文

诸子，由两名下大夫担任长官，中士四人担任副职，下辖两名府，两名史，两名胥，二十名徒。

原文

司右[①]，上士二人，下士四人，府四人，史四人，胥八人，徒八十人。

注释

①司右：官名，掌管车右。天子乘车，战时居中，其左为驭者，其右为车右；平时则天子居左，驭者居中，车右居右。车右皆以有勇力之士充任，负责执干戈以保卫天子。

译文

司右，由两名上士担任长官，四名下士担任副职，下辖四名府，四名史，八名胥，八十名徒。

原文

虎贲氏[1]，下大夫二人，中士十有二人，府二人，史八人，胥八十人，虎士[2]八百人。

注释

①虎贲氏：官名。天子出入时，充任仪卫之事。

②虎士：徒，勇士之称。贲，通“奔”，言其猛怒如虎之奔走。

译文

虎贲氏，由两名下大夫担任长官，十二名中士担任副职，下辖两名府，八名史，八十名胥，八百名虎士。

原文

旅贲氏[1]，中士二人，下士十有六人，史二人，徒八人。

注释

①旅贲氏：官名。执戈盾在车乘两边护卫天子。

译文

旅贲氏，由两名中士担任长官，十六名下士担任副职，下辖两名史，八名徒。

原文

节服氏[1]，下士八人，徒四人。

注释

①节服氏：官名。掌管天子的冕服。

译文

节服氏，由八名下士担任长官，下辖四名徒。

原文

方相氏①，狂夫②四人。

注释

①方相氏：官名。扮作恐怖之貌执戈举盾以惊驱疫疠之鬼。

②狂夫：武士之类。无爵，与虎贲氏虎士相同。

译文

方相氏，由四名狂夫担任。

原文

大仆①，下大夫二人；小臣②，上士四人；祭仆③，中士六人；御仆④，下士十有二人。府二人，史四人，胥二人，徒二十人。

注释

①大仆：官名。侍奉天子的侍从的长官，小臣、祭仆、御仆是其属官。

②小臣：官名。掌传达天子的小命令及诏相王小仪法等事。和大仆一样，都是侍奉天子的，但大仆侍奉的是大事，而小臣侍奉的是小事。

③祭仆：官名。祭祀时警戒和纠察百官。

④御仆：官名。为天子接受群吏及民众奏书。

译文

大仆，由两名下大夫担任；小臣，由四名上士担任；祭仆，由六名中士担任；御仆，由十二名下士担任。下辖两名府，四名史，两名胥，二十名徒。

原文

隶仆[1]，下士二人，府一人，史二人，胥四人，徒四十人。

注释

①隶仆：官名。为天子负责扫除、洗刷等劳作之事。由于其工作不太干净，所以虽然是官员，却称为“隶”。

译文

隶仆，由两名下士担任长官，下辖一名府，两名史，四名胥，四十名徒。

原文

弁师[1]，下士二人，工四人，史二人，徒四人。

注释

①弁师：官名。为天子掌管弁冕等首服。

译文

弁师，由两名下士担任长官，下辖四名工，两名史，四名徒。

原文

司甲[1]，下大夫二人，中士八人，府四人，史八人，胥八人，徒八十人。

注释

①司甲：官名。掌管甲兵。司兵、司戈盾是其部属。

译文

司甲，由两名下大夫担任长官，八名中士担任副职，下辖四名府，八名史，八名胥，八十名徒。

原文

司兵①，中士四人，府二人，史四人，胥二人，徒二十人。

注释

①司兵：官名。掌五兵、五盾。

译文

司兵，由四名中士担任长官，下辖两名府，四名史，两名胥，二十名徒。

原文

司戈盾①，下士二人，府一人，史二人，徒四人。

注释

①司戈盾：官名。掌戈盾之物。

译文

司戈盾，由两名下士担任长官，下辖一名府，两名史，四名徒。

原文

司弓矢[1]，下大夫二人，中士八人，府四人，史八人，胥八人，徒八十人。

注释

①司弓矢：官名。下文的缮人、槁人是其部属。

译文

司弓矢，由两名下大夫担任长官，八名中士担任副职，下辖四名府，八名史，八名胥，八十名徒。

原文

缮人[1]，上士二人，下士四人，府一人，史二人，胥二人，徒二十人。

注释

①缮人：官名。掌天子所用弓弩矢箙等射具。

译文

缮人，由两名上士担任长官，四名下士担任副职，还配有一名府，两名史，两名胥，二十名徒。

原文

槁人[1]，中士四人，府二人，史四人，胥二人，徒二十人。

注释

①槁人：官名。掌弓弩箭矢。

译文

槁人，由四名中士担任长官，下辖两名府，四名史，两名胥，二十名徒。

原文

戎右①，中大夫二人，上士二人。

注释

①戎右：官名。天子的军车（戎路）的车右。车右，省称右，又叫骖乘、参乘。

译文

戎右，由两名中大夫担任长官，两名上士担任副职。

原文

齐右①，下大夫二人。

注释

①齐（zhāi）右：官名。该官充当王玉路、金路之车右。金路，天子朝觐会同时所乘。因为天子将朝觐会同，必先斋戒，故称金路为齐车。

译文

齐右，由两名下大夫担任。

原文

道右[1]，上士二人。

注释

①道右：官名。充当王之象路车右。象路，又名德车、道车。

译文

道右，由两名上士担任。

原文

大驭[1]，中大夫二人。

注释

①大驭：官名。为王掌驭玉路者，是驭者中最尊者。

译文

大驭，由两名中大夫担任。

原文

戎仆[1]，中大夫二人。

注释

①戎仆：官名。是为王掌驭戎路者。

译文

戎仆，由两名中大夫担任。

原文

齐仆①，下大夫二人。

注释

①齐（zhāi）仆：官名。为天子掌驭金路。

译文

齐仆，由两名下大夫担任。

原文

道仆①，上士十有二人。

注释

①道仆：官名。为天子掌驭象路。

译文

道仆，由十二名上士担任。

原文

田仆①，上士十有二人。

注释

①田仆：官名。为天子掌驭田猎时所乘之木路。

译文

田仆，由十二名上士担任。

原文

驭夫[1]，中士二十人，下士四十人。

注释

①驭夫：官名。为天子掌管驭贰车、从车、使车。

译文

驭夫，由二十名中士担任长官，四十名下士担任副职。

原文

校人[1]，中大夫二人，上士四人，下士十有六人，府四人，史八人，胥八人，徒八十人。

注释

①校人：官名。马官之长。校，马厩。下文的趣马、巫马、牧师、廋人、圉师、圉人都是其部属。

译文

校人，由两名中大夫担任长官，四名上士担任副职，十六名下士协理众事，下辖四名府，八名史，八名胥，八十名徒。

原文

趣马①，下士皂②一人，徒四人。

注释

①趣马：官名。

②皂：三乘为皂。每乘四马，是十二匹马为一皂，设一趣马。

译文

趣马，每皂由一名下士担任长官，下辖四名徒。

原文

巫马①，下士二人，医四人，府一人，史二人，贾二人，徒二十人。

注释

①巫马：官名。掌疗养马疾。

译文

巫马，由两名下士担任长官，下辖四名马医，一名府，两名史，两名贾，二十名徒。

原文

牧师①，下士四人，胥四人，徒四十人。

注释

①牧师：官名。掌放牧马匹。

译文

牧师，由四名下士担任长官，下辖四名胥，四十名徒。

原文

廋人[①]，下士闲二人，史二人，徒二十人。

注释

①廋（sōu）人：官名。为王掌十二闲之马政。闲，养马的木栏。

译文

廋人，每闲由两名下士担任长官，下辖两名史，二十名徒。

原文

圉师[①]，乘[②]一人，徒二人。圉人[③]，良马匹一人，驽马丽[④]一人。

注释

①圉（yǔ）师：官名。掌教圉人养马等事。圉，养马处。
②乘：四马为乘。
③圉人：专职养马的人。
④丽：一对，两。

译文

圉师，每四匹马配置一人，下辖两名徒。圉人，好马每匹配置一人，劣马每两匹配置一人。

原文

职方氏[1]，中大夫四人，下大夫八人，中士十有六人，府四人，史十有六人，胥十有六人，徒百有六十人。

注释

①职方氏：官名。掌管天下的地图，辨别九州之地利，掌管四方的职责。此官为所有掌管四方事务官员的官长，下文的土方氏至撢（tàn）人，皆其部属。

译文

职方氏，由四名中大夫担任长官，八名下大夫担任副职，十六名中士协理众事，下辖四名府，十六名史，十六名胥，一百六十名徒。

原文

土方氏[1]，上士五人，下士十人，府二人，史五人，胥五人，徒五十人。

注释

①土方氏：官名。主四方邦国之土地。土，通“度”。

译文

土方氏，由五名上士担任长官，十名下士担任副职，下辖两名府，五名史，五名胥，五十名徒。

原文

怀方氏[1]，中士八人，府四人，史四人，胥四人，徒四十人。

注释

①怀方氏：官名。掌管招来四方之民及其物。

译文

怀方氏，由八名中士担任长官，下辖四名府，四名史，四名胥，四十名徒。

原文

合方氏[①]，中士八人，府四人，史四人，胥四人，徒四十人。

注释

①合方氏：官名。掌调和合同四方之事。

译文

合方氏，由八名中士担任长官，下辖四名府，四名史，四名胥，四十名徒。

原文

训方氏[①]，中士四人，府四人，史四人，胥四人，徒四十人。

注释

①训方氏：官名。掌管教导四方之民。

译文

训方氏，由四名中士担任长官，下辖四名府，四名史，四名胥，四十名徒。

原文

形方氏[1]，中士四人，府四人，史四人，胥四人，徒四十人。

注释

①形方氏：官名。负责正定四方邦国封疆。

译文

形方氏，由四名中士担任长官，下辖四名府，四名史，四名胥，四十名徒。

原文

山师[1]，中士二人，下士四人，府二人，史四人，胥四人，徒四十人。

注释

①山师：官名。掌辨山林之名物及其利害。

译文

山师，由两名中士担任长官，四名下士担任副职，下辖两名府，四名史，四名胥，四十名徒。

原文

川师[1]，中士二人，下士四人，府二人，史四人，胥四人，徒四十人。

注释

①川师：官名。掌辨川泽之名物及其利害。

译文

川师，由两名中士担任长官，四名下士担任副职，下辖两名府，四名史，四名胥，四十名徒。

原文

原师[①]，中士四人，下士八人，府四人，史八人，胥八人，徒八十人。

注释

①原师：官名。掌辨四方地形。

译文

原师，由四名中士担任长官，八名下士担任副职，下辖四名府，八名史，八名胥，八十名徒。

原文

匡人[①]，中士四人，史四人，徒八人。

注释

①匡人：官名。掌以法则匡正诸侯。

译文

匡人，由四名中士担任长官，下辖四名史，八名徒。

原文

撢人①，中士四人，史四人，徒八人。

注释

①撢人：官名。掌宣达王旨。

译文

撢人，由四名中士担任长官，下辖四名史，八名徒。

原文

都司马①，每都上士二人，中士四人，下士八人，府二人，史八人，胥八人，徒八十人。

注释

①都司马：官名。掌管都的军赋。都，即采邑中的大都、小都。大都是王子弟以及三公采地，小都是卿的采地。

译文

都司马，每都由两名上士担任长官，四名中士担任副职，八名下士协理从事，下辖两名府，八名史，八名胥，八十名徒。

原文

家司马①，各使其臣，以正于公司马。

注释

①家司马：官名。掌管家的军赋。家，谓卿大夫之采邑。

译文

家司马，各使自己的家臣担任，而听命于公司马。

大司马

原文

大司马之职，掌建邦国之九法①，以佐王平邦国②。制畿封国，以正邦国；设仪辨位，以等邦国；进贤兴功，以作邦国③；建牧立监④，以维邦国；制军诘禁⑤，以纠邦国；施贡分职⑥，以任邦国；简稽乡民，以用邦国；均守平则⑦，以安邦国；比⑧小事大，以和邦国。

注释

①九法：下文所说自“制畿封国”至“比小事大”九项。

②平邦国：成就诸侯国的政治。

③作邦国：激发诸侯国臣民的进取心。

④牧：州牧。监：监一国，即国君。

⑤制军：上文所谓大国三军，次国二军，小国一军。诘：穷治。

⑥职：赋税。

⑦均守平则：依据诸侯国爵位的尊卑和拥有土地的大小，建立合理的守卫土地之法。

⑧比：亲近。

译文

大司马的职责，负责建立有关诸侯国的九项法则，以辅佐天子成就各诸侯国的政治。一是划定诸侯国的封域，来确定诸侯国之间的界线；二是为诸侯国设立仪法、辨别君臣的尊卑之位，以明确诸侯国君臣的等级；三是进献和举荐贤能有功的人，以激发诸侯国的进取心；四是设立州牧和建立一国的国君，以维系邦国的臣民；五是建立军队，惩治和深究违法者，以纠正邦国的失误；六是分配诸侯国应缴的贡赋，来确定诸侯国的合理负担；七是核查诸侯国各乡民众的数目，以便在用得着时征召；八是依据诸侯爵位的尊卑来平均其领土的大小，建立合理的守卫土地之法，以安定诸侯国；九是使大国亲小国、小国服事大国，以使各诸侯国和睦相处。

原文

以九伐[1]之法正邦国。冯弱犯寡，则眚之；贼贤害民，则伐之；暴内陵外，则坛之[2]；野荒民散，则削之；负固不服，则侵之；贼杀其亲，则正之；放弑其君，则残[3]之；犯令陵政，则杜之[4]；外内乱，鸟兽行，则灭之。

注释

①伐：征讨，攻打。师有钟鼓曰伐，即大张旗鼓地声讨其罪。

②坛之：相当于后世之幽禁。坛，是“墠（shàn）”的假借字，谓空旷之野地。

③残：杀。

④“犯令陵政”二句：对于那些不遵循治政、法令的人，就杜绝他与邻国交往的渠道。

译文

用九伐之法匡正违抗王命的诸侯国。诸侯有以强凌弱、以众侵寡的，就裁减他的领土；有杀害贤良和残害民众的，就征伐他；有对内暴虐、对外欺凌邻国的，就幽禁他而更立贤君；有土地荒芜、人民离散的，就削减他的领土；有倚仗险固地形而不服从天子的，就派兵进入他的国境占领他的封地；有无辜杀害亲族的，就抓起来治罪；有放逐或弑杀他的国君的，就将他杀死；有违抗王命、轻视国家政法的，就阻塞其与邻国的交通；对于在家庭内外恣行悖乱、行为如同禽兽的，就诛灭他。

原文

正月之吉，始和布政[1]于邦国都鄙，乃悬政象之法于象魏，使万民观政象，挟日而敛之。

注释

①政：政法，即《大宰》所谓“政典”。

译文

周历正月初一，开始向天下的臣民及诸侯国宣布政典，将写有文字的政典悬挂在象魏上，让万民观看政法，十天以后就把它收藏起来。

原文

乃以九畿[①]之籍，施邦国之政职。方千里曰国畿[②]，其外方五百里曰侯畿[③]，又其外方五百里曰甸畿[④]，又其外方五百里曰男畿[⑤]，又其外方五百里曰采畿[⑥]，又其外方五百里曰卫畿[⑦]，又其外方五百里曰蛮畿[⑧]，又其外方五百里曰夷畿[⑨]，又其外方五百里曰镇畿[⑩]，又其外方五百里曰蕃畿[⑪]。

注释

①九畿：下文的侯畿以下九畿。九畿内的诸侯，按其距离王城的远近，承担不同的职责。

②国畿：天子直辖的领土。

③侯畿：侯者，候也。主要为天子伺候非常，故称。

④甸畿：甸者，田也。主要为天子治田，以出赋贡，故称。

⑤男畿：男者，任也。主要为天子任事，故称。

⑥采畿：采取美物以供天子，故称。

⑦卫畿：作为屏障，承担拱卫天子的任务，故称。

⑧蛮畿：蛮者，縻也（縻是牛绳，此为笼络之义）。对此畿要求较低，只要服从中央的正朔，其他听其自治。

⑨夷畿：因为是夷狄之所居，故称。

⑩镇畿：因为离中原地区遥远，须要镇守，故称。

⑪蕃畿：此畿有屏蔽作用，故称。蕃，通“藩”，屏蔽。

译文

按照划分九畿的簿籍，授予各诸侯国所奉行的政治职责。以王城为中心的地方千里是国畿，国畿之外地方五百里是侯畿，侯畿之外地方五百里是甸畿，甸畿之外地方五百里是男畿，男畿之外地方五百里是采畿，采畿之外地方五百里是卫畿，卫畿之外地方五百里是蛮畿，蛮畿之外地方五百里是夷畿，夷畿之外地方五百里是镇畿，镇畿之外地方五百里是蕃畿。

原文

凡令赋①，以地与民制之。上地食者参之二②，其民可用者家三人；中地食者半，其民可用者二家五人；下地食者参之一，其民可用者家二人。

注释

①赋：征兵。

②上地食者参之二：上等土地每年可耕种的占三分之二，休耕的占三分之一。

译文

凡令诸侯国进贡军赋，按照土地的好坏和人口的多少来制定标准。上等土地每年可以耕种的占三分之二，休耕的占三分之一，可用以服役的每家三人；中等土地每年可以耕种的占一半，休耕的占一半，可用以服役的每两家五人；下等土地每年可以耕种的占三分之一，休耕的占三分之二，可用以服役的每家两人。

原文

中春，教振旅①，司马以旗致民，平列陈，如战之陈。辨鼓、铎、镯、铙之用②：王执路鼓，诸侯执贲鼓，军将执晋鼓，师帅执提③，旅帅执鼙④，卒长执铙，两司马执铎，公司马⑤执镯。以教

坐[6]、作、进、退、疾、徐、疏数之节。遂以蒐[7]田。有司表貉[8]，誓民[9]，鼓，遂围禁。火弊，献禽以祭社。

注释

①振旅：本指战罢回师，此处指借春田以习战。

②鼓、铎、镯、铙：皆军中乐器。

③师帅：下文所述旅帅、卒长、两司马。提：提鼓。

④鼙：应鼙。

⑤公司马：谓伍长。

⑥坐：古人之坐，两膝着席而坐于足，与跪相似。

⑦蒐（sōu）：春季的田猎。

⑧有司：谓肆师、甸祝。表貉（mà）：立表举行祃祭。表，练兵场上的标杆。貉，通“祃”。

⑨誓民：将违犯田猎规则所应受到的处罚告诫民众。

译文

每年仲春，教民众演习回师收兵的战法，大司马竖起旗帜聚集民众，等到民众到齐以后，整编队列阵形，就像实战那样排列阵势。教会民众辨别鼓、铎、镯、铙的指挥作用：天子执掌路鼓，诸侯执掌贲鼓，军将执掌晋鼓，师帅执掌提鼓，旅帅执掌鼙鼓，卒长执掌铙，两司马执掌铎，公司马执掌镯。教民众练习坐下、起立、前进、后退、快速、慢速以及距离疏密的动作。接着就率领他们进行春季田猎，有关官吏在练兵场立表处举行貉祭，警诫民众不要触犯田猎的法规，然后命令击鼓，于是开始围猎。等到焚烧完野草、火势熄灭，田猎就停止，然后进献所猎获的兽以祭祀社神。

原文

中夏，教茇舍[1]，如振旅之陈。群吏撰[2]车徒，读书契[3]。辨号名[4]之用：帅以门名[5]，县鄙[6]各以其名，家以号名[7]，乡以州名[8]，野[9]以邑名，百官各象其事，以辨军之夜事。其他皆如振旅。遂以苗田，如蒐之法。车弊，献禽以享礿。

注释

①茇（bá）舍：在草野宿营。

②撰：通“算”，计点。

③读书契：阅读簿册校核兵甲器械。

④号名：徽识。实指属，即正旗的副旗。

⑤门名：此处“名”即“号名”之省，谓徽识，亦即属。以下诸“名”义同。

⑥县鄙：是六遂的行政组织，在此指代六遂。

⑦家以号名：谓于旗的正幅上书写其官事、姓名。家，谓都家，即采邑主。

⑧乡以州名：乡谓六乡，州谓州里，实指六乡之吏。

⑨野：谓郊外之地，包括甸、稍、县、都，野中设有公邑，公邑之长谓公邑大夫，而此处之野即指代公邑大夫。

译文

每年仲夏，教民众在草野之地宿营的夜战战法，排列的阵势就如同春季那样。各级带兵官员点算所统领的车上的车兵和车下的步兵，对照簿册校核兵甲器械。教民众辨别各种徽识的用途：各级军帅的徽识如同门前的旌旗，六遂的徽识各自写着本遂旗上写的名字，采邑主的徽识各自写着本采地旗上写的名字，六遂官吏的徽识各自写着本遂旗上所写官吏的名字，公邑大夫的徽识与各邑的旌旗都写着本邑旗上写的名字，各级官府的徽识各自写着自己所掌管的事情。用这些徽识来辨别夜战中的自己人。其他方面都同仲春教民习战那样。接着进行夏季田猎，如同春季田猎之法。等到打猎的车辆停止下来，田猎结束，便进献所猎获的野兽祭祀宗庙。

原文

中秋，教治兵，如振旅之陈。辨旗物之用。王载大常①，诸侯载旂，军吏载旗，师都载旜，乡家载物，郊野载旐，百官载旟，各书其事与其号焉。其他皆如振旅。遂以狝②田，如蒐田之法。罗弊，致禽以祀祊③。

注释

①大常：及下旂、旗、旃、物、旐、旜，皆旌旗名。

②狝（xiǎn）：秋季田猎。

③祊：当为“方”。秋田主祭四方，报成万物。

译文

每年仲秋，教民众演习出兵作战战法，如同仲春教民习战那样布阵。教民辨别各种旌旗的用途。天子竖立画着日月的大常，诸侯竖立画着蛟龙的旂，军吏竖立画着熊虎的旗，六军将帅和大都、小都的领主车上竖立着旃，六乡官员竖着画有鸟隼的物，郊野的公邑竖着画有龟蛇的旐，王的百官竖旜，各旗书写各自的官事、姓名。其他方面都同仲春教民习战那样。接着进行秋季田猎，如同春季田猎之法。停止用网捕兽，田猎结束，集中所猎获的兽并用以祭祀四方之神。

原文

中冬，教大阅[①]。前期，群吏[②]戒众庶，修战法。虞人莱所田之野为表[③]，百步则一，为三表，又五十步为一表。田之日，司马建旗于后表之中，群吏以旗物、鼓、铎、镯、铙各帅其民而致。质明弊旗，诛后至者，乃陈车徒，如战之陈，皆坐。群吏听誓于陈前，斩牲以左右徇陈，曰：“不用命者，斩之！”中军以鼙令鼓，鼓人皆三鼓。司马振铎，群吏作旗，车徒皆作，鼓行，鸣镯，车徒皆行，及表乃止。三鼓，摝铎[④]，群吏弊旗，车徒皆坐。又三鼓，振铎，作旗，车徒皆作。鼓进，鸣镯，车骤，徒趋，及表乃止，坐、作如初。乃鼓，车驰，徒走，及表乃止。鼓戒三阕[⑤]，车三发，徒三刺，乃鼓退，鸣铙，且却，及表乃止，坐、作如初。遂以狩[⑥]田。以旌为左右和之门[⑦]，群吏各帅其车徒以叙和出，左右陈车徒，有司[⑧]平之。旗居卒闲以分地，前后有屯百步，有司巡其前后。险野人为主，易野车为主。既陈，乃设驱逆之车[⑨]，有司表貉于陈前。中军以鼙令鼓。鼓人皆三鼓，群司马振铎，车徒皆作，遂鼓行，徒衔

枚⑩而进。大兽公之，小禽私之，获者取左耳。及所弊，鼓皆骇，车徒皆噪。徒乃弊，致禽馌兽于郊，入献禽以享烝⑪。

注释

①大阅：检阅兵车及驾车之马。

②群吏：乡师以下，还有州长、党正、族师等，但不包括乡大夫，因为乡大夫不掌田役致众之事。

③虞人：指山虞、泽虞二官。若猎场在山，则由山虞负责下面之事；若猎场在泽，则由泽虞负责下面之事。表：标志。

④摝（lù）铎：盖摇动铎时以手握住铎上部，使其声闷哑，以示停止前进。摝，振动，摇动。

⑤戒：有警众之义，命令兵众向敌进攻。三阕：犹言三次。阕，止也。

⑥狩：冬季田猎。

⑦以旌为左右和之门：和门即军门，军门两边树旌旗以为标志。

⑧有司：谓乡师。

⑨驱逆之车：驱车和逆车。前者为驱赶野兽入围，后者为拦击野兽不使逃窜。

⑩衔枚：口中衔一筷子形状的东西，防止说话被敌人发觉。

⑪烝：冬季祭宗庙曰烝。

译文

仲冬，教民众大检阅之礼。大检阅之前，乡吏们要告诫民众，演习战法。虞人芟除将要举行田猎的野地的荒草而设表，每百步设一表，设三表之后，又间隔五十步设一表。到举行田猎那天，司马在将最后二表的中间再竖立旗帜，乡吏们打着旗，敲着鼓、铎、镯、铙等率领乡民到来。天亮时司马把旗帜放倒，对那些没按时到的人给以相应的惩罚。于是用车辆和徒众布阵，如同实战时的阵形，全体坐下。军帅们站在阵前听取有关军法的誓诫，斩杀牲给左右军阵看，说："不服从命令的，斩！"中军元帅敲击鼙鼓命令击鼓鼓舞士气，鼓人都击鼓三通。两司马摇响金铎，军帅们举起旗帜，车辆准备启动，步兵都起立。鼓人击鼓命令前进，伍长敲响金镯来调整节奏，车辆和步兵都前进，前进到第二表停下来。鼓人击鼓三通，两司马用手捂住铎口而摇铎，军帅们放下旗帜，车辆停止前进，步兵都坐下。鼓人又击鼓三通，两司马摇响金铎，军帅们举起旗帜，车辆和步兵都起立。鼓人击鼓命令前进，伍长敲响镯，车辆快速奔跑，步兵快步前进，前进到第三表停下来，战车停止和启动及步兵坐下和起立都和前次一样。于是鼓人又击鼓，车辆迅猛奔驰，步兵快速奔跑，前进到第四表停下来。擂鼓三次作为攻击的信号，鼓被不停地擂响，每次擂鼓射手在兵车上就向敌方射一箭，车上的射手先后射出三发箭，步兵三次击刺，表示敌人已经被打败。于是击鼓退兵，卒长敲响铙，兵众向北退，退到后表处才停止，每一段退军兵车的停止和启动及步兵的坐下和起立都如同当初前进一样。接着进行冬季田猎。用旌旗分立左右作为军门，军帅们各自率领车辆和步兵依次从军门出发，分左右用车辆和左右步兵布阵，乡师负责纠正军队出入的阵列。兵卒之间以旗帜来划分区域，车和步兵前后分别屯驻而相距百步，乡师巡查军队的阵列。凡在险阻的地方布阵，步兵在前，凡在平坦的地方布阵，兵车在前。布列阵势完毕后，命令驱赶野兽的车和拦击野兽的车，肆师、甸祝等在阵前立表处举行貉祭。中军元帅敲击鼙鼓命令击鼓，鼓人击鼓三通，司马们摇动金铎，车辆和步兵开始行动，接着鼓人击鼓命令前进，步兵都衔枚而行。猎获的大兽交给公家，小兽留给自己，猎获野兽的人割取兽的左耳以便计功。当前进到田猎的边界时，鼓声震响如雷，车辆和步兵要齐声欢呼，这象征着战斗的胜利。步兵于是停止田猎，将猎获的兽物集中起来，并在回军的路上以它们祭祀四郊群神，进入国都又进献所猎获的兽以祭祀宗庙。

原文

及师[①]，大合军，以行禁令，以救无辜，伐有罪。

注释

①师：谓天子有事（如巡守、会同等）外出，则率军随行。

译文

天子需要巡守和会同时，就集合六军，执行有关的禁令，以救援无辜被侵的国家，讨伐有罪的国家。

原文

若大师，则掌其戒令，莅大卜，帅执事莅衅主及军器。及致，建大常，比军众，诛后至者。及战，巡陈视事①而赏罚。若师有功，则左执律②，右秉钺③以先，恺乐献于社。若师不功，则厌④而奉主车。王吊劳士、庶子⑤，则相。

注释

①事：战功。

②律：律管，用来确定音高的标准器。

③钺：壮军威的大斧。

④厌：谓厌冠，即丧冠。

⑤士：为卿大夫士之士。庶子：卿大夫之子中的从军者。

译文

如果天子亲自出征，就执掌有关的戒令。出发前要让大卜占卜出兵的吉凶情况，率领有关官吏临视衅祭将随军而行的迁庙主和社主以及军事器械的礼仪。等到各级官员率领属官报到时，就竖起天子的大常旗，核查所到的军众人数，处罚那些迟到的人。等到开战时，巡视军阵，根据军兵在战场上的表现进行赏罚。如果军队打了胜仗，就左手拿着律管，右手拿着钺，在军前做先导，奏凯旋之乐而向社神献功。如果军队战败，就头戴厌冠护送载有迁庙主和社主的车回来。当天子哭吊、慰问死伤的士、庶子时，就协助天子行赞礼。

原文

大役①，与虑事，属其植②，受其要③，以待考而赏诛。大会同，则帅士、庶子，而掌其政令。若大射，则合诸侯之六耦④。大祭祀、飨、食，羞牲、鱼⑤，授其祭⑥。大丧，平士大夫⑦；丧祭⑧，奉诏马牲。

注释

①大役：兴建大的工程。
②属其植：聚集役徒。
③要：各乡上报的役徒名册。
④耦：射耦。
⑤牲、鱼：羊牲、马牲和鱼。
⑥授其祭：谓取所当祭之物授给宾、尸行食前祭礼。
⑦平士大夫：规正士大夫的职责与尊卑位次。
⑧丧祭：此处指大遣奠。又叫祭奠。

译文

国家兴建大的工程，就要和筹划修建工程的官员一起，分派每个部门应有的职责，并聚集役徒，接收他们的工程进度记录表以考核他们的成绩，从而决定对他们的赏罚。大会同，就率领士和庶子跟随天子，掌管他们的政令。如果举行大射礼，将射艺水平相近的诸侯匹配为六耦。举行大祭祀、飨礼、食礼，负责进献羊牲、马牲和鱼牲，将祭祀的物品递给尸或宾客以行食前祭礼。国家有大丧，负责纠察公卿大夫的职责和尊卑位次；举行丧祭时，负责将祭奠的物品装好后送到墓地并将其藏入棺椁之中。

小司马

原文

小司马之职掌①……凡小祭祀②、会同、飨、射、师、田、丧纪，掌其事，如大司马之法。

注释

①小司马之职掌：以下字脱灭，后人无由得知小司马的职掌。
②小祭祀：凡言小者，天子都不会参加。

译文

小司马的职责掌管……凡小祭祀、小会同、小飨礼、小射礼、小征伐、小田猎、小丧事，都负责掌管其事，如同大司马掌管有关事项之法。

司勋

原文

司勋掌六乡赏地之法，以等①其功。王功曰勋，国功曰功，民功②曰庸，事功③曰劳，治功④曰力，战功曰多。凡有功者，铭书于王之大常，祭于大烝⑤，司勋诏之。大功，司勋藏其贰。

注释

①等：差别。
②民功：有利民生的功劳。
③事功：勤劳定国的功劳。
④治功：为国家制定法令的功劳。
⑤祭于大烝：烝祭宗庙时，以有功者配祭。烝，冬祭宗庙名。

译文

司勋掌管六乡赏赐土地的法则，按照功劳的大小来分封不等的土地。辅佐王业建成的功劳叫作勋，保全国家的功劳叫作功，有利民生的功劳叫作庸，勤劳安定国家的功劳叫作劳，制定国家刑法并且治理得很好的功劳叫作力，战场建立功业的功劳叫作多。凡有功劳的人，就将他们的名字和功劳书写在天子的大常旗上，死后在冬季祭祀宗庙时配享，司勋将他们的功劳告知给有关官员以便发出公告。建立大功的，由司勋收藏功劳簿的副本。

原文

掌赏地之政令[1]。凡赏无常，轻重视功，凡颁赏地，参之一食[2]。惟加田无国正[3]。

注释

①政令：役赋。政，通“征”。

②参之一食：国家收取三分之一的租税。

③加田无国正：只有加赐的田地不征税。正，亦通“征”。

译文

掌管有关征收所赏赐田地的赋役的政令。凡赏赐田地的多少没有一定的规定，赏赐的多少要按照功劳的大小，凡所赏赐的地，国家收取三分之一的租税。只有赏地之外加赐的田地可以不向国家交税。

掌固

原文

掌固掌修城郭、沟池、树渠之固[1]，颁其士庶子，及其众庶之守。设其饰器[2]，分具财用，均其稍食，任其万民，用其材器[3]。

注释

①沟池：沟指五沟；池指城郭外之池，即护城河。树渠：谓借树木以为篱落，可加强对城郭的守卫。

②饰器：谓兵甲。兵甲多有英饰，故称饰器。

③材器：谓构筑防御设施所需的木材、版筑以及掘沟挖堑所需的工具等。

译文

掌固掌管修筑城郭、沟池和篱落等阻固，分派士、庶子和役徒守卫，负责分发给守卫兵甲等兵器，向他们分发应得的财物，给他们调整薪俸，可以依据他们的承受力派遣他们，征用他们的财物器械。

原文

凡守者受法焉，以通守政，有移甲与其役财用，唯是得通，与国有司帅之，以赞其不足者。昼三巡之，夜亦如之。夜三鼜[①]以号戒。

注释

①鼜（qì）：鼓名，用以巡夜时的警戒、守备。

译文

凡是参加守卫的人员都必须接受掌固颁布的防卫法规，以便合理地规划守卫，有些地方防务较重，然而兵器等缺乏，掌固可以跟各级相关官吏率领其他地方多余的人前去支援。白天要三次巡视守卫处，夜里也这样做。夜里还要三次敲击鼜鼓并发出注意警戒的呼号。

原文

若造都邑，则治其固，与其守法。凡国、都之竟，有沟树之固。郊亦如之。民皆有职焉。若有山川，则因之。

译文

凡是初建国都，就要负责修筑阻固，并将相应的法规颁布给守卫人员。凡王国和都邑的边境处，将沟渠和沿沟栽种的树木作为阻固，都城的四郊也是这样。民众都有守卫和修筑阻固的职责。如果境内有山川的险阻，就将其利用起来作为阻固。

射人

原文

射人掌国之三公、孤、卿、大夫之位[1]：三公北面，孤东面，卿大夫西面。其挚：三公执璧，孤执皮帛，卿执羔，大夫雁。

注释

①位：此指治朝的朝位。

译文

射人掌管王国的三公、孤、卿、大夫见天子时的朝位：三公面朝北而立，孤面朝东而立，卿、大夫面朝西而立。他们所拿的见面礼：三公拿玉璧，孤拿皮帛，卿拿羔羊，大夫拿鹅。

原文

诸侯在朝，则皆北面，诏相其法。若有国事[1]，则掌其戒令，诏相其事。掌其治达。

注释

①国事：此谓祭祀。

译文

诸侯在王朝的朝位，都面朝北而立，要辅导他们朝见的礼节。如果天子有祭祀之类的事，就负责将祭祀的斋戒之日告诉他们，并辅导他们行助祭的礼节。掌管转达诸侯对王的报告或奏书。

原文

以射法治射仪[①]。王以六耦[②]，射三侯，三获，三容，乐以《驺虞》[③]，九节，五正[④]。诸侯以四耦射二侯[⑤]，二获，二容，乐以《狸首》，七节，三正。孤、卿、大夫以三耦射一侯[⑥]，一获，一容，乐以《采蘋》，五节，二正。士以三耦，射豻侯[⑦]，一获，一容，乐以《采蘩》，五节，二正。

注释

①射法：王射之礼。治射仪：指习大射礼。

②六耦：谓正耦数。

③乐以《驺虞》：大射礼的射箭比赛要进行三次，到第三次时要用音乐《驺虞》伴奏。参赛者的动作必须符合音乐的节奏。

④节：犹遍，谓音乐演奏的遍数，几节即几遍。正：谓射前先奏以听的遍数，几正即先听几遍，以便熟悉乐曲的节奏。

⑤二侯：两个箭靶，谓熊侯、豹侯。

⑥一侯：一个箭靶，谓豹侯。

⑦豻侯：用豻皮饰侯中的侧边，是为豻侯。

译文

依据王的射礼演习射箭的礼仪。王的射礼用六耦为正耦，设三处射侯，设三名报靶员，设三个报靶员的隐身屏障，用《驺虞》作为伴奏的音乐，音乐演奏九遍，射前先听五遍。诸侯的射礼用四耦为正耦，设两处射侯，设两名报靶员，设两个报靶员的隐身屏障，用《狸首》作为伴奏的音乐，音乐演奏七遍，射前先听三遍。孤、卿、大夫的射礼用三耦为正耦，设一处射侯，设一名报靶员，设一个报靶员的隐身屏障，用《采蘋》作为伴奏的音乐，音乐演奏五遍，射前先听两遍（当为一遍）。士的射礼用三耦为正耦，射轩侯，设一名报靶员，设一个报靶员的隐身屏障，用《采蘩》作为伴奏的音乐，音乐演奏五遍，射前先听两遍（当为一遍）。

原文

若[①]王大射，则以狸步[②]，张三侯。王射，则令去侯[③]，立于后，以矢行告[④]，卒，令取矢[⑤]。祭侯，则为位[⑥]。与大史数射中[⑦]。佐司马治射正[⑧]。

注释

①若：等到。

②以狸步：这里是指用狸步量侯道之长。狸步，一种量器，长六尺，刻有狸形。

③令去侯：命令背靠射侯而立的报靶员离开射侯。

④以矢行告：这是说当王射箭射得不准的时候，射人就把王射箭的毛病告诉王，以帮助王纠正；如果偏下就说“留”，偏上就说“扬”，偏左或偏右就说“方”。

⑤令取矢：令射鸟氏拾取已射出在射侯处的矢。

⑥“祭侯”二句：射毕要祭射侯，祭侯是先把酒、脯醢和折俎献给服不氏，然后服不氏用以祭侯，祭毕再饮下所献的酒。服不氏受献的位置，是在大侯的西北边三步远的地方。彼为诸侯射礼，王之服不氏盖亦然，唯易大侯为熊侯为异。

⑦数射中：数筭以计算射中的次数。

⑧射正：射之法仪。

译文

等到天子举行大射礼的时候，就用狸步测量侯道，张设三个靶子。天子开始射箭时，命令报靶员离开射侯，射人在天子的身后注意观察，将天子射不中的原因告诉天子，以帮助天子纠正。射箭完毕后，命令射鸟氏拾取射出的矢。将要祭射侯的时候，就为服不氏确定接受献酒的位置。与大史一起数算以计算射中靶子的次数。协助大司马演习射礼的仪法。

原文

祭祀，则赞射牲，相孤、卿、大夫之法仪。会同、朝覲，作大夫介[①]。凡有爵者。大师，令有爵者乘王之倅车。有大宾客，则作卿、大夫从[②]，戒大史及大夫介。大丧，与仆人迁尸，作卿、大夫

掌事，比其庐③，不敬者，苛④罚之。

注释

①作大夫介：谓对诸侯进行慰劳、礼赐、赠送等。王使公卿往，而使大夫为副职。介，副职。

②作卿、大夫从：选派卿、大夫随从王接见。

③比其庐：校比其居庐之人数，并纠察其礼仪。庐，谓倚庐，居父母丧时所住的草房。

④苛：诘问。

译文

举行祭祀，就协助天子射杀牲，提醒孤、卿、大夫行祭祀的礼仪。天子外出与诸侯会同，或诸侯前来朝觐，天子就派遣公卿去慰劳、恩赐，射人则根据天子选派的官员随同前往。天子出征，就让卿、大夫乘坐天子的军车的副车。有诸侯来朝时，就选派卿、大夫随同天子接见，告诫随同三公前往诸侯馆舍传达王命的大史和做副职的大夫。天子大丧，就同大仆负责移尸体，使卿、大夫各掌其事，检查倚庐的人数及其是否遵守丧礼，有不严肃的就加以责问和惩罚。

掌畜

原文

掌畜掌养鸟，而阜蕃教扰之。祭祀共卵鸟①。岁时共鸟物②。共膳献之鸟。

注释

①卵鸟：雌性家禽，如母鹅、母鸭之类，但不包括鸡。

②鸟物：指候鸟，如大雁之类。

译文

掌畜掌管喂养鸟，使鸟繁殖并调教而使其驯服。举行祭祀供给会生蛋的鸟。每年按季节进献候鸟。供给天子膳食所应进献的鸟类。

司士

原文

司士掌群臣之版，以治其政令，岁登下[1]其损益之数，辨其年岁，与其贵贱，周知邦国、都家、县鄙[2]之数卿、大夫、士、庶子之数。

注释

①下：犹今言注销。

②县鄙：公邑。

译文

司士掌管群臣的名籍，以施行有关的政令，每年登记或注销群臣增加或减少的人数，辨明他们的年龄和爵位的高低，全面掌握各诸侯国、畿内各采邑，以及各公邑的卿、大夫、士和庶子的人数。

原文

以诏王治[1]：以德诏爵，以功诏禄，以能诏事，以久奠食[2]。

注释

①诏王治：报请天子应当撤职或任命的大臣有哪些。

②食：粮食。

译文

向天子提出升迁、降免的建议：依据德行报请授予爵位，依据功劳报请授予俸禄，依据能力报请授予职事，依据长期任职的表现确定所当给予的月俸。

原文

正朝仪之位[①]，辨其贵贱之等。王南向；三公北面，东上；孤东面，北上；卿、大夫西面，北上；王族故士[②]、虎士在路门之右，南面，东上；大仆、大右、大仆从者[③]，在路门之左，南面，西上。司士摈[④]：孤、卿特揖[⑤]，大夫以其等旅揖[⑥]，士旁三揖[⑦]，王还揖门左，揖门右。大仆前。王入，内朝[⑧]皆退。

注释

①朝仪之位：天子治朝时的朝位。

②王族故士：是指王族中过去为士、现已退休而留在宫中担任宿卫者。

③大右：司右。大仆从者：指小臣、祭仆、御仆、隶仆。

④摈：担任摈者，导王之礼仪。

⑤特揖：向每个人作揖。

⑥大夫以其等旅揖：对大夫依照等级分别向同级者三揖。

⑦士旁三揖：士的朝位在“西方，东面”，在孤之南而稍后，自为一列，故曰“旁”。

⑧内朝：指治朝，相对库门外之外朝而言。

译文

负责治朝的朝位，分辨贵贱的等级。天子面朝南而立；三公面朝北而立，以东边为上位；孤面朝东而立，以北边为上位；卿、大夫面朝西而立，以北边为上位；王族故士、虎士在路门的右边，面朝南而立，以东边为上位；大仆、大右、大仆的属官，在路门的左边，面朝南而立，以西边为上位。司士引导天子作揖来请群臣就位；对孤、卿每人一揖，对大夫依照等级分别向同级者三揖，对一旁的士总共行三揖，天子又转身向门左、门右的人行揖礼。大仆在天子前引导天子就朝位。天子进入路门，治朝的官员都退回各自的办公地点。

原文

掌国中之士治[①]，凡其戒令。掌摈士[②]者，膳其挚[③]。凡祭祀，

掌士之戒令，诏相其法事。及赐爵④，呼昭穆而进之⑤；帅其属而割牲⑥，羞俎豆⑦。凡会同，作士从。宾客亦如之。作士适四方使，为介。大丧，作士掌事，作六军之士执披⑧。凡士之有守者，令哭无去守。国有故，则致士而颁其守。

注释

①士：谓命士。治：监察官员政绩的好坏，报请王黜陟。
②摈士：引导初受命为士的人入见王。
③膳其挚：把士所拿的挚交给膳夫。
④赐爵：赐酒。指行旅酬礼。
⑤呼昭穆而进之：这是指向王的同姓之士赐酒时，士依昭穆之次进受酬酒。
⑥割牲：制体。谓依据需要将牲体解割成七体或二十一体。
⑦俎豆：俎盛牲体，豆盛酱类，皆以享神。
⑧披：系在柩车上棺柩两侧的帛带。

译文

掌管王城中所有士的任职，以及相关士的法令。掌管把新任命的士引见给天子，把他们所进献的礼品交到膳夫那里。凡举行祭祀，掌管有关士的戒令，指点他们在礼节上应注意的事项。到行旅酬礼向众人赐酒的时候，按照他们的辈分令其上前；率领下属去分割牲体，进献俎和豆。凡天子会同，就选派士做随从。天子接见宾客也是这样。如果有大夫奉王命出使，或做大夫使者的副职。天子大丧，分派士掌理有关事项，并选派六军中的士执披。凡士有职守的，命令他们可以哭但不能离开所在的职位。国家有变故，就召集士并分派他们职守。

原文

凡邦国三岁则稽士①任，而进退其爵禄②。

注释

①士：此处实总称邦国之卿、大夫、士而言。
②进退其爵禄：升降他们的爵位和俸禄。

译文

凡诸侯国，每三年考核一次它们的卿、大夫、士的履职情况，进而升降他们的爵位和俸禄。

诸子

原文

诸子掌国子之倅[①]，掌其戒令，与其教治[②]，辨其等，正其位。

注释

①国子：庶子，指公、卿、大夫、士之子而未仕者。倅：副职。
②教治：修德学道。

译文

诸子掌管国子这些做父亲副职的人，掌管有关他们的戒令，以及对他们的教育和管理，区别他们的尊卑等级，规正他们的朝位。

原文

国有大事，则帅国子而致于大子，惟所用之。若有兵甲之事，则授之车甲，合其卒伍[①]，置其有司，以军法治之，司马弗正[②]。凡国正弗及[③]。

注释

①卒伍：军法，百人为卒，五人为伍。此泛指军事编制。
②司马弗正：司马不征发他们的赋役。
③凡国正弗及：凡国家征发役徒都不涉及他们。

译文

国家有大事，就率领国子到太子那里，听从差遣、调用。如果有战争，就分发给他们战车和铠甲，将他们编成军队，为他们设立军官，依照军法进行管理，大司马就不再对他们征调。凡国家举行征兵仪式，都会豁免他们。

原文

大祭祀，正六牲之体①。凡乐事，正舞位，授舞器②。大丧，正群子之服位。会同、宾客，作群子从。

注释

①正六牲之体：负责用朼（bǐ）捞出鼎中的牲体放置在俎上。朼，一种木制的长柄勺，类似今天的羹匙。

②舞器：舞蹈使用的道具，如羽籥（yuè）、干戚（qī）等。

译文

举行大祭祀，负责用朼捞出鼎中的牲体放到俎上。凡举行舞乐，负责安排每个舞者所在的位置，给舞蹈者分发道具。天子、太子或王后大丧，负责安排好国子应穿的丧服和哭丧的位置。如果天子有会同或接待宾客的事，就选派国子随同前往。

原文

凡国之政事①，国子存游倅②，使之修德学道：春合诸学，秋合诸射③，以考其艺而进退之。

注释

①政事：此处指徭役之事。如力役、土功、胥徒之类，不需要国子参加。

②游：游暇无事。倅：无职事。

③射：射宫。举行射礼的场所，如大学、小学、治朝等，于其处行射礼，即为射宫，并无定称。

译文

凡国家有徭役的事，国子皆可豁免，但把他们编制成单独部队，让他们修养德行、学习道艺：春天把他们集合在大学里学习诗、书、礼、乐，秋季把他们集合在射宫里，学习射箭并考查他们的道艺，以此来决定他们是得到晋升还是被罢黜。

司右

原文

司右[1]掌群右之政令。凡军旅、会同，合其车之卒伍[2]，而比其乘，属其右。凡国之勇力之士能用五兵者属焉[3]，掌其政令。

注释

①右：车右。天子六军，拥有戎车三千乘，每乘车右一人，则计有车右三千人。

②合：及下文比、属，在此皆谓编次、安排。卒伍：此卒伍非步兵之卒伍，乃戎车之卒伍。戎车五十乘谓之卒，一百二十五乘谓之伍。

③五兵：指弓矢、殳、矛、戈、戟五者。属焉：选拔车右时，就从这些勇力之士中挑选。

译文

司右掌管有关众车右的政令。凡出征、会同，就负责组合车队，编排车乘，安排车右。凡国中勇力之士能使用五种兵器的就选为属员，掌管有关他们的政令。

大仆

原文

大仆掌正王之服位，出入王之大命[1]，掌诸侯之复逆[2]。

注释

①出入王之大命：对外发布王有关国家大事的命令并转奏群臣执行王命的报告。

②复逆：告请。

译文

大仆负责规正天子行礼时的穿戴及位置，负责将天子的政令发布并转奏群臣执行天子政令的报告，掌管转达诸侯的奏事和上书。

原文

王视朝①，则前正位而退。入亦如之。

注释

①视朝：此谓视路门外之治朝。

译文

天子上朝，在前方引导天子入座，然后回归自己的位置。天子在退朝入路门时也这样做。

原文

建路鼓①于大寝之门外，而掌其政，以待达穷者与遽令②，闻鼓声，则速逆御仆与御庶子③。

注释

①路鼓：一种"击之以声冤枉"的鼓。其形制，是以一木贯鼓身，木下有跗（鼓足），可将鼓竖立起来。大寝：路寝，是王处理政事的宫室。

②穷者：穷民，指有冤而无处申告的平民。遽令：掌管由驿站传递过来

的军事文书的官员。

③御仆与御庶子：在路鼓处当值的人。

译文

在大寝门外竖路鼓，而掌管有关击鼓的事，利用此鼓将无处申冤的人和由驿站传来的军事文书禀报天子，听到鼓声，就迅速迎接在路鼓处当值的御仆和御庶子，听他们报告情况并转达天子。

原文

祭祀、宾客、丧纪，正王之服位，诏法仪，赞王牲事①。

注释

①牲事：杀、割、匕载之属。

译文

有祭祀、接待宾客或丧事，也要注意天子的服饰在什么场合穿戴及行礼的位置是否准确，提醒天子应行怎样的礼，协助天子处理杀牲之事。

原文

王出入，则自左驭而前驱。

译文

天子在办大事时出入宫门、国门，就亲自在副车的左边驾驭副车作为天子的前导。

原文

凡军旅、田役，赞王鼓①。救日月亦如之②。

注释

①赞王鼓：协助王击鼓。军旅、田役，王皆亲自击鼓。所鼓为路鼓，路鼓四面，王鼓其一面，大仆赞鼓一面，戎右赞鼓一面，共鼓三面。

②救日月亦如之：解救日食、月食也要击鼓。

译文

凡征伐、田猎，协助天子击鼓。解救日食、月食也协助天子击鼓。

原文

大丧，始崩，戒鼓传达于四方。窆亦如之。县丧首服之法于宫门①。

注释

①首服：头上的丧饰。宫门：谓路门。

译文

天子大丧，天子刚驾崩，要擂鼓警众，将鼓声传达到四方。把棺柩下入墓穴时也这样击鼓。将丧服的首服的法式悬挂在宫门前，使人们依此而服。

原文

掌三公、孤、卿之吊劳。

译文

负责奉王命前往吊唁或慰劳三公、孤、卿。

原文

王燕饮，则相其法。王射，则赞弓矢①。王视燕朝②，则正位，掌摈相③。王不视朝，则辞于三公及孤、卿。

注释

①赞弓矢：谓负责授受弓矢。
②燕朝：又叫内朝。在路门内，为天子三朝（外朝、治朝、燕朝）之一。
③掌摈相：负责引导并协助天子行礼。

译文

天子与群臣燕饮酒礼，就协助天子行礼。天子行大射礼，就协助天子拿弓矢给天子。天子在燕朝处理政事，就引导天子坐在正确的朝位上，并负责引导和协助天子行礼。天子若因故不能上朝处理朝政，就将原因说给三公和孤、卿。

隶仆

原文

隶仆掌五寝之埽除粪洒之事。祭祀，修寝①。王行，洗乘石②。掌跸宫中之事。大丧，复于小寝、大寝③。

注释

①修寝：亦即五寝埽除粪洒之事。
②乘石：王登以上车之石。
③小寝：天子居住的地方。大寝：天子听政的地方。

译文

隶仆掌管五寝打扫卫生的事。将举行祭祀，打扫好五寝。天子乘车出行前，负责清洗天子上车的登车石。宫中有事时负责清理街道，禁止人来人往。天子大丧，负责在小寝、大寝招魂。

司兵

原文

司兵掌五兵、五盾，各辨其物与其等，以待军事。及授兵，从司马之法以颁之。及其受兵输①，亦如之。及其用兵②，亦如之。

注释

①兵输：谓战罢送还兵器。

②用兵：将兵器发给守卫。

译文

司兵掌管五种兵器、五种盾牌，辨别它们的种类和质量等级，来提供军事所需。到出兵打仗分发兵器时，按照大司马的法令而分发。到打完仗接受归还的兵器时，也遵从司马的法令。等到守卫人员分发所需的兵器时，也遵从司马的法令。

原文

祭祀，授舞者兵。大丧，廞五兵。军事，建车之五兵；会同亦如之。

译文

举行祭祀时，分发舞蹈者用作舞具的兵器。天子、王后或太子大丧时，陈列用作明器的五种兵器。有军事行动，就为每辆战车装备五种兵器，会同时也这样做。

司弓矢

原文

司弓矢掌六弓、四弩、八矢之法①，辨其名物，而掌其守藏，与其出入。中春献弓弩，中秋献矢箙②。

注释

①六弓：指王弓、弧弓、夹弓、庾弓、唐弓、大弓。四弩：是指夹弩、庾弩、唐弩、大弩。弩，是一种用机栝发射的弓。八矢：是指枉矢、絜矢、杀矢、鍭矢、矰矢、茀矢、恒矢、庳矢。

②箙：盛放箭矢的袋子，一般以兽皮为制作材料。

译文

司弓矢掌管六种弓、四种弩、八种矢的制作法式，辨别它们的名称和种类，负责它们的保管，以及它们的颁授和收回。仲春交纳做成的弓弩，仲秋交纳做成的箭矢和盛箭矢的皮袋。

原文

及其颁之，王弓、弧弓以授射甲革、椹质者①，夹弓、庾弓以授射豻侯、鸟兽者②，唐弓、大弓以授学射者、使者、劳者③。其矢箙皆从其弓④。

注释

①王弓、弧弓：两种弓体相类似的弓，是六弓中射力最强的两种。甲革，即革甲。此处是指以皮革为甲，用作射箭的靶子。椹（zhēn）质：砧板。

②夹弓、庾弓：两种弓体类似的弓，是六弓中射力较弱的两种弓，主要用于近射。

③唐弓、大弓：两种弓体类似的弓，是两种强度适中的弓。

④矢箙皆从其弓：所颁授的矢和箙的数量，都依照弓数配给。每弓者一箙、百矢。

译文

等到颁授弓的时候，王弓和弧弓分发给射革甲、砧板的人，夹弓和庾弓分发给射犴侯、鸟兽的人，唐弓和大弓分发给学射的人、出使的臣民以及慰问远方的臣民。所分发的矢和箙的数量，都依照弓数配给。

原文

凡弩，夹、庾利攻守，唐、大利车战、野战。

译文

凡弩，夹弩、庾弩适于进攻和防守，唐弩、大弩适于车战和野战。

原文

凡矢，枉矢、絜矢利火射[1]，用诸守城、车战。杀矢、鍭矢用诸近射、田猎[2]。矰矢、茀矢用诸弋射[3]。恒矢、庳矢用诸散射[4]。

注释

①枉矢、絜矢：两类相似的矢，都可以结火射敌，其镞（箭头）稍轻。枉矢用于弓，絜矢用于弩。

②杀矢、鍭矢：两种类似的矢，其镞较重，可用于近射、深中，而不能用于远射。

③矰（zēng）矢、茀（fú）矢：是两种可以结绳而射飞鸟的矢。弋射：结绳而射。

④恒矢、庳（bēi）矢：两种类似的矢，是八矢中镞最轻的两种。这两种矢是平日安居习礼之射或参加礼射所用。礼射，谓大射、宾射、燕射等。散

射：谓礼射或习射。

译文

所有矢中，枉矢、絜矢适用于结火而射，用于守城或车战。杀矢、鍭矢用于近射或田猎。矰矢、茀矢用于弋射飞鸟。恒矢、庳矢用于礼射或习射等散射。

原文

天子之弓合九而成规[①]，诸侯合七而成规，大夫合五而成规，士合三而成规。句[②]者谓之弊弓。

注释

①合九而成规：凡言合几而成规，都是说弓的弧度的深浅，从而表示弓的强弱。规即圆周，360度。合几而成规，即连接几张弓可构成一圆周。合弓愈多，则弓的弧度愈小，弓的强度也愈大。

②句：同"勾"，谓弧度过大。

译文

天子的弓连接九张弓而成一圆周，诸侯连接七张弓而成一圆周，大夫连接五张弓而成一圆周，士连接三张弓而成一圆周。弯曲弧度过大的弓是劣弓。

原文

凡祭祀，共射牲之弓矢。[①]泽[②]，共射椹质之弓矢。大射、燕射共弓矢如数[③]、并夹。大丧，共明弓矢。凡师役、会同，颁弓弩各以其物[④]，从授兵甲之仪。田弋，充笼箙[⑤]矢，共矰矢。凡亡矢者，弗用则更。

注释

①凡祭祀，共射牲之弓矢：谓凡内外大祭祀，天子都要亲自射牲，故需

供弓矢。

②泽：宫名。于此宫中射而择士，故谓此宫为泽。

③共弓矢如数：根据射箭的人数来分发弓和箭。

④各以其物：谓各依其所需之物颁授之。物，指弓弩矢箙。

⑤笼箙：竹编的盛矢的箭筒。

译文

凡举行祭祀，就供给天子射牲所用的弓矢。在泽宫习射，就供给射砧板所用的弓矢。举行大射或燕射，负责根据射箭的人数分发弓箭和钳箭的夹子。天子、王后或世子去世，就供给用作明器的弓矢。凡有巡狩、出征、会同的事，就根据所需分发弓弩矢箙等，分发时依从分发其他兵器和铠甲的仪法。田猎弋射，供给盛有矢的笼箙，并供给矰矢。对于弓箭的用途，如果不是用在攻守田猎之类的地方，丢失了就要赔偿。

槁人

原文

槁人掌受财于职金①，以赍其工②。

注释

①职金：官名，属秋官。

②赍（jī）：付与，送给。

译文

槁人负责从职金那里领取财货，再分发给工匠。

原文

弓六物为三等[1]，弩四物亦如之。矢八物皆三等，箙亦如之。春献素[2]，秋献成，书其等以飨工[3]。乘[4]其事，试其弓弩，以下上其食[5]而诛赏。乃入功于司弓矢及缮人。

注释

①弓六物：弓六种。三等：依尺寸的大小不同而分为上中下。弓的长度有六尺六寸、六尺三寸和六尺三等。

②素：未经精加工的半成品。

③书其等以飨工：记载所献矢质量的等级以决定酬劳工匠所备酒肴的厚薄。

④乘：计算。

⑤食：粮食。

译文

弓六种分为三等，弩四种也分为三等。矢八种都分为三等，箙也分为三等。春天要献出未经漆饰的矢箙，秋天要献出制作成功的矢，记载所献矢质量的等级以决定酬劳工匠所备酒肴的厚薄。统计工匠做成的弓弩矢箙的数量和等级，试验他们所制作的弓弩的好坏，如果质量很好就要奖赏，质量很差就要减少他们的薪水甚至处罚他们。制作好的弓弩矢箙交到司弓矢和缮人那里。

原文

凡赍财与其出入，皆在槁人，以待会而考之，亡者阙之。

译文

凡是给工匠的钱俸以及弓弩矢箙的收进和上交，账册都在槁人那里收藏，以待核计考查，弓弩矢箙消耗丢失的就不写在账面上。

大驭

原文

大驭掌驭玉路以祀。及犯軷[①]，王自左驭[②]，驭下祝，登，受辔，犯軷，遂驱之。及祭，酌仆[③]，仆左执辔，右祭两轵[④]，祭轨[⑤]，乃饮。

注释

①犯軷（bá）：乘车时对路神的祭祀。軷，行神之名，亦为祭名。

②王自左驭：玉路本由大驭居中而驭，王的位置在车左，因为行軷祭而大驭下车祝告（见下文），故暂由王在车左的位置控驭车马。

③酌仆：使人酌酒与仆。仆即大驭。

④轵（zhì）：车毂的末端。

⑤轨（fàn）：车厢底的四边有木方框，木方框后边那根横木叫作軫，其他三边则叫作轨。

译文

大驭负责驾驭天子的玉路而前往祭祀。等到在城外举行軷祭时，天子由车左边的位置驾驭着车马，由大驭下车向軷神祝告，祝告完毕而后登车，从天子手中接过马缰绳，驾车碾过祭軷神的土山，于是驱车前进。祭祀軷神时，天子让人给大驭斟酒，大驭左手握马缰，右手用酒祭车的两轵，又祭车轨，祭毕自己一饮而尽。

原 文

凡驭路[1]，行以《肆夏》，趋以《采荠》。凡驭路仪，以鸾和[2]为节。

注 释

①路：泛指王的五路。
②鸾和：两种金属铃铛。

译 文

凡驾驭天子所乘的车，从路寝到路门缓行时以《肆夏》为节奏，从路门到应门疾行时以《采荠》为节奏。凡是在应门外所乘车的快慢规矩，以鸾和二铃的响声为节奏。

校人

原 文

校人掌王马[1]之政。辨六马之属：种马一物，戎马一物，齐马一物，道马一物，田马一物，驽马一物。

注 释

①王马：公马，官马。

译 文

校人掌管王马的挑选、饲养、调教等事。辨别六种马的类别：种马为一类，戎马为一类，齐马为一类，道马为一类，田马为一类，驽马为一类。

原文

凡颁良马而养乘之[1]：乘马一师[2]，四圉；三乘为皂，皂一趣马；三皂为系，系一驭夫；六系为厩，厩一仆夫；六厩成校，校有左右[3]。驽马三良马之数，丽马[4]一圉，八丽一师，八师一趣马，八趣马一驭夫。

注释

①良马：善马，即驾王五路的五种马。养乘：喂养之义。

②乘马一师：乘及下文皂、系、厩、校，皆马的数量单位名。师，即圉师。师及下文圉、趣马、驭夫、仆夫，皆养马官之名。

③“六厩成校”二句：六厩，六种马每种各一厩，其中良马五厩，驽马一厩，是为一校。但因校有左右，故每种马实为二厩，其中良马每厩二百一十六匹，二厩则为四百三十二匹，五种十厩合计二千一百六十匹；驽马二厩，每厩的匹数是良马的三倍（即下文“三良马之数”），即每厩有驽马六百四十八匹，二厩合计一千二百九十六匹。良马与驽马总计三千四百五十六匹。

④丽马：两匹马。丽，双倍。

译文

向自己属下分发良马，让他们喂养：每乘四匹马设一名圉师，由四名圉人来负责；每三乘十二匹马为一皂，每皂设一趣马负责；每三皂三十六匹马为一系，每系设一驭夫负责；每六系二百一十六匹马为一厩，每厩设一仆夫负责；六厩为一校，有左右二校。每厩驽马数是每厩良马数的三倍，每丽两匹驽马设一圉人来负责，八丽十六匹驽马设一圉师负责，八圉师一百二十八匹驽马设一趣马负责，八趣马一千零二十四匹驽马设一驭夫负责。

原文

天子十有二闲[1]，马六种。邦国六闲，马四种。家四闲，马二种。凡马，特[2]居四之一。

注释

①闲：每厩为一闲。

②特：谓牡马，即公马。

译文

天子的马厩有十二个，马有两种。诸侯每国有马厩六个，马有四种。卿大夫每家有马厩四个，马有两种。凡养马，公马居四分之一。

原文

春祭马祖①，执驹②。夏祭先牧③，颁马④，攻特⑤。秋祭马社⑥，臧仆⑦。冬祭马步⑧，献马，讲⑨驭夫。

注释

①马祖：天驷，星名，即二十八宿的房宿。

②执驹：中国古代的一项重要的典礼，典礼目的是让马驹离开母马，并将马献于王闲。天子会亲自参加典礼。执，通“絷”。

③先牧：始养马者，其人未闻。

④颁马：将公马与母马分开来饲养。颁，分开。

⑤攻特：骟马。又叫去势。

⑥马社：神名。开始教人用马驾车的人。

⑦臧仆：优秀的驾车人。臧，优秀的。仆，指驾驭王的五路的大驭、戎仆、齐仆、道仆、田仆。

⑧马步：神名。能给马带来灾难。

⑨讲：训练和挑选。

译文

春季祭祀马祖，举行执驹礼。夏季祭祀先牧，将公马与母马分开饲养，阉割公马。秋季祭祀马社，挑选优秀的驾车人。冬季祭祀马步，把调教好的马进献给天子，挑选和训练驭夫。

原文

凡大祭祀、朝觐、会同，毛马[1]而颁之。饰币马[2]，执扑而从之。凡宾客，受其币马[3]。大丧，饰遣车之马；及葬，埋之[4]。田猎，则帅驱逆之车。凡将事于四海[5]山川，则饰黄驹。凡国之使者，共其币马。凡军事，物马[6]而颁之。

注释

①毛马：挑选毛色一样的马。

②币马：此指王赐宾客之马。

③币马：此指宾客献王之马。

④埋之：埋掉草扎的马。

⑤四海：四方。

⑥物马：挑选同样有力的马。

译文

凡举行大祭祀、大朝觐、大会同，选择毛色相同的马来为天子驾车，并分授给套车的人。刷洗干净作为馈赠的马匹，拿着马鞭跟在马后。凡前来朝聘的宾客，接受他们献给天子的马匹。如果天子、王后或太子去世，洗刷拉遣车的马；等到下葬的时候，将草扎的马埋入墓中。举行田猎，就率领驱赶和拦击野兽的车。凡天子巡守途中将祭祀四方山川，就洗刷用于祭祀的黄马。凡王国派出的使者，就供给用作礼品的马匹。凡有军事行动，就挑选毛色和力量符合要求的马并将其分配下去。

原文

等驭夫之禄，宫中之稍食。

译文

区别驭夫等养马官俸禄的等差，以及他们属吏的食粮。

趣马

原文

趣马掌赞正良马，而齐其饮食，简其六节[①]。

注释

①简：观察。六节：谓进、退、行、止、驰、骤。

译文

趣马负责协助校人养好良马，调理它们的饮食，观察它们六个方面的情况。

原文

掌驾说之颁[①]，辨四时之居、治[②]，以听驭夫。

注释

①说：通“脱”，此谓不驾车。颁：班，次。谓用马之次第。
②辨四时之居、治：辨别四季王马所应居处的地方和治马的事。

译文

负责安排王马驾车和卸车的次序，辨别四时之中养马的不同地点及对马的处置，以听从驭夫的指挥。

巫马

原文

巫马掌养疾马而乘治之，相医而药攻马疾，受财于校人。马死，则使其贾粥[①]之，人其布于校人。

注释

①粥（yù）：通“鬻”，卖。

译文

巫马负责饲养病马，通过遛马观察马的疾病然后进行治疗，协助医者用药治疗马的疾病，从校人那里领取所需的财物。若马死了，就让贾人把马皮、马骨卖掉，而把所卖的钱上交校人。

职方氏

原文

职方氏掌天下之图，以掌天下之地，辨其邦国、都鄙、四夷、八蛮、七闽、九貉、五戎、六狄之人民[①]，与其财用、九谷、六畜[②]之数要，周知其利害。

注释

①四夷、八蛮、七闽、九貉、五戎、六狄：此谓九州之外的少数民族。

②六畜：六种家畜，即马、牛、羊、豕、犬、鸡。

译文

职方氏掌管天下的地图，用以掌握天下的地理环境，了解各诸侯国、王畿内的采邑、四夷国、八蛮国、七闽国、九貉国、五戎国、六狄国的人民，以及他们的财物、九谷、六畜的数目，周知各地的生态有利或不利之处。

原文

乃辨九州[①]之国，使同贯[②]利。东南曰扬州，其山镇曰会稽[③]，其泽薮曰具区[④]，其川三江，其浸[⑤]五湖，其利金、锡、竹箭[⑥]，其民二男五女[⑦]，其畜宜鸟兽，其谷宜稻。

注释

①九州：下文的扬州、荆州、豫州、青州、兖州、雍州、幽州、冀州、并州。

②贯：事也。

③会（kuài）稽：山名，在今浙江省中部。

④泽薮：大泽。具区：古泽薮名，亦名震泽，即今江苏太湖。

⑤浸：泛指可资灌溉的川泽。

⑥金：指铜。竹箭：可用作箭杆的小竹。

⑦其民二男五女：这里说的是生男生女的比例。

译文

辨别九州内的国家，使各地的民众能够得到同样的事业和利益。东南是扬州，它的山镇是会稽，它的大泽是具区，它的河流有三江，它可资灌溉的川泽有五湖，它的特产有金、锡、竹箭，那里的人口男女比例是二比五，那里宜于畜养的动物是鸟兽，宜于种植稻谷。

原文

正南曰荆州，其山镇曰衡山①，其泽薮曰云瞢②，其川江、汉，其浸颖③、湛，其利丹、银、齿、革，其民一男二女，其畜宜鸟兽，其谷宜稻。

注释

①衡山：在今湖南衡山西。

②云瞢：云梦，古泽薮名，在今湖北潜江西南。

③颖：颍水，淮河最大的支流。

译文

正南是荆州，它的山镇是衡山，它的大泽是云梦，它的河流是长江、汉水，可资灌溉的川泽有颍水、湛水，它的特产有丹砂、银、象牙、皮革，那里的人口男女比例是一比二，那里宜于畜养鸟兽，宜于种植稻谷。

原文

河南曰豫州，其山镇曰华山，其泽薮曰圃田①，其川荧、雒，其浸波、溠，其利林②、漆、丝、枲，其民二男三女，其畜宜六扰③，其谷宜五种④。

注释

①圃田：古泽薮名，故址在今河南中牟西。

②林：竹木。

③六扰：马、牛、羊、豕、犬、鸡六种家畜。扰，驯服。

④五种：黍、稷、菽、麦、稻五种谷物。

译文

河南是豫州，它的山镇是华山，它的大泽是圃田，它的河流有济水、雒水，它的大浸有波水、溠水，它的特产有竹木、漆、丝、麻，那里的人口男女比例是二比三，那里适宜于畜养马、牛、羊、猪、狗、鸡，宜于种植黍、稷、菽、麦、稻。

原文

正东曰青州，其山镇曰沂山①，其泽薮曰望诸②，其川淮、泗③，其浸沂、沭④，其利蒲、鱼，其民二男二女⑤，其畜宜鸡、狗，其谷宜稻、麦。

注释

①沂山：又名东泰山，在山东省中部。

②望诸：孟诸，古泽薮名，在今河南商丘东北、虞城西北。

③淮、泗：淮河、泗水。泗水在山东省中部，源出山东泗水东蒙山麓，四源并发，故名。

④沂、沭（shù）：沂水、沭河，都在山东省南部、江苏省北部。

⑤二男二女：《汉书·地理志》等皆为“二男三女”，此处有误。

译文

正东是青州，它的山镇是沂山，它的大泽是望诸，它的河流有淮河、泗水，它的大浸有沂水、沭河，它的特产有蒲柳、海鱼，那里的人口男女比例是二比三，那里宜于畜养鸡、狗，宜于种植稻、麦。

原文

河东曰兖州，其山镇曰岱山[①]，其泽薮曰大野[②]，其川河、泲[③]，其浸卢、维[④]，其利蒲、鱼，其民二男三女，其畜宜六扰，其谷宜四种[⑤]。

注释

①岱山：亦名岱宗，泰山别名。

②大野：古泽薮名，又称巨野泽，故址在今山东巨野北，五代后南部涸为平地，北部成为梁山泊的一部分。

③河：黄河，古称河水，亦单称河。泲：济水。

④卢：水名，源出山东省东南部潍河上游诸城东北三十里之卢山，故名。维：水名，即潍水，今名潍河，在山东省东部。

⑤四种：黍、稷、稻、麦四种谷物。

译文

河东是兖州，它的山镇是泰山，它的大泽是大野，它的河流有河水、泲水，它的大浸有卢水、潍水，它的特产有蒲柳、海鱼，那里的人口男女比例是二比三，那里宜于畜养马、牛、羊、猪、狗、鸡，宜于种植黍、稷、稻、麦。

原文

正西曰雍州，其山镇曰岳[①]山，其泽薮曰弦蒲[②]，其川泾、汭[③]，其浸渭、洛[④]，其利玉石，其民三男二女，其畜宜牛、马，其谷宜黍、稷。

注释

①岳：山名，一名吴岳，在陕西省陇县西南。

②弦蒲：古泽薮名，在今陕西省陇县西。

③泾：水名，是渭水的支流。汭：水名，是泾水的支流。

④渭：渭水，是黄河最大的支流。洛：水名，是渭水的支流，与黄河支流之“洛河”不同。

译文

正西是雍州，它的山镇是岳山，它的大泽是弦蒲，它的河流有泾水、汭水，它的大浸有渭水、洛水，它的特产有玉石，那里的人口男女比例是三比二，那里宜于畜养牛、马，宜于种植黍、稷。

原文

东北曰幽州，其山镇曰医无闾[①]，其泽薮曰貕养[②]，其川河、泲，其浸菑、时[③]，其利鱼、盐，其民一男三女，其畜宜四扰[④]，其谷宜三种[⑤]。

注释

①医无闾：山名，在今辽宁北镇县。

②貕（xī）养：古泽薮名，在今山东莱阳东，久已埋废。

③菑：水名，即淄水，亦作甾水，源出山东莱芜的原山，向东北流至寿光，入清水泊，由泊东北入海。时：水名，源出今淄博西，向北流至博兴南向东折入海。

④四扰：马、牛、羊、豕四种家畜。

⑤三种：黍、稷、稻三种谷物。

译文

东北是幽州，它的山镇是医无闾山，它的大泽是貕养，它的河流有河水、泲水，它的大浸有淄水、时水，它的特产有海鱼、盐，那里的人口男女比例是一比三，那里适宜畜养马、牛、羊、猪，适于种植黍、稷、稻。

原文

河内曰冀州，其山镇曰霍山①，其泽薮曰杨纡②，其川漳③，其浸汾、潞④，其利松、柏，其民五男三女，其畜宜牛、羊，其谷宜黍、稷。

注释

①霍山：位于现在的山西省。

②杨纡：古泽薮名。

③漳：水名，即今漳河，是卫河的支流，在今河北、河南两省边境。

④汾、潞：汾，水名，即今汾河，黄河第二大支流，在山西省中部。潞，水名，即今山西省东南部的浊漳河。

译文

河内是冀州，它的山镇是霍山，它的大泽是杨纡，它的河流有漳水，它的可资灌溉的川泽有汾水、潞水，它的特产有松、柏，那里的人口男女比例是五比三，那里宜于畜养牛、羊，宜于种植黍、稷。

原文

正北曰并州，其山镇曰恒山①，其泽薮曰昭余祁②，其川虖池、呕夷③，其浸涞、易④，其利布、帛，其民二男三女，其畜宜五扰⑤，其谷宜五种。

注释

①恒山：在今河北曲阳西北与山西省接壤处。

②昭余祁：古泽薮名，在今山西祁县西南、介休东北。

③虖池：古水名，即今滹沱河，是子牙河的北源。呕夷：古水名，一作沤夷，即滱水，亦即今大清河的支流唐河。

④涞：水名，即今拒马河，大清河支流，在河北省西部。易：水名，在河北省西部，亦大清河支流。

⑤五扰：马、牛、羊、犬、豕。

译文

正北是并州，它的山镇是恒山，它的大泽是昭余祁，它的河流有虖池水、呕夷水，它可资灌溉的川泽是涞水、易水，它的特产有布、丝织品，那里的人口男女比例是二比三，那里宜于畜养马、牛、羊、狗、猪，适种植黍、稷、豆、麦、稻。

原文

乃辨九服之邦国。方千里曰王畿，其外方五百里曰侯服，又其外方五百里曰甸服，又其外方五百里曰男服，又其外方五百里曰采服，又其外方五百里曰卫服，又其外方五百里曰蛮服，又其外方五百里曰夷服，又其外方五百里曰镇服，又其外方五百里曰藩[1]服。

注释

①藩：《夏官·大司马》作"蕃"。

译文

辨别九服的诸侯国。以王城为中心的千里之内是王畿，王畿之外方五百里是侯服，侯服之外方五百里是甸服，甸服之外方五百里是男服，男服之外方五百里是采服，采服之外方五百里是卫服，卫服之外方五百里是蛮服，蛮服之外方五百里是夷服，夷服之外方五百里是镇服，镇服之外方五百里是藩服。

原文

凡邦国，千里，封公以方五百里，则四公；方四百里，则六侯；方三百里，则七伯；方二百里，则二十五子；方百里，则百男：以周知天下。

译文

凡分封诸侯国，地方千里，分封方圆五百里的公国，可以分封四个公；分封方圆四百里的侯国，可以分封六个侯；分封方圆三百里的伯国，可以分封十一个伯；分封方圆二百里的子国，可以分封二十五个子；分封方圆百里的男国，可以分封一百个男：依据这个比例就可周知天下诸侯国的总数。

原文

凡邦国，小大相维，王设其牧[①]，制其职[②]，各以其所能；制其贡，各以其所有。

注释

①设其牧：设州牧。

②职：谓君臣。

译文

所有诸侯国，小诸侯国与大诸侯国相互维系，天子应当为每一州设立一个州牧，每州应尽其所能，制定诸侯国君臣应行的职责；制定每州应进贡物品，也要依照他们的物产。

原文

王将巡守，则戒于四方①，曰："各修平乃守②，考乃职事③，无敢不敬戒，国有大刑。"及王之所行，先道，帅其属而巡戒令。王殷国④亦如之。

注释

①戒于四方：先发文书告诫四方。
②修平乃守：搞好境内的治安。
③职事：迎接天子的准备情况。
④王殷国：天子在附近的诸侯国接见来朝的诸侯。

译文

天子在巡守天下时，就预先发文书告诫四方诸侯说："搞好你们各自境内的治安，检查你们迎接天子的准备情况，若有对天子巡守不严肃、不慎重对待的，国家将依法律惩罚。"等到天子出发时，就在前面做前导，率领各级部门检查事先向当地发出文书的执行情况。遇到天子在附近的诸侯国接见众诸侯时也是这样做。

山师

原文

山师掌山林之名，辨其物，与其利害①，而颁之于邦国，使致其珍异之物。

注释

①利：谓哪些物产可为人所利用。害：谓能毒人害人的虫兽。

译文

山师掌管山林的名号，辨别山中的物产，以及哪些物产可以被人利用，将这些情况告知于诸侯国，使他们进贡珍奇的物产。

川师

原文

川师掌川泽之名，辨其物，与其利害，而颁之于邦国，使致其珍异之物。

译文

川师掌管河流和湖泊的名号，辨别各个川泽的物产，其中哪些物产可以被人利用，川泽中有哪些害人的野兽，将这些情况公布给诸侯国，让他们进贡珍奇的物产。

原师

原文

原师掌四方之地名，辨其丘、陵、坟、衍、原、隰之名物、之可以封邑者。

译文

原师掌管四方的地形之名，辨别丘、陵、坟、衍、原、隰的名称和物产，并辨别其中可以划分出来建造居邑的地方。

秋官司寇第五

叙官

原文

惟王建国，辨方正位，体国经野。设官分职，以为民极。乃立秋官司寇[1]，使帅其属，而掌邦禁[2]，以佐王刑[3]邦国。

注释

①秋官司寇：也就是下文的大司寇，在六官中排第五位，在四时中正当秋天，秋天万物肃杀，而司寇掌管刑禁诛杀之事，所以称秋官。寇，害也。司寇是掌管国家刑罚的官吏。

②邦禁：指《大宰》中的“刑典”。禁，是防止人们犯罪作恶的法律。

③刑：正人之法。即将触犯法律的人绳之以法。

译文

天子建立国都时，首先要分辨清楚建都之地的方位，以明确宗庙和朝廷的位置，然后主次有别地划分国都和四郊的区域。设置百官，作为天下百姓学习的榜样。为了达到这一目的，所以设立了秋官司寇这一官职，让其领导部属，来主管国家刑禁诛杀之事，以辅佐天子用刑法来治理天下。

原 文

刑官[1]之属：大司寇[2]，卿一人；小司寇[3]，中大夫二人；士师[4]，下大夫四人；乡士[5]，上士八人；中士十有六人，旅下士三十有二人，府六人，史十有二人，胥十有二人，徒百有二十人。

注 释

①刑官：指秋官。上文说秋官司寇的职责为“掌邦禁”“佐王刑邦国”，所以称秋官系统的官为刑官。

②大司寇：官名。刑官之长。负责制定国家的三种法典，辅佐天子用刑法治理天下，督察四方诸侯。

③小司寇：官名。大司寇的副职。主管外朝的政事，天子有大事时，负责搜集群臣和百姓的建议。

④士师：官名。刑官的第三把手。主管着天下五禁、五戒的法令，听察狱讼。

⑤乡士：官名。负责审理六乡中的狱讼之事。

译 文

刑官的系统结构为：大司寇，由一名卿担任；小司寇，由两名中大夫担任；士师，由四位下大夫担任；乡士，由八名上士担任；另外还有十六名中士，三十二名下士递相辅佐，下辖六名府，十二名史，十二名胥，一百二十名徒。

原 文

遂士[1]，中士十有二人，府六人，史十有二人，胥十有二人，徒百有二十人。

注 释

①遂士：官名。主管六遂及四郊的狱讼之事。

译文

遂士，由十二名中士担任长官，下辖六名府，十二名史，十二名胥，一百二十名徒。

原文

县士[①]，中士三十有二人，府八人，史十有六人，胥十有六人，徒百有六十人。

注释

①县士：官名。主管郊野之地公邑的狱讼之事。

译文

县士，由三十二名中士担任长官，下辖八名府，十六名史，十六名胥，一百六十名徒。

原文

方士[①]，中士十有六人，府八人，史十有六人，胥十有六人，徒百有六十人。

注释

①方士：官名。主要负责王畿内四方采邑的狱讼之事。

译文

方士，由十六名中士担任长官，下辖八名府，十六名史，十六名胥，一百六十名徒。

原文

讶士①，中士八人，府四人，史八人，胥八人，徒八十人。

注释

①讶士：官名。负责处理四方诸侯的狱讼之事，也主管迎送四方宾客。讶，迎也。

译文

讶士，由八名中士担任长官，下辖四名府，八名史，八名胥，八十名徒。

原文

朝士①，中士六人，府三人，史六人，胥六人，徒六十人。

注释

①朝士：官名。主管国君外朝的秩序和治安。

译文

朝士，由六名中士担任长官，下辖三名府，六名史，六名胥、六十名徒。

原文

司民①，中士六人，府三人，史六人，胥三人，徒三十人。

注释

①司民：官名。主管户籍，负责统计人口。

译文

司民，由六名中士担任长官，下辖三名府，六名史，三名胥，三十名徒。

原文

司刑[①]，中士二人，府一人，史二人，胥二人，徒二十人。

注释

①司刑：官名。主管五刑之法，辅佐司寇审理狱讼。

译文

司刑，由两名中士担任长官，下辖一名府，两名史，两名胥，二十名徒。

原文

司刺[①]，下士二人，府一人，史二人，徒四人。

注释

①司刺：官名。主管三刺、三宥、三赦之法，辅佐司寇审理狱讼。

译文

司刺，由两名下士任长官，下辖一名府，两名史，四名徒。

原文

司约[①]，下士二人，府一人，史二人，徒四人。

注释

①司约：官名。主管邦国及万民的契约和券书。

译文

司约，由两名下士担任长官，下辖一名府，两名史，四名徒。

原文

司盟[1]，下士二人，府一人，史二人，徒四人。

注释

①司盟：官名。主管订立盟约及记载盟辞的法式。载，盟辞。

译文

司盟，由两名下士担任长官，下辖一名府，两名史，四名徒。

原文

职金[1]，上士二人，下士四人，府二人，史四人，胥八人，徒八十人。

注释

①职金：官名。主管金玉锡石等矿产的戒令条文，兼管接受金罚、货罚。

译文

职金，由两名上士担任长官，四名下士担任副职，下辖两名府，四名史，八名胥，八十名徒。

原文

司厉[1]，下士二人，史一人，徒十有二人。

注释

①司厉：官名。主管罚没盗贼的武器及其偷盗的财物。厉，犯法作恶。

译文

司厉，由两名下士担任长官，下辖一名史，十二名徒。

原文

犬人[1]，下士二人，府一人，史二人，贾四人，徒十六人[2]。

注释

①犬人：官名。负责祭祀时供犬牲。

②徒十六人："十"下当补"有"字。

译文

犬人，由两名下士担任长官，下辖一名府，两名史，四名贾，十六名徒。

原文

司圜[1]，中士六人，下士十有二人，府三人，史六人，胥十有六人，徒百有六十人。

注释

①司圜：官名。负责教化恶人。圜，圜土，即监狱。

译文

司圜，由六名中士担任长官，十二名下士担任副职，下辖三名府，六名史，十六名胥，一百六十名徒。

原文

掌囚[①]，下士十有二人，府六人，史十有二人，徒百有二十人。

注释

①掌囚：官名。主管拘禁犯人。

译文

掌囚，由十二名下士担任长官，下辖六名府，十二名史，一百二十名徒。

原文

掌戮[①]，下士二人，史一人，徒十有二人。

注释

①掌戮：官名。负责斩杀、刑戮罪犯。

译文

掌戳，由两名下士担任长官，下辖一名史，十二名徒。

原文

司隶[①]，中士二人，下士十有二人，府五人，史十人，胥二十人，徒二百人。

注释

①司隶：官名。主管从事劳役的罪犯。

译文

司隶，由两名中士担任长官，十二名下士担任副职，下辖五名府，十名史，二十名胥，二百名徒。

原文

罪隶①，百有二十人。

注释

①罪隶：犯人的家属被没为官奴的，都称之为罪隶。此处罪隶盖指主管罪隶的官吏。

译文

有一百二十名罪隶。

原文

蛮隶①，百有二十人。

注释

①蛮隶：指主管讨伐南方少数民族时所俘获的奴隶的官吏。

译文

有一百二十名蛮隶。

原文

闽隶[1]，百有二十人。

注释

①闽隶：供役使的闽族之民。主管养鸟。

译文

有一百二十名闽隶。

原文

夷隶[1]，百有二十人。

注释

①夷隶：在国中服役的东夷俘虏。

译文

有一百二十名夷隶。

原文

貉隶[1]，百有二十人。

注释

①貉（mò）隶：在国家服役的东北夷的俘虏。负责驯养野兽并守王宫厉禁。貉，通“貊”，古代对北方少数民族的泛称。

译文

有一百二十名貉隶。

原文

布宪①，中士二人，下士四人，府二人，史四人，胥四人，徒四十人。

注释

①布宪：官名。负责颁布天子的刑法禁令。宪，颁布。

译文

布宪，由两名中士担任长官，由四名下士担任副职，下辖两名府，四名史，四名胥，四十名徒。

原文

禁杀戮①，下士二人，史一人，徒十有二人。

注释

①禁杀戮：官名。负责侦察罪犯、制止百姓互相杀戮。

译文

禁杀戮，由两名下士担任长官，下辖一名史，十二名徒。

原文

禁暴氏①，下士六人，史三人，胥六人，徒六十人。

注释

①禁暴氏：官名。主管禁止百姓有违法、暴乱等行为。

译文

禁暴氏，由六名下士担任长官，下辖三名史，六名胥，六十名徒。

原文

野庐氏[1]，下士六人，胥十有二人，徒百有二十人。

注释

①野庐氏：官名。负责国家道路的畅通及行者途中的食宿、安全等事。野庐，国中郊野道旁的客舍。

译文

野庐氏，由六名下士担任长官，下辖十二名胥，一百二十名徒。

原文

蜡氏[1]，下士四人，徒四十人。

注释

①蜡（qù）氏：官名。负责掩埋腐尸及道路上不干净的东西。蜡，同“蛆”，谓腐肉生蛆。

译文

蜡氏，由四名下士担任长官，下辖四十名徒。

原文

雍氏①，下士二人，徒八人。

注释

①雍氏：官名。负责防止水流漫溢及禽兽等危害庄稼。雍，通“壅”，堵塞。此谓防止水流漫溢。

译文

雍氏，由两名下士担任长官，下辖八名徒。

原文

萍氏①，下士二人，徒八人。

注释

①萍氏：官名。主管国家的水禁。

译文

萍氏，由两名下士担任长官，下辖八名徒。

原文

司寤氏①，下士二人，徒八人。

注释

①司寤氏：官名。负责分辨夜晚的时间和禁戒。

译文

司寤氏，由两名下士担任长官，下辖八名徒。

原文

司烜氏[①]，下士六人，徒十有六人。

注释

①司烜氏：官名。负责取明火、明水，并负责火禁等事。

译文

司烜氏，由六名下士担任长官，下辖十六名徒。

原文

条狼氏[①]，下士六人，胥六人，徒六十人[②]。

注释

①条（dí）狼氏：官名。负责清除道路、驱避行人等事。条，通“涤”，清除。狼，狼藉。

②“下士”三句：三句的“六”均当改为“八”字。

译文

条狼氏，由八名下士担任长官，下辖八名胥，八十名徒。

原文

修闾氏[①]，下士二人，史一人，徒十有二人。

注释

①修闾氏：官名。负责都城中里门的守卫禁戒。闾，里门。

译文

修闾氏，由两名下士担任长官，下辖一名史，十二名徒。

原文

冥氏[①]，下士二人，徒八人。

注释

①冥（mì）氏：官名。负责管理捕捉野兽的机弩、网罗等。

译文

冥氏，由两名下士担任长官，下辖八名徒。

原文

庶氏[①]，下士一人，徒四人。

注释

①庶（zhù）氏：官名。掌管驱除毒蛊。

译文

庶氏，由一名下士担任长官，下辖四名徒。

原文

穴氏①，下士一人，徒四人。

注释

①穴氏：官名。掌管捕捉藏匿在洞穴中的野兽。

译文

穴氏，由一名下士担任长官，下辖四名徒。

原文

翨氏①，下士二人，徒八人。

注释

①翨（chì）氏：官名。掌管捕捉鹰隼等猛鸟。

译文

翨氏，由两名下士担任长官，下辖八名徒。

原文

柞氏①，下士八人，徒二十人。

注释

①柞氏：官名。负责除野草及砍伐树木。

译文

柞氏，由八名下士担任长官，下辖二十名徒。

原文

薙氏①，下士二人，徒二十人。

注释

①薙（tì）氏：官名。负责剪除杂草。

译文

薙氏，由两名下士担任长官，下辖二十名徒。

原文

硩蔟氏①，下士一人，徒二人。

注释

①硩（chè）蔟氏：官名。负责捣毁妖鸟（叫声怪异的鸟）的鸟巢。硩，撤除，捣毁。蔟，鸟巢。

译文

硩蔟氏，由一名下士担任长官，下辖两名徒。

原文

翦氏①，下士一人，徒二人。

注释

①蝈氏：官名。负责清除毒虫。

译文

蝈氏，由一名下士担任长官，下辖两名徒。

原文

赤犮氏[①]，下士一人，徒二人。

注释

①赤犮（bá）氏：官名。主管除去躲藏于墙屋中的害虫。

译文

赤犮氏，由一名下士担任长官，下辖两名徒。

原文

蝈氏[①]，下士一人，徒二人。

注释

①蝈（guō）氏：官名。负责除去蛙类。

译文

蝈氏，由一名下士担任长官，下辖两名徒。

原文

壶涿氏[1]，下士一人，徒二人。

注释

①壶涿（zhuō）氏：官名。负责除去水中的毒虫。壶，瓦鼓。涿，敲击。

译文

壶涿氏，由一名下士担任长官，下辖两名徒。

原文

庭氏[1]，下士一人，徒二人。

注释

①庭氏：官名。主管射杀夜晚鸣叫的恶鸟，使都城中像宫廷一样清洁。

译文

庭氏，由一名下士担任长官，下辖两名徒。

原文

衔枚氏[1]，下士二人，徒八人。

注释

①衔枚氏：官名。主管禁止人说话、喧哗。

译文

衔枚氏，由两名下士担任长官，下辖八名徒。

原文

伊耆氏[①]，下士一人，徒二人。

注释

①伊耆氏：官名。主管提供函、拐杖。

译文

伊耆氏，由一名下士担任长官，下辖两名徒。

原文

大行人[①]，中大夫二人；小行人[②]，下大夫四人；司仪[③]，上士八人，中士十有六人；行夫[④]，下士三十有二人；府四人，史八人，胥八人，徒八十人。

注释

①大行人：官名。行人之长。负责诸侯及其孤、卿的朝聘接待礼仪。
②小行人：官名。大行人的副职。
③司仪：官名。负责接待宾客的傧相之礼，诏告礼仪的节度。
④行夫：官名。奉天子之命出使四方诸侯国庆喜、吊丧等事。

译文

大行人，由两名中大夫担任；小行人，由四名下大夫担任；由八名上士担任司仪的长官，十六名中士担任副职；由三十二名下士担任行夫；下辖四名府，八名史，八名胥，八十名徒。

原文

环人[①]，中士四人，史四人，胥四人，徒四十人。

注释

①环人：官名。负责迎送诸侯的宾客。

译文

环人，由四名中士担任长官，下辖四名史，四名胥，四十名徒。

原文

象胥[①]，每翟[②]上士一人，中士二人，下士八人，徒二十人。

注释

①象胥：官名。主管语言翻译。
②翟：同“狄”，为四方少数民族的泛称。

译文

每个少数民族设一名上士担任象胥的长官，此外还有两名中士、八名下士递相辅佐，下辖二十名徒。

原文

掌客[①]，上士二人，下士四人，府一人，史二人，胥二人，徒三十人[②]。

注释

①掌客：官名。主管宴请宾客、供给饮食的等级和数量。

②三十人：“三”当作“二”。

译文

掌客，由两名上士担任长官，四名下士担任副职，下辖一名府，两名史，两名胥，二十名徒。

原文

掌讶①，中士八人，府二人，史四人，胥四人，徒四十人。

注释

①掌讶：官名。主管迎送宾客。

译文

掌讶，由八名中士担任长官，下辖两名府，四名史，四名胥，四十名徒。

原文

掌交①，中士八人，府二人，史四人，徒三十有二人。

注释

①掌交：官名。主管巡行四方诸侯国，与之交好。

译文

掌交，由八名中士担任长官，下辖两名府，四名史，三十二名徒。

原文

掌察①，四方中士八人②，史四人，徒十有六人。

注释

①掌察：官名。主管督察各诸侯国之事。

②四方中士八人：每方二人。

译文

四方共由八名中士担任掌察的长官，下辖四名史，十六名徒。

原文

掌货贿[1]，下士十有六人，史四人，徒三十有二人。

注释

①掌货贿：官名。主管各诸侯国所进献的财货，与外府、内府为官联。

译文

掌货贿，由十六名下士担任长官，下辖四名史，三十二名徒。

原文

朝大夫[1]，每国上士二人，下士四人，府一人，史二人，庶子八人，徒二十人。

注释

①朝大夫：官名。掌管朝廷、采邑之间的上传下达。

译文

每个采邑由天子派两名上士担任朝大夫的长官，四名下士担任副职，下辖一名府，两名史，八名庶子，二十名徒。

原文

都则[1]，中士一人，下士二人，府一人，史二人，庶子四人，徒八十人。

注释

①都则：官名，主管都鄙之“八则”。

译文

每个采邑由一名中士担任都则的长官，两名下士担任副职，下辖一名府，两名史，四名庶子，八十名徒。

原文

都士[1]，中士二人，下士四人，府二人，史四人，胥四人，徒四十人。家士[2]亦如之。

注释

①都士：官名。负责都内吏民的狱讼之事。

②家士：官名。负责大夫采邑内吏民的狱讼。

译文

都士，由两名中士担任都士的长官，四名下士担任副职，下辖两名府，四名史，四名胥，四十名徒。家士的编制也是如此。

大司寇

原文

大司寇之职，掌建邦之三典[①]，以佐王刑邦国，诘[②]四方：一曰刑新国用轻典[③]，二曰刑平国用中典[④]，三曰刑乱国用重典[⑤]。

注释

①典：法典。
②诘：犹禁。
③轻典：宽松的法律。
④平国：指立国日久，承平无事。中典：轻重适宜的法典。
⑤乱国：指叛乱篡弑之国。重典：从严从重的法典。

译文

负责制定和颁行治理天下的三种法典是大司寇的职责，目的是辅佐天子用刑法惩罚违法的诸侯国，禁止各诸侯国犯上作乱：一是用轻典惩罚违法的新建立国家，二是用中典惩罚违法的承平无事的国家，三是用重典惩罚篡弑叛逆的国家。

原文

以五刑纠万民[①]：一曰野[②]刑，上功纠力[③]；二曰军刑，上命纠守[④]；三曰乡刑，上德纠孝；四曰官刑，上能纠职；五曰国刑，上愿纠暴[⑤]。

注释

①刑：法律。纠：察其善恶而别异之。
②野：指都城外二百里至五百里范围内的土地。

③上：通“尚”，崇尚。功：农功。力：勤力。
④命：将命。守：是指将不失兵，兵不掉队。
⑤愿：诚实谨慎。暴：为“恭”字之误。

译文

用五种法律来纠察民众的行为：一是适宜于野地之民的刑法，以提倡农耕而纠察懒惰懈怠的行为；二是适宜于军队的刑法，以提倡服从命令而纠察落伍的行为；三是适宜于六乡之民的刑法，以提倡德行而纠察不孝顺父母的行为；四是适宜于官府的刑法，以提倡贤能而纠察玩忽职守的行为；五是适宜于国都百姓的刑法，以提倡诚实谨慎而纠察凶暴不恭的行为。

原文

以圜土聚教罢民①。凡害人②者，置之圜土而施职事焉，以明刑③耻之。其能改者，反于中国④，不齿⑤三年。其不能改而出圜土者，杀。

注释

①罢民：指游手好闲、不服从教化的百姓。罢，通“疲”。
②害人：指触犯法律。
③明刑：写明罪行。
④反于中国：返回故乡。
⑤不齿：不得按年龄大小排列位次。

译文

用狱城聚集并教化那些不服从教化的百姓。凡是因过失伤人而违反法律的，就将其关入狱城罚他做工，在他背上写明罪行让其感到耻辱。那些能够改正过错的，就释放回乡，但在三年内禁止其与同辈之人按照年龄大小排列位次。那些没能改过自新而逃出狱城的人，抓住后就处死。

原文

以两造禁民讼[1]，入束矢[2]于朝，然后听之。以两剂[3]禁民狱，入钧金[4]，三日乃致于朝[5]，然后听之。

注释

①两造：指使诉讼的双方都到场。禁民讼：禁民不实之讼。讼，指因小事而诉讼。

②束矢：百矢，古时一弓备百矢。此处的束矢，犹今所谓诉讼费。

③剂：指状纸。

④入钧金：此亦犹诉讼费。钧，三十斤曰钧。金，指铜。

⑤三日乃致于朝：三天之后才审理，表明案情重大。

译文

将诉讼的双方都请到现场来，防止诉讼的过程中有不实之词，双方都先给朝廷上交一束矢，表明自己是理直的一方，之后才进行审理。诉讼的双方都必须携带相关的文字证明材料来防止互相诬陷，并且先交三十斤铜当作保证金，三天之后才让诉讼双方来朝，然后进行审理。

原文

以嘉石平罢民[1]。凡万民之有罪过而未丽[2]于法，而害于州里者，桎梏而坐诸嘉石，役诸司空。重罪，旬有三日[3]坐，期役；其次九日坐，九月役；其次七日坐，七月役；其次五日坐，五月役；其下罪三日坐，三月役。使州里任[4]之，则宥而舍之。

注释

①以嘉石平罢民：用嘉石来感化有坏习惯的人，使其弃恶从善。嘉石，放在外朝门左的有纹理的巨石。

②丽：附丽，触犯。

③三日："三"当为"二"。

④任：担保。

译文

用嘉石来使有坏习惯的人改过向善。凡百姓有过错而未触犯法律，却为州里所痛恶的，就让其戴上手镣、脚铐并在嘉石前罚跪，然后交给司空惩罚他们服一定时间的劳役。罪过重的就罚其跪在嘉石前十二天，服役一年；罪轻一些的罚跪九天，服役九个月；又轻一些的罚跪七天，服役七个月；又轻一些的罚跪五天，服役五个月；又轻一些的罚跪三天，服役三个月。服役期满之后使他弃恶从善并让同州的人为其担保，然后才能赦免并放了他。

原文

以肺石达穷民①。凡远近惸②独老幼之欲有复于上，而其长弗达者，立于肺石三日，士听其辞，以告于上，而罪其长。

注释

①以肺石达穷民：谓用肺石使穷民之冤情得以通达于上。肺石，放在外朝门外右边的赤色石头。穷民，谓孤独无靠或年老、幼弱之民。

②惸（qióng）：亦作"茕"。

译文

用肺石来使孤苦无依之人的冤情得以通达于上。凡远近鳏寡孤独者想要向朝廷申诉冤屈，而地方官又不向上传达的，就可以在肺石上站三天，然后朝士会去听取他的冤屈，转达给朝廷，并惩处地方官。

原文

正月之吉，始和布刑于邦国都鄙，乃县刑象之法于象魏，使万民观刑象，挟日，而敛之。

译文

每年的周历正月初一，开始向四方诸侯国及王畿内的采邑臣民颁布法典，把刑法以文字的形式张挂在象魏上，让百姓观看，十日之后收藏起来。

原文

凡邦之大盟约①，莅其盟书，而登之于天府②，大史、内史、司会及六官③，皆受其贰而藏之。

注释

①凡邦之大盟约：谓天子与诸侯因大会同而订立盟约。

②登之于天府：《春官·天府》曰"掌祖庙之守藏"，故登之。

③六官：六卿之官。谓天、地、春、夏、秋、冬六官之长。

译文

凡是天子与各诸侯因大会同而签订盟约，就必须亲自监管盟书的制作过程，然后上交天府，将盟书正本保管在祖庙中，大史、内史、司会和六卿，都接受并收藏一本盟书的副本。

原文

凡诸侯之狱讼，以邦典①定之。凡卿大夫之狱讼，以邦法②断之。凡庶民之狱讼，以邦成弊之③。

注释

①邦典：《大宰》的六典。诸侯是其主要治理对象。

②邦法：《大宰》的八法。百官是其主要治理对象。

③邦成：《小宰》的八成。百姓是其主要治理对象。弊：听断。

译文

凡是各诸侯间的诉讼，就按照国家的六典来审理。凡是百官之间的诉讼，就按照国家的八法来审理。凡是平民百姓之间的诉讼，就按照国家的八成来审理。

原文

大祭祀，奉犬牲。若禋祀[①]五帝，则戒之日[②]，莅誓百官[③]，戒于百族[④]。及纳亨[⑤]，前王。祭之日[⑥]亦如之。奉其明水火[⑦]。

注释

①禋（yīn）祀：烧柴升烟以祭天。

②戒之日：谓告诉占卜所定的祭祀日期。戒，告也。

③莅誓百官：告诫百官勿失礼。誓，谓誓诫。

④百族：指参加祭祀的府、史、胥、徒。

⑤纳亨：纳牲。亨，同“烹”。

⑥祭之日：指纳亨当天天亮之后。

⑦明水火：明水和明火。明水，用于调配郁鬯和五齐。明火，用于给烹牲的灶生火。

译文

举行大祭祀时，负责供奉犬牲。若是用禋祀来祭祀五方天帝，就要宣布祭祀的日期，亲临督察大宰告诫百官，而且也要告诫官府服务的府、史、胥、徒们。等到祭祀那日黎明举行纳亨礼时，要走在天子前面为其做前导。等天亮之后正式祭祀时也应如此。负责进奉明水、明火。

原文

凡朝觐、会同，前王。大丧亦如之[①]。大军旅[②]，莅戮于社[③]。凡邦之大事[④]，使其属跸。

注释

①大丧亦如之："大丧"若是指天子去世，"亦如之"则指走在嗣王前做前导。

②大军旅：天子亲在军，故称"大"。

③戮：谓戮不用命者。社：谓军社。

④邦之大事：指大祭祀、大丧纪、大军旅、大宾客等天子所参与的活动。

译文

凡是举行朝觐、会同，皆走在天子前面为其做前导。遇到大丧也如此，有天子参与的所有重大军事行动，在军社前处死违反禁令的将士时都要亲临督察。凡国家有大事发生，都要派遣属吏清理道路，禁止闲杂人等通行。

小司寇

原文

小司寇之职，掌外朝①之政，以致万民而询焉：一曰询国危②，二曰询国迁，三曰询立君。

注释

①外朝：在皋门与库门之间。

②国危：有兵寇之祸。

译文

掌管外朝的相关政事是小司寇的职责，目的是召集百姓征询他们对国事的意见：一是当国家有危难时征询意见，二是当国家要迁都时征询意见，三是当国家要选立新君时征询意见。

原文

其位：王南乡，三公及州长、百姓[1]北面，群臣[2]西面，群吏[3]东面。小司寇摈[4]以叙进而问焉，以众辅志[5]而弊谋。

注释

①百姓：同上节的“万民”。

②群臣：指在朝的官吏。

③群吏：指地方官。

④摈：接待、引导宾客。

⑤志：天子的思虑。

译文

外朝的朝位：天子面向南站立，三公、州长和百姓面向北站立，群臣面向西站立，群吏面向东站立。小司寇根据地位高低引导他们依次进前接受天子的问询，以众人的才智来辅佐天子进行谋断。

原文

以五刑[1]听万民之狱讼，附于刑，用情讯[2]之，至于旬乃弊之，读书则用法[3]。

注释

①五刑：指墨、劓（yì）、刖（yuè）、宫、杀等五刑。这里指与五刑有关的法律条文。

②讯：讯问，审讯。

③读书则用法：宣读犯人的罪状后施加刑罚。

译文

审理百姓的诉讼时应根据五刑之法，凡是违反法律将受到判决的案子，另外再根据情理加以审讯，谨慎起见，要等十日之后才下判决，宣读犯人的罪状后再施加刑罚。

原文

凡命夫、命妇①，不躬坐②狱讼。凡王之同族有罪，不即市③。

注释

①命夫、命妇：男子凡爵位在大夫以上的为命夫，大夫之妻为命妇。

②不躬坐：为避免治狱之吏亵渎尊者的身份而不亲自到场受审，由其家属子弟代之。坐，指诉讼双方对坐于地以受审。

③不即市：为避免国人聚观而议论其罪过，天子的同族人有罪时，则到郊野的甸师处行刑。

译文

凡是命夫、命妇，诉讼时不亲自到场对坐于地以受审。凡是天子的同族犯罪，则不到闹市上行刑。

原文

以五声①听狱讼，求民情：一曰辞听②，二曰色听③，三曰气听④，四曰耳听⑤，五曰目听⑥。

注释

①五声：又叫五听。审理狱讼时五种判断是非曲直的听审方法。

②辞听：根据诉讼双方的言辞而判断曲直，理直者言要，理屈者词烦。

③色听：根据诉讼双方的面色神情而判断曲直。

④气听：根据诉讼双方呼吸的缓急而判断曲直。

⑤耳听：观察诉讼双方能否听懂他人言辞而判断曲直。

⑥目听：观察诉讼双方的眼神而判断曲直。

译文

根据五种听审方法来审理诉讼，以获得诉讼人的实情：一是根据诉讼双方的言辞来判断是非曲直，二是根据诉讼双方的神色来判断是非曲直，三是根据诉讼双方呼吸的缓急来判断是非曲直，四是根据诉讼双方能否听懂他人言辞来判断是非曲直，五是根据诉讼双方的眼神来判断是非曲直。

原文

以八辟丽邦法①，附刑罚：一曰议亲②之辟，二曰议故③之辟，三曰议贤④之辟，四曰议能之辟，五曰议功之辟，六曰议贵⑤之辟，七曰议勤⑥之辟，八曰议宾⑦之辟。

注释

①八辟：八种议罪法，为了确定是否可对享有减免罪罚的特权者从宽处理，即从八个方面来议罪。因被议者多为官员，所以将“八辟”附“邦法”来议罪。辟，法也。邦法：听断卿大夫狱讼时大司寇所用的“邦法”。

②亲：指天子的亲族。

③故：指天子的故旧。

④贤：指廉洁的官吏。

⑤贵：指官爵在大夫以上者。

⑥勤：命士以下者。

⑦宾：这里指继承先代之后为国宾者。如，周灭商后，商汤后代被封于宋，宋国的国君即为周之国宾。

译文

对特权者议论减罪时用附以国家邦法的八种议罪法，然后再附以刑罚：一是天子的亲族犯了罪的议罪法，二是天子的故旧犯了罪的议罪法，三是廉洁的官吏犯了罪的议罪法，四是技艺高超的人犯了罪的议罪法，五是对国家有大功的人犯了罪的议罪法，六是爵位尊贵的人犯了罪的议罪法，七是勤于国事的人犯了罪的议罪法，八是国宾犯了罪的议罪法。

原文

以三刺断庶民狱讼之中①：一曰讯群臣，二曰讯群吏②，三曰讯万民。听民之所刺宥③，以施上服、下服之刑④。

注释

①三刺：向三方面征询意见，问是否应当处死。刺，探，讯。中：公正。
②群吏：指地方官。
③刺：此指杀。宥：宽免。
④上服、下服：重刑、轻刑。

译文

为使对百姓诉讼的审理公正、准确，应向三方征询意见：一是向百官征询意见，二是向地方官征询意见，三是向百姓征询意见。吸取这三方面的意见来决定是处死还是宽免，是施用重刑还是轻刑。

原文

及大比①，登民数，自生齿②以上，登于天府。内史、司会、冢宰贰之，以制国用。

注释

①大比：指大校比，三年一次的全国性民数、财物调查统计。
②生齿：长牙。

译文

等到进行大校比时，登记百姓及财产的数目，自长牙的婴儿以上开始算起，都要记录下来，并将正本上交给天府收存。内史、司会、冢宰每人收存一本副本，以此来制订国家的财政计划预算。

原文

小祭祀，奉犬牲。凡禋祀五帝，实镬[1]水，纳亨亦如之。

注释

①镬（huò）：煮牲肉的大锅。

译文

举行小祭祀时，主管供奉犬牲。凡是用禋祀来祭祀五方天帝，主管给镬中添满水，到祭祀那天黎明天子行纳亨礼时，也是这样。

原文

大宾客，前王而辟。后、世子之丧亦如之。小师[1]莅戮。凡国之大事，使其属跸[2]。

注释

①小师：小规模军事行动。
②使其属跸：此为辅佐大司寇进行。

译文

接待朝觐天子的四方诸侯时，为天子做前导，戒严并清除行人。为王后或太子举办丧事时也如此。举行小规模的军事行动时，应亲自督察、处罚违反禁令的将士。凡是国家有大事发生，就派属吏清理道路，禁止闲杂人等来往。

原文

孟冬祀司民[1]，献民数于王[2]，王拜受之[3]，以图国用而进退[4]之。

注释

①司民：星名。
②献民数于王：向天子献民数，以示重民。
③王拜受之：天子拜而受，亦表示重民。
④进退：增加与减少。

译文

每年冬季十月举行司民之神的祭祀活动时，要向天子呈献当年全国的人口数，天子行拜礼后接受，以此来计划国家财政开支是增加还是减少。

原文

岁终则令群士计狱弊[1]讼，登中[2]于天府。

注释

①弊：断也，即已审结的案子。
②中：指官府的文件、档案、判决书等。

译文

每到夏历年终，朝廷就命令所有司法官统计当年已审结案件的数量，并将案卷上交天府记录收存。

原文

正岁，帅其属而观刑象[1]，令以木铎曰："不用法者，国有常刑。"令群士[2]。乃宣布于四方，宪刑禁。

注释

①刑象：张挂在象魏上的刑法。

②群士：遂士以下，即指县士、方士、讶士等。

译文

每年夏历正月初一，要带领属吏观看刑法条例，并摇着木铎告诫他们：“若是有不遵守国家刑法的，就用常设的刑罚来处罚他！”并用同样的话告诫遂士、县士、方士、讶士等。然后向天下颁布刑法，张挂并公布刑罚禁令。

原文

乃命其属入会[1]，乃致事[2]。

注释

①会：此指记录所断狱讼的簿书。
②致事：呈交给天子。

译文

每到年终，命令属吏报送记录其所审理案件的簿书，然后上呈给天子。

士师

原文

士师之职，掌国之五禁之法，以左右[1]刑罚：一曰宫禁，二曰官禁，三曰国禁，四曰野禁，五曰军禁。皆以木铎徇之于朝，书而县于门闾。

注释

①左右：辅助。

译文

主管有关五禁的刑法是士师的职责，目的是辅助刑罚禁止百姓为非作歹：一是王宫中的禁令，二是官府的禁令，三是都城中的禁令，四是都城外郊野的禁令，五是军营中的禁令。要手摇木铎在外朝宣示这五种禁令，并将其书写出来张挂在城门和里门上。

原文

以五戒先后[①]刑罚，毋使罪丽于民：一曰誓[②]，用之于军旅；二曰诰[③]，用之于会同；三曰禁，用诸田役；四曰纠，用诸国中；五曰宪，用诸都鄙。

注释

①先后：辅助。
②誓：誓言，约束。
③诰：以上告下之文辞。

译文

预先告诫百姓要用五戒来辅助刑罚，不要使百姓因事先不知情而犯罪：一是誓，在军旅中使用；二是诰，在会同时使用；三是禁令，在田猎和劳役时使用；四是纠，在都城中使用；五是宪，在采邑中使用。

原文

掌乡合州、党、族、闾、比之联[①]，与其民人之什伍[②]，使之相安、相受，以比追胥之事，以施刑罚庆赏[③]。

注释

①乡合州、党、族、闾、比之联：乡之下有州、党、族、闾、比。其隶属关系是：五家为比，五比为闾，四闾为族，五族为党，五党为州，五州为

乡。《地官·族师》曰“五家为比，十家为联”，即二比为联；又曰“四闾为族，八闾为联”，即二族为联。

②与其民人之什伍：此指从军入伍的联合。《族师》曰：“五人为伍，十人为联。”一比五家每家出一个人组成一伍，二比十家出十个人为一什而相联。

③以施刑罚庆赏：《地官·族师》中说，“刑罚庆赏相及相共”。

译文

负责六乡的州、党、族、闾、比的联合之事，以及百姓根据军队编制组成什伍的联合，使他们平日和睦相处，互相帮助，互相合作来追击敌寇、抓捕盗贼，以此来决定处罚和奖赏。

原文

掌官[①]中之政令，察狱讼之辞[②]，以诏[③]司寇断狱弊讼，致邦令[④]。

注释

①官：官府。

②狱讼之辞：此指疑难未决案件的狱讼之辞。

③诏：告知。指提供意见，以辅助司寇审理疑难案件。

④致邦令：将断案所依据的国家有关法令报予司寇。

译文

主管大司寇官府中的政令，审察疑难未决案件的狱讼之辞，提供意见以辅助司寇审理疑难案件，并将断案所依据的国家有关法令报予司寇。

原文

掌士之八成[①]：一曰邦汋[②]，二曰邦贼[③]，三曰邦谍，四曰犯邦令，五曰挢[④]邦令，六曰为邦盗，七曰为邦朋[⑤]，八曰为邦诬。

注释

①士：泛指士师以下的乡士、遂士、县士、方士等主管诉讼的官员。成：成例，先例。

②汋（zhuó）：通“酌”，斟酌。此指刺探、盗取。

③贼：犯上作乱、对国家造成严重危害者。

④挢：假托，诈称，俗作“矫”。

⑤朋：朋党，指结党营私。

译文

掌理诉讼的官员断案的八方面的成例：一是刺探或盗取国家机密案件的成例；二是对国家造成严重危害案件的成例；三是为外国做间谍案件的成例；四是触犯国家法律案件的成例；五是假托天子命令的案件的成例；六是偷盗国家珍宝案件的成例；七是结交朋党、牟取私利案件的成例；八是歪曲事实、诬陷长官案件的成例。

原文

若邦凶荒，则以荒辩[①]之法治之：令移民，通财，纠守，缓刑。

注释

①辩：“贬”字之误，贬损义。此谓遭遇饥荒则在刑罚、国事上，暂时有所贬损、降低标准。

译文

若是国家遇到饥荒或是凶年，处理有关事宜时采用荒年贬损之法：命令灾民迁移，无法迁移的受灾百姓则运输财物救灾，为防止盗贼应增强纠察守备，对有罪的人要减免刑罚。

原文

凡以财狱讼者，正之以傅别、约剂[1]。

注释

①傅别：指现在的借贷契约。约剂：质剂，指现在的买卖合同。

译文

凡是因为财物的冲突而引起诉讼的，应按照借贷契约和买卖合同来审理。

原文

若祭胜国[1]之社稷，则为之尸。

注释

①胜国：亡国，指灭亡的前朝之国。

译文

若是祭祀前朝的社稷，应充当尸以代替神受祭。

原文

王燕出入，则前驱而辟。

译文

天子闲暇时出入宫门或国都，应为天子做前导，让闲杂人等避开。

原文

祀五帝，则沃尸[1]及王盥，洎[2]镬水。凡刉珥[3]，则奉犬牲。

注释

①尸：指五帝之尸。
②洎：谓向镬中添水。
③刉珥：谓衅礼。即杀牲取血以涂抹新制的器皿。

译文

祭祀五方天帝时，就淋水供尸和天子洗手，并主管向镬中添水以便煮牲。凡是举行衅礼，就进献犬牲以便杀牲取血。

原文

诸侯为宾，则帅其属而跸于王宫。大丧亦如之。大师，帅其属而禁逆军旅①者，与犯师禁②者，而戮之。

注释

①逆军旅：违反军令。
②犯师禁：扰乱军队秩序。

译文

四方诸侯作为天子的宾客来朝觐天子并接受款待时，应带领其部下在王宫中警戒，禁止闲人往来。有大丧时也如此。有大规模军事行动时，带领自己的部下督察触犯军令以及扰乱军队秩序的人，并将其处死。

原文

岁终，则令正①要会。正岁，帅其属而宪禁令于国及郊野。

注释

①正：定也。

译文

每到夏历年终，为应对考核应命令属吏统计整理其所审理狱讼的簿书。每年夏历正月，带领自己的部下在都城及四郊张挂公布禁令。

乡士

原文

乡士掌国中①，各掌其乡②之民数而纠戒之，听其狱讼，察其辞，辨其狱讼③，异其死、刑之罪而要④之，旬而职听于朝⑤。司寇听之，断其狱，弊其讼于朝⑥。群士、司刑皆在，各丽其法⑦，以议狱讼。狱讼成，士师受中。协日⑧刑、杀，肆⑨之三日。若欲免之，则王会其期。

注释

①掌：谓掌其狱讼。国中：实兼国都及四郊六乡言。

②各掌其乡：乡士上士八人，每四人而分管三乡。

③辨其狱讼：辨别罪状的轻重。

④要：司法文书名。

⑤旬而职听于朝：乡士断案之所以旬（十日）而听，是允许犯人翻供，以便重新审察判决意见，若无反复，再呈报大司寇，然后定罪。职，谓审断案件的职事。朝，谓外朝。

⑥“断其狱”二句：在外朝对重案、轻案分别做出判决。

⑦各丽其法：各自提出法律依据而进行量刑。

⑧协日：干支相合之吉日。

⑨肆：谓陈尸。

译文

乡士主管王城及四郊六乡中的狱讼案件，掌理所管辖的乡的百姓数目并督察乡民遵守戒令，听断狱讼，审察其狱讼之辞，辨别罪状的轻重，将用来区分死罪或施刑之罪的判决意见上报司寇，十天之后再根据职责在外朝进行审判。大司寇主持审判，对重案、轻案在外朝分别做出判决。掌管诉讼和刑法的官员也都在场，各自提出所依据的有关法令来量刑，以参议判决。案子审完后，判决书由士师接受并保存。行刑或处死的合适日期由乡士选择，罪犯被处死后要陈尸三日。若是想要赦免犯人的罪行，在大司寇主持外朝审断时天子要亲自参加，合议定罪。

原文

大祭祀、大丧纪、大军旅、大宾客，则各掌其乡之禁令，帅其属夹道而跸。

译文

若是有大祭祀、大丧事、重大军事行动，以及接待来朝觐天子的四方诸侯时，则各自负责所管辖的乡的禁令，带领其属下清除道路，禁止闲杂人等往来。

原文

三公若有邦事，则为之前驱而辟。其丧亦如之。

译文

三公如果有国事需要外出，就为他们做前导并清除行人。三公去世时也应如此。

原文

凡国有大事，则戮其犯命者。

译文

凡国家有大事时，就负责处罚那些违反国家法令的人。

方士

原文

方士掌都家①，听其狱讼之辞，辨其死、刑之罪而要之，三月而上狱讼于国。司寇听其成②于朝，群士、司刑皆在，各丽其法以议狱讼。狱讼成，士师受中，书其刑、杀之成与其听狱讼者。

注释

①都家：泛指家、小都、大都三等采邑。

②成：指审判书、判决书。

译文

方士负责采邑内的狱讼之事，审理狱讼之辞，区别死罪或施刑之罪然后写成案件判决文书，三个月以后上报给朝廷。大司寇在外朝主持审理方士上报的判决意见文书，主管诉讼和刑法的官员也都在场，各自提出所依据的有关法令发表量刑意见。案子审完后，判决书由士师接收并保存，而所判的刑罚、死罪等判决意见和参与审判诉讼的官员姓名则由方士记录。

原文

凡都家之大事聚众庶，则各掌其方①之禁令。

注释

①各掌其方：方士凡十六人，每四人分管一方采邑。

译文

凡是都家因有大事召集百姓服劳役的，就各自主管与当地百姓有关的禁令。

原文

以时修其县法[①]，若岁终则省之，而诛赏焉。

注释

①县法：县师之法，实为都家之法。

译文

按照四季来执行都家之法，考查都家之法的施行情况则在夏历年终时进行，根据实际情况分别对官吏们进行处分或奖赏。

原文

凡都家之士所上治[①]，则主之[②]。

注释

①都家之士：都士、家士。治：谓疑狱，难断的案件。

②主之：此谓方士提出初审意见上报司寇，由司寇审断。主，掌管。

译文

凡都士、家士上报的疑难未决的官司，提出初审意见后上报司寇，由司寇审断。

讶士

原文

讶士掌四方[①]之狱讼，谕罪刑[②]于邦国。凡四方之有治于士者，造焉。四方有乱狱[③]，则往而成之。

注释

①四方：谓四方诸侯。

②谕罪刑：晓谕刑法条例及制定刑法的本意。

③乱狱：君臣淫乱、上下相虐等大逆不道的案件。

译文

讶士负责各诸侯国的诉讼，向各诸侯国晓谕刑法条例及制定刑法的本意。凡诸侯国有向士师请示的疑难未决的官司或法律条文的，要先到讶士那里让其代为通报。若是诸侯国发生君臣淫乱、上下相虐等大逆不道的案子，要亲自去审理。

原文

邦有宾客，则与行人送逆之。入于国，则为之前驱而辟。野亦如之。居馆，则帅其属而为之跸。诛戮暴客者。客出入则道①之，有治②则赞之。

注释

①道：引导，先导。

②治：咨问陈请之事。

译文

与小行人一起主管接待国家的宾客。宾客进入都城后，为宾客做前导并驱散行人。进入郊野时也应如此。宾客居住在馆舍，就带领属下在道路两旁禁止闲人往来。将以暴力侵犯宾客的人处死。做宾客出入王朝的前导，有咨询、陈请之事就帮忙转达给天子。

原文

凡邦之大事聚众庶，则读其誓禁。

译文

凡是国家有大事需要召集百姓，就宣读誓辞与禁令。

朝士

原文

朝士掌建邦外朝之法①。左九棘②，孤、卿、大夫位焉，群士在其后。右九棘，公、侯、伯、子、男位焉，群吏③在其后。面④三槐，三公位焉，州长、众庶在其后⑤。左嘉石，平罢民焉。右肺石，达穷民焉。

注释

①法：臣子的位次及国家的刑禁。

②左：外朝位面朝南，以东为左。棘：酸枣树。

③群吏：地方官。

④面：前也，指南边的位置，三公面朝北立于此。

⑤州长、众庶在其后：州长本当与地方官为伍，因为州长要领导众庶，故而与众庶在一起。

译文

主管制定国家外朝之法的是朝士。外朝的左面种着九棵酸枣树，孤、卿、大夫的朝位就在这里，他们后面是群士的朝位。外朝的右面种着九棵酸枣树，公、侯，伯、子、男的朝位在这里，他们后面是地方官的朝位。正南方种着三棵槐树，三公的朝位在这里，他们后面是州长与百姓的代表的朝位。嘉石放在外朝的左面，用来感化不良之民并使其弃恶从善。肺石放在外朝的右面，用以使穷民之冤情得以通达于上。

原文

帅其属而以鞭呼趋①且辟。禁慢朝、错立、族谈者②。

注释

①趋：巡行。

②慢：傲慢，怠慢，不肃敬。错：杂乱，离开原位。族：丛集，聚集。

译文

在外朝集会时要带领部下巡行外朝，手执鞭子吆喝着驱散闲杂人等。禁止在朝而怠慢不敬、离开原位，以及聚众喧哗的人。

原文

凡得获货贿、人民①、六畜者，委于朝，告于士，旬而举之：大者公之，小者庶民私之。

注释

①人民：特指逃亡的官私奴婢、犯人、奴隶等。其可以买卖，所以与牛马、货贿并言。

译文

凡获得财物、逃亡的奴婢、犯人及牲畜的，要送交外朝，上报给朝士等待认领，十天之后还是无人认领的就没收：大的物品归公，小的物品归拾得者私人所有。

原文

凡士之治有期日①：国中一旬，郊二旬，野三旬，都三月，邦国期。期内之治听，期外不听。

注释

①期日：期限。

译文

凡是负责狱讼的官员受理官司时有规定的期限：王城内是十天，四郊为二十天，野外为三十天，都家为三个月，诸侯国为一年。来控告、申诉的必须在期限以内才能被受理，超出期限则不受理。

原文

凡有责[①]者，有判书[②]以治则听。凡民同货财[③]者，令以国法行之，犯令者刑罚之。凡属责[④]者，以其地傅[⑤]，而听其辞。

注释

①责：同“债”。

②判书：现在的借券、借贷契约。因其一分为二，各持一半，故称。

③同货财：指当市场上某种货物多余时商人就购进，紧缺时再售出以谋利，好像贷方、借方共同拥有此货财。

④属责：委托他人收回债务。属，委托。

⑤傅：接近，靠近。

译文

凡有债务借贷冲突，受理时需有借贷契约。凡百姓有囤积或抛售货物的，让他们根据国家规定的价格来经营，若违反命令，就对他们进行罚款或判刑。凡接受已故债权人委托向债务人收债引起冲突的，要让与受委托人住处较近的知情人做证后，才能受理其诉讼。

原文

凡盗贼军[①]乡、邑及家人，杀之无罪。凡报仇雠者，书于士，

杀之无罪。

注释

①军：此处作动词用，手持兵器劫掠。

译文

凡是手持兵器劫掠乡遂、公邑以及普通百姓的盗贼，被杀死后被劫掠者无罪。凡是报仇的人，预先书面上报给司法官的，那么杀死仇人就无罪。

原文

若邦凶荒、札丧、寇戎之故，则令邦国、都家、县鄙虑刑贬①。

注释

①县鄙：指公邑。贬：贬损。

译文

若是国家遇到灾荒、瘟疫或是贼寇入侵及战争，就命令各诸侯国、采邑、公邑考虑施行减免刑罚和降低财政支出的措施。

司刑

原文

司刑掌五刑之法，以丽万民之罪：墨罪五百①，劓罪五百，宫罪五百，刖罪五百，杀罪五百。

注释

①五百：约数。

译文

主管五刑之法的是司刑，用于处置百姓中犯法的人：有五百条判墨刑的罪，有五百条判劓刑的罪，有五百条判宫刑的罪，有五百条判刖刑的罪，有五百条判死刑的罪。

原文

若司寇断狱弊讼，则以五刑之法诏刑罚，而以辨罪之轻重[①]。

注释

①“则以五刑之法诏刑罚”二句：这两句为倒文，应首先分辨罪行的轻重，然后处以刑罚。

译文

若是大司寇在外朝审理官司，应先分辨罪行的轻重，然后依据五刑之法处以刑罚。

司隶

原文

司隶掌五隶之法[①]，辨其物[②]，而掌其政令。帅其民[③]而搏盗贼，役国中之辱事，为百官积任器[④]，凡囚执人之事。邦有祭祀、宾客、丧纪之事，则役其烦辱之事。掌帅四翟之隶[⑤]，使之皆服其邦之服，执其邦之兵，守王宫与野舍之厉禁。

注释

①五隶：指罪隶、蛮隶、闽隶、夷隶、貉隶。法：简阅隶民、部署员数之法。

②物：衣服、兵器之类。

③民：隶民，五隶官属下之民。五隶中每一隶限额一百二十人，限额以外的五隶，谓之民。

④任器：用器，用具。任，用。

⑤四翟之隶：指蛮隶、闽隶、夷隶、貉隶。

译文

主管五隶之法的为司隶，负责分辨他们的衣服、兵器，主管相关政令。带领五隶官属下的隶民帮助抓捕贼寇，在国都中从事低贱繁杂之事，为百官积聚需要的器具，拘执罪犯之类的事都让他们去做。若国家碰上祭祀、迎送宾客或丧纪等事，则国中低贱繁杂之事就役使隶民去做。带领四翟隶官属下的奴隶，让他们都穿上本国服装，拿着本国的兵器，负责守卫王宫和天子在郊外停宿时的警卫事宜。

野庐氏

原文

野庐氏掌达国道路至于四畿，比国郊及野之道路、宿息、井、树①。若有宾客，则令守涂地之人聚柝之②，有相翔者③，则诛之。

注释

①比：巡视考察。宿息：行人旅途中的休息、住宿之处。

②守涂地之人：宾客所经过的道路旁庐舍附近的百姓。聚柝（tuò）：击柝，敲打更梆子。聚，通“掫”，敲击。

③相翔者：徘徊观望伺机偷盗的人。

译文

负责国家到四畿的道路通畅的是野庐氏，他要巡视、考察国郊及四野的道路、供宾客休息住宿的馆舍、供饮水的井、做屏障的树的情况。若是有行人在庐舍休息、住宿，就召集馆舍附近的百姓让其巡夜守卫，若是有在庐舍四周徘徊观望伺机偷盗的，就把他抓起来严惩。

原文

凡道路之舟车轚互①者，叙而行之。

注释

①轚（jí）互：互相碰撞。轚，撞击。

译文

在水陆交通道路上有因道路狭窄而导致车、船等发生碰撞的，要对其加以疏导使其有秩序地驶过。

原文

凡有节者及有爵者至，则为之辟。禁野之横行径逾者①。

注释

①横行：指不走道路，而横穿田野。径：不走大路走小路。逾：不走桥梁而横越沟渠堤防。

译文

凡有持朝廷的符节的人或有爵位的人到来时，就为其疏通道路。禁止不走正道而从田间小道穿行和不走桥而翻堤越渠的人。

原文

凡国之大事，比修除道路者，掌凡道禁①。邦之大师，则令埽道路，且以几禁行作不时者、不物者②。

注释

①道禁：道路的禁令。

②几禁：盘查禁止。不物：衣服及所操器物不合常法。

译文

凡国家发生大事时，考核修治道路的人的成绩，负责与道路有关的一切禁令。有大的军事行动时，就让人清扫道路，并严加盘查不按照正常时间出行、作息的人，以及穿衣异常和手持异物的人。

大行人

原文

大行人掌大宾之礼及大客之仪①，以亲诸侯。

注释

①大宾：指九州以内的诸侯。大客：作为使者的诸侯的孤卿。

译文

负责大宾、大客的迎送礼节的是大行人，目的是与诸侯相亲睦。

原文

春朝诸侯而图天下之事①，秋觐以比②邦国之功，夏宗以陈天下之谟，冬遇以协诸侯之虑，时会以发四方之禁③，殷同以施天下之政。

注释

①图天下之事：谋划天下大事。
②比：分出高下。
③禁：征伐的禁令。

译文

诸侯在春季时朝见天子而共同谋划天下大事，诸侯在秋季时觐见天子而接受考核，分出各诸侯国功绩的等次高下，诸侯在夏季时宗见天子，各自陈述其治理天下的谋划，诸侯在冬季遇见天子而协调相互之间的谋虑，通过不定期的时会讨伐叛乱的诸侯并向各诸侯发布禁令，通过殷同来达到施行治理天下的政令的目的。

原文

时聘[1]以结诸侯之好，殷眺[2]以除邦国之慝。

注释

①聘：询问，访问。
②殷眺：指诸侯定期同遣使者朝见天子。殷，众。眺，视，访问。

译文

为与诸侯建立友好的关系，时聘时对来访问的使臣应以礼相待，为消除诸侯国的恶行，殷眺时应命以政事并下达禁令。

原文

间问[1]以谕诸侯之志，归脤以交诸侯之福[2]，贺庆以赞诸侯之喜，致禬以补诸侯之灾。

注释

①问：天子每隔一年派使者慰问诸侯。

②归脤：谓赠送祭肉，以示同受福禄。脤，本指社稷祭肉，在此泛指用于社稷、宗庙的祭肉。交：俞樾以为当为“效”，致义。

译文

为向诸侯晓谕天子的意志，天子每隔一年就派使臣慰问诸侯一次，给诸侯赠送祭肉以向其致福，诸侯有喜庆的事时天子就派使臣对其表示祝贺来增添他们的喜悦，为弥补诸侯国受灾的损失，行禬礼时就派使臣向各诸侯国赠送救济物资。

原文

以九仪[1]辨诸侯之命，等诸臣之爵，以同邦国之礼，而待其宾客。上公[2]之礼：执桓圭九寸，缫藉[3]九寸，冕服[4]九章，建常九斿[5]，樊缨[6]九就，贰车九乘，介[7]九人，礼九牢[8]，其朝位[9]宾主之间九十步，立当车轵[10]，摈者[11]五人，庙中将币[12]，三享；王礼，再祼[13]而酢，飨礼九献[14]，食礼九举[15]，出入五积[16]，三问、三劳[17]。诸侯之礼：执信圭七寸，缫藉七寸，冕服七章，建常七斿，樊缨七就，贰车七乘，介七人，礼七牢，朝位宾主之间七十步，立当前疾[18]，摈者四人，庙中将币，三享；王礼，壹祼而酢，飨礼七献，食礼七举，出入四积，再问，再劳。诸伯执躬圭，其他皆如诸侯之礼。诸子执谷璧五寸，缫藉五寸，冕服五章，建常五斿，樊缨五就，贰车五乘，介五人，礼五牢，朝位宾主之间五十步，立当车衡[19]，摈者三人，庙中将币，三享；王礼，壹祼不酢，飨礼五献，食礼五举，出入三积，壹问，壹劳。诸男执蒲璧，其他皆如诸子之礼。

注释

①九仪：为天子接待不同朝见者而制定的九等规格的接待礼仪。

②上公：九命为伯者。

③缫藉：画有五彩的圭垫或璧垫。

④冕服：大夫以上的礼帽、礼服。

⑤斿（liú）：同“旒”。旗的正幅旁的飘带形饰物。

⑥樊缨：络马的带饰。缨，马颈革。

⑦介：宾的副职。公为正宾，介则为副宾。

⑧礼九牢：以牛、羊、豕三牲宴饮宾客的礼节，是天子馈赠宾的最重的礼。

⑨朝位：指主人迎宾时，宾所立之位，其位在大门（皋门）外。

⑩立当车轵：上公乘车来至大门外下车，车辕朝北，公则立于车东（右）当轴端处，车停在大门外偏西处。车轵，车轴的顶端。

⑪摈者：傧相，主人派出迎宾相礼的接待官员。摈，通“傧”。宾有介，主有摈，皆为辅礼、相礼而设。

⑫庙：周文王之庙，天子在此接受诸侯的聘问。将币：向天子呈送瑞玉。将，送。

⑬再祼：两次向宾进献郁鬯。但因君无酌臣之礼，故两次祼礼都由大宗伯代行：先酌郁鬯代王献公，再酌而代王后献公。公接受祼礼后又要酌郁鬯回敬王，即所谓酢。

⑭九献：先后九次向宾客献酒，亦由大宗伯代王与王后献公。

⑮食礼：一种宴请之礼，亦称食，规格低于飨礼而隆于燕礼。有饭有殽，虽设酒而不饮，以吃饭为主。九举：在客人吃饭时九次为之夹肉。

⑯积：积储。此谓供给宾客路途中所需的粮草牲牢。

⑰三问、三劳：上公入境以后，天子向公行三次问礼、三次劳礼。第一次在入境时，第二次在远郊，第三次在近郊。

⑱前疾：“疾”当作“侯”。前侯，指车辀（单臂的车辕）与车身相接的弯曲处。因在軓前，故称。立当前疾（侯），亦在车下、车的右边。

⑲车衡：车辀前端的横木。

译文

为区别来朝诸侯、百官的爵命等级的尊卑，统一各诸侯国的礼仪规格而用九种礼仪接待来朝的诸侯国的宾客。上公的礼仪是：手持长九寸的桓圭，配有长九寸的彩绘圭垫，冕服上绘有九种花纹图案，车上所竖的旗帜旁的飘带饰有九斿，用五彩的毛织品缠绕九圈装饰马的樊和缨，有九乘副车随从，设九名介，用九牢的大礼款待公，在大门外与主人之间距离九十步的地方是公的朝位，公站立在车右轴端处，天子派出五名摈者迎接、导引公，在始祖庙中行聘礼时将桓圭呈送给天子，而后分三次向天子进献方物；由大宗伯代天子向公行祼礼，两次向宾进献郁鬯香酒，而公酌酒回敬天子，天子用飨礼款待公并先后九次向宾客献酒，又用食礼款待公并九次为之夹肉，从来时直到回国的路上，要供给粮草牲牢共计五次，天子还要在公入境后，派人到他住宿的馆舍问候三次、慰劳三次。诸侯的礼仪是：手持长七寸的信圭，配有长七寸的彩绘圭垫，冕服上绘有七种花纹图案，车上所竖的旗帜旁的飘带饰有七斿，用五彩毛织品缠绕七圈装饰马的樊和缨，有七乘副车随从，设立七名介，用七牢的大礼款待诸侯，在大门外与主人之间距离七十步的地方是其朝位，站立在当车前侯处的右边，天子派出四名摈者迎接、导引诸侯，在始祖庙中行聘礼时把信圭呈送给天子，并分三次向天子进献方物；由大宗伯代天子向诸侯行祼礼，进献一次郁鬯香酒而诸侯酌酒回敬天子，天子用飨礼款待诸侯并先后七次向诸侯献酒，又用食礼款待诸侯并七次为之夹肉，从来时直到回国的路上，要供给粮草牲牢共计四次，天子还要在诸侯入境后，派人到他住宿的馆舍问候两次、慰劳两次。诸伯的礼仪是：手持躬圭，其他礼仪都同诸侯之礼一样。诸子的礼仪是：手持直径为五寸的谷璧，配有直径为五寸的彩绘璧垫，冕服上绘有五种花纹图案，车上所竖的旗帜旁的飘带饰有五斿，用五彩毛织品缠绕、装饰马的樊和缨，有五乘副车随从，设立五名介，用五牢的大礼款待诸子，在大门外与主人之间距离五十步的地方是其朝位，站立在当车衡处的右边，天子派出三名摈者迎接、导引诸子，在始祖庙中行聘礼时将谷璧呈送给天子，并分三次进献方物；由大宗伯代天子向诸子行祼礼，进献一次郁鬯香酒而诸子不需回敬天子，天子用飨礼款待诸子，并先后五次向诸子献酒，又用食礼款待诸子并五次为之夹肉，从来时直到回国的路上，要供给粮草、牲牢共计三次，天子还要在诸子入境后，派人到他住宿的馆舍问候一次、慰劳一次。诸男的礼仪是：手持直径为五寸的蒲璧，其他礼仪都同诸子之礼一样。

原文

凡大国之孤执皮帛[①]，以继小国之君，出入三积，不问，壹劳，朝位当车前，不交摈[②]，庙中无相[③]，以酒礼之[④]，其他皆视小国之君。凡诸侯之卿，其礼各下其君二等[⑤]以下；及其大夫、士皆如之。

注释

①大国之孤：大国指上公之国，唯上公之国立孤一人，侯伯以下皆无。此孤及下文卿、大夫、士，皆以其君命来聘者。执皮帛：在束帛外面包上虎豹之皮。孤的地位尊贵，在以君命行过聘享正礼之后，又得以个人名义特见天子，此皮帛即见天子所拿的见面礼。

②不交摈：不交摈传辞，亲自向主君接待官员表述来意。诸侯将来意告诉自己的上介，上介传于次介，次介传至末介，末介再传之于天子的末摈，由末摈再依次上传于承摈、上摈，最后由上摈传之于天子，天子的辞命则依相反的程序传之于诸侯，即所谓交摈传辞。孤卿以下则无交摈传辞之礼。

③庙中：谓在文王庙中行将币（即授玉）礼。无相：无相礼者。

④以酒礼之：向宾献酒。酒，指醴齐，即未经过滤的酒。

⑤其礼各下其君二等：如上节记公的礼数皆九，则其孤的礼数皆七，是所谓下其君二等。侯伯子男之卿，皆可依此类推。

译文

凡是大国的孤朝见天子，需拿着虎豹之皮裹饰的束帛作为见面礼，并跟在小国之君的后面，从来时直到返国要供给粮草、牲牢共计三次，天子不必派人到孤住宿的馆舍问候，只需慰劳一次，在大门外所乘车的前面是其朝位，不行交摈传辞之礼，在始祖庙中行授玉礼时不设相礼者，用醴礼敬孤，其他礼仪都与小国之君的礼仪相同。凡是诸侯的卿受君命来向天子行聘礼，礼数各自比照他们的君降低二等，卿以下的大夫、士则比照其卿又相应降低二等。

原文

邦畿方千里。其外方五百里谓之侯服，岁壹见，其贡祀物①。又其外方五百里谓之甸服，二岁壹见，其贡嫔物②。又其外方五百里谓之男服，三岁壹见，其贡器物③。又其外方五百里谓之采服，四岁壹见，其贡服物④。又其外方五百里谓之卫服，五岁壹见，其贡材物⑤。又其外方五百里谓之要服⑥，六岁壹见，其贡货物⑦。九州之外⑧谓之蕃国，世⑨壹见，各以其所贵宝为挚。

注释

①祀物：祭祀用品。

②嫔物：宾物，接待宾客所需之物。嫔，通“宾”。

③器物：尊彝之类宗庙器物。

④服物：缝制祭服的材料。即缥、绨、纻等。此即《大宰》九贡所谓“服贡”。

⑤材物：可供制造成品的材料。即《大宰》的八材：珍珠、象牙、玉料、石料、木料、金属、兽革、鸟羽。

⑥要服：《夏官·职方氏》所谓“蛮服”，距王畿三千里的诸侯国。

⑦货物：用作货币的龟贝之类，即《大宰》九贡所谓“货贡”。

⑧九州之外：六服之外。指夷服、镇服、蕃服三服，即距离王城三千五百里至五千里之地。

⑨世：谓父死子立，即嗣王即位。

译文

国家的王畿方圆千里。侯服是王畿之外方圆五百里的范围，每年朝见一次天子，祭祀用品是其贡品。甸服是侯服之外方圆五百里的范围，每两年朝见一次天子，接待宾客的用物是其贡品。男服是甸服之外方圆五百里的范围，每三年朝见一次天子，尊彝之类的宗庙器物是其贡品。采服是男服之外方圆五百里的地方，每四年朝见一次天子，缝制祭服的材料是其贡品。卫服是采服之外方圆五百里的范围，每五年朝见一次天子，玉石、珍珠等原材料是其贡品。要服是卫服之外方圆五百里的范围，每六年朝见一次天子，珠、玉、龟、贝等自然之物是其贡品。蕃国是九州之外的地方，蕃国的新君即位时来朝见一次天子，用其宝贵的物品作为见面礼。

原文

王之所以抚邦国诸侯者：岁遍存[①]；三岁遍眺；五岁遍省；七岁属象胥[②]，谕言语，协辞命；九岁属瞽、史[③]，谕书名[④]，听声音；十有一岁达瑞节[⑤]，同度量，成牢礼[⑥]，同数器[⑦]，修法则[⑧]；十有二岁王巡守，殷国[⑨]。

注释

①存：问候，省视。

②属：聚集，会合。象胥：翻译官。

③瞽：指太师、小师等乐官。史：指大史、小史。

④书名：书与名，皆为文字的别称。

⑤瑞节：玉节，朝聘时作为信物、凭证的玉制符节。

⑥牢礼：用牛、羊、猪三牲宴饮宾客的礼节。

⑦数器：指度、量、衡等衡量轻重的器具。此专指秤等衡器。

⑧法则：谓《天官·大宰》的八法、八则。

⑨殷国：天子十二年一巡行，途中因故不能继续巡行，就在所至的诸侯国接见众多来朝的诸侯，谓之殷国。殷，众也。

译文

天子用来安抚各国诸侯的办法：从巡行的次年开始，第一年派使臣普遍慰问各诸侯一次；第三年派使臣普遍看望各诸侯一次；第五年派使臣普遍探视各诸侯一次；第七年召集各诸侯国的翻译官，晓谕他们语言，对其辞令格式进行协调；第九年召集各诸侯国的乐师和大史、小史等官吏，晓谕他们文字，让其听习声音；第十一年颁发各种玉制符节的样式给各诸侯国，统一度量单位，平抑牢礼的僭越，统一度、量、衡等衡量器具，制定法律；第十二年天子亲自巡行各诸侯国，或在所至诸侯国召集众多诸侯前来行朝会之礼。

原文

凡诸侯之王事①，辨其位，正其等，协其礼，宾②而见之。

注释

①王事：谓诸侯朝见天子之事，即会同、朝觐宗遇等。

②宾：通“傧”。引导宾客，傧赞。

译文

凡诸侯因为王事来朝见天子，就辨别其朝位，规正其尊卑秩序，协调其礼仪，担任摈相并引导他们朝见天子。

原文

若有大丧，则诏相诸侯之礼。

译文

若是举行大丧，就诏告并协助诸侯行丧礼。

原文

若有四方之大事①，则受其币②，听其辞。

注释

①四方之大事：诸侯国因遭到兵寇前来告急之类的事。
②受其币：接受他们呈送的见面礼。

译文

若是诸侯国发生兵寇前来告急，就接受他们呈送的见面礼，将他们陈告的事传达给天子。

原文

凡诸侯之邦交，岁相问①也，殷②相聘也，世相朝③也。

注释

①问：是一种相互慰问之礼。
②殷：隔上几年。

③相朝：指新君即位时要互相朝见。凡诸侯相朝，皆小国朝于大国，大国聘于小国。若即位新君是大国，小国往朝；若即位新君是小国，则君亲自往朝大国。

译文

凡诸侯国之间的邦交，派遣大夫每年互相聘问一次，派遣卿每隔几年互相聘问一次，新君即位时要互相朝见。

小行人

原文

小行人掌邦国宾客之礼籍[①]，以待四方之使者。令诸侯春入贡，秋献功，王亲受之，各以其国之籍礼之。

注释

①礼籍：记载诸侯国宾客名位尊卑的文书。

译文

小行人负责记载诸侯宾客不同等级的礼籍，据此来接待各诸侯国的使臣。令各诸侯国春季时进贡，秋季时汇报政绩，天子亲自接受其进贡物品和汇报政绩，并根据该国的礼籍所记载的礼仪规格来接待他们。

原文

凡诸侯入王[①]，则逆劳[②]于畿。及郊劳、视馆、将币[③]，为承而摈[④]。

注释

①入王：指朝见天子。

②劳：指行劳礼。

③郊劳：包括远郊（距王城百里）、近郊（距王城五十里）的迎接慰劳。享受远郊劳、近郊劳的为公侯伯，子男则只有近郊劳。视馆：派臣下为使者安排住宿的馆舍。

④为承而摈：担任丞摈协助上摈进行接待。承，通“丞”，协助。

译文

凡诸侯来朝见天子，就去往王畿的疆域上迎接慰劳。等到对前来朝见的诸侯行郊劳礼、派臣下为使者安排住宿的馆舍以及诸侯在庙中向天子呈送瑞玉时，都担任丞摈协助上摈进行接待。

原文

凡四方之使者，大客[①]则摈，小客[②]则受其币，而听其辞。

注释

①大客：谓要服之内诸侯的使臣。

②小客：谓六服之外蕃国派遣的使臣。

译文

凡各诸侯国的使臣前来朝见，若是要服之内诸侯的使臣就充当摈者引导其朝见天子，是六服之外蕃国派遣的使臣就直接接受其见面礼，倾听他们的言辞并传达给天子。

原文

使适四方，协[①]九仪。宾客之礼：朝、觐、宗、遇、会同，君之礼也；存、眺、省、聘、问，臣之礼也。

注释

①协：协调。

译文

若是奉命担任使者前往各诸侯国，协调他们的演习并记录下不同规格的接待宾客的礼仪共计九种。做宾客的礼节包括：春季朝见天子、秋季觐见天子、夏季宗见天子、冬季遇见天子，以及参加天子的会同，这是各诸侯国国君所应行的礼；存问、看望、探视、大聘、小聘，这是天子或诸侯派出的使者所应行的礼。

原文

达天下之六节[①]：山国用虎节，土国用人节，泽国用龙节，皆以金为之；道路用旌节，门关用符节，都鄙用管节[②]，皆以竹为之。

注释

①六节：作为各诸侯国使者朝聘天子、诸侯或吏民通行他国时作为凭证的六种符节。

②管节：以竹管制成的符节，是行经鄙的凭证。

译文

出使各诸侯国以统一六种符节的样式：使用虎节的是山地之国，使用人节的是平地之国，使用龙节的是泽地之国，这三种节都是用铜制成的；旌节在道路上通行时使用，符节在进出城门、关卡时使用，管节在经过封邑时使用，这三种节都是用竹子制成的。

原文

成六瑞[①]：王用瑱圭[②]，公用桓圭，侯用信圭，伯用躬圭，子用谷璧，男用蒲璧。

注释

①六瑞：六种瑞玉。瑞，即瑞玉，谓圭璧，是天子执以祭祀天地宗庙，以及诸侯执以朝见天子的信物。

②瑱圭：镇圭，是天子镇抚天下的宝器。

译文

统一六种瑞玉的样式：镇圭是天子使用的，桓圭是公使用的，信圭是侯使用的，躬圭是伯使用的，谷璧是子使用的，蒲璧是男使用的。

原文

合六币[①]：圭以马，璋以皮；璧以帛，琮以锦[②]；琥以绣，璜以黼[③]。此六物者，以和诸侯之好故。

注释

①合：配合，调和。六币：此处兼指六玉（圭、璋、璧、琮、琥、璜）与六物（马、皮、帛、锦、绣、黼）。

②“璧以帛”二句：此为诸侯分别向王、王后行聘礼所进献的礼物。璧以帛，即把璧放在束帛上奉进于王。琮以锦则奉进于后。

③“琥以绣”二句：亦为诸侯分别向王、王后进献的礼物。绣，是有花纹刺绣的丝织品；黼，是有黼纹刺绣（黑白相间的花纹）的丝织品，亦用以将币，即作为进献玉时所用的衬垫物。

译文

六币的配合法：夏、殷二王的后代进献给天子配以马的圭，进献给王后配以虎豹皮的璋；五等诸侯进献给天子配以束帛的璧，进献给王后配以束锦的琮；子男二等诸侯相互行聘礼进献给对方国君的是用琥配以五彩齐备的绣，进献给国君夫人的是用璜配以织有黑白二色的黼。这六种币，是用来和好诸侯的。

原 文

若国札丧，则令赙[①]补之；若国凶荒，则令赒委[②]之；若国师役[③]，则令槁禬[④]之；若国有福事，则令庆贺之；若国有祸灾，则令哀吊之。凡此五物者，治其事故[⑤]。

注 释

①赙（fù）：指用财物助人办丧事。

②赒（zhōu）委：用粮草周济别国。赒，同“周”，周济。委，委积、储备的粮食。邻国用粮草、财物支援遭到兵寇的国家。

③师役：遭受兵寇之灾。

④槁禬：使邻国集聚财货赠给遭受兵乱的国家。槁，俗字为“犒”，犒劳。

⑤治其事故：依法令予以治理。

译 文

若是某国因遭受瘟疫而造成百姓丧亡，就命令其他国家用财物来帮助他们办理丧事；若是某国遇上饥荒凶年，就命令其他国家用粮草周济他们；若是某国发生兵乱，就命令其他国家凑集财物救助他们，以弥补其损失；若是某国有喜庆之事，就命令其他国家为他们共同庆贺；若是某国遭受水、火等重大灾害，就命令其他国家都对他们进行哀悼吊问。凡此五种情况，都根据有关法令由小行人进行处理。

原 文

及其万民之利害为一书，其礼俗、政事、教治、刑禁之逆顺为一书，其悖逆、暴乱、作慝、犹犯令者为一书[①]，其札丧、凶荒、厄贫为一书，其康乐、和亲、安平为一书。凡此五物者，每国辨异之，以反命于王，以周知天下之故。

注释

①慝：恶也。犹：通“猷”，图谋。

译文

将四方诸侯国对百姓而言有利、不利的自然形势汇集为一书，将四方诸侯国的礼俗、政事、教化治理和刑法禁令的违背及遵守情况汇集为一书，将四方诸侯国的反叛、暴乱、作恶和触犯刑法禁令者的情况汇集为一书，将四方诸侯国遇上瘟疫丧亡、遭受凶年饥荒、百姓穷困潦倒的情况汇集为一书，将四方诸侯国百姓康乐、和睦相亲、安宁太平的情况汇集为一书。凡属以上五方面的事，以诸侯国为单位分列条目，向天子汇报，以便让天子知晓天下所有的事。

司仪

原文

司仪掌九仪之宾客摈相之礼①，以诏仪容、辞令、揖让之节。

注释

①九仪：九等。摈相：也作“傧相”，负责迎宾赞礼。摈、相实际是同一人，因事不同而异名。

译文

负责迎接九等宾客的摈相之礼的是司仪，以告诉天子接待使臣时应有的仪容、辞令和揖让的节度。

原文

将合诸侯，则令为坛三成①，宫②旁一门，诏王仪。南乡见诸

侯，土揖庶姓，时揖异姓，天揖同姓[3]。及其摈之[4]，各以其礼[5]，公于上等，侯伯于中等，子男于下等[6]。其将币亦如之[7]。其礼[8]亦如之。王燕，则诸侯毛[9]。

注释

①三成：三层，三重。

②宫：环绕。这里指坛周围筑矮墙以象宫。

③“土揖庶姓”三句：古人的揖犹如今天的拱手而推。推手微向上为天揖，推手平而置于前为时揖，推手微向下为土揖。庶姓，犹言众姓。谓无姻亲关系的庶姓诸侯。异姓，谓有姻亲关系的诸侯。

④摈之：此指天子令摈者行交摈传辞之礼以传见诸侯。

⑤各以其礼：下文所谓“公于上等，侯伯于中等，子男于下等”。

⑥“公于上等”三句：这里的上等、中等、下等，指宫坛的层次，亦即上摈（大宗伯）所在的位置。

⑦亦如之：也是指公在上等，侯伯在中等，子男在下等。

⑧礼：指天子向诸侯行裸礼，即向诸侯进献郁鬯香酒。

⑨毛：头发和胡须。指以年龄大小排列座次，年长者坐上座。

译文

天子有事与诸侯会同时，就命令在城外筑三层高的坛，并筑土为矮墙围坛以象宫，宫的四面每面设置一道门，诏告天子会同的礼节。天子面向南方接见诸侯，向无姻亲关系的庶姓诸侯行土揖礼，向有姻亲关系的异姓诸侯行时揖礼，向同姓诸侯行天揖礼。等到天子令摈者行交摈传辞之礼时，诸侯各自根据其所应行的礼：摈上公时站在坛的最上层，摈侯伯时站在坛的中层，摈子男时站在坛的最下层。五等诸侯向天子呈交瑞玉和进献礼物时也是如此。天子向五等诸侯行裸礼进献郁鬯酒时也是这样。如果天子举行燕礼，诸侯就根据年龄大小来排座次。

原文

凡诸公相为宾，主国五积[1]，三问[2]，皆三辞拜受[3]，皆旅摈；再劳[4]，三辞，三揖，登[5]，拜受，拜送[6]。主君郊劳[7]，交摈[8]，三

辞，车逆，拜辱，三揖，三辞[⑨]，拜受[⑩]。车送，三还，再拜[⑪]。致馆[⑫]亦如之。致飧[⑬]如致积之礼。及将币，交摈，三辞，车逆，拜辱。宾车进答拜，三揖三让[⑭]。每门止一相[⑮]，及庙，唯上相入。宾三揖三让[⑯]，登，再拜授币[⑰]。宾拜送币。每事[⑱]如初。宾[⑲]亦如之。及出，车送，三请，三进[⑳]，再拜。宾三还三辞，告辟。致饔饩，还圭[㉑]。飧、食，致赠[㉒]，郊送：皆如将币之仪。宾之拜礼[㉓]，拜饔饩，拜飧、食，宾继主君[㉔]，皆如主国之礼。

注释

①五积：出入的途中要赠送五次，来三去二。

②三问：入境问、远郊问、近郊问。积问之礼都在客馆进行。

③皆三辞拜受：指主国行五积、三问之礼，每次前来送积、行问礼，宾都要推辞三次才能接受。三辞，指协助行礼的上介在客舍外三次辞礼。拜受，先行拜礼才能接受礼物，谓之行拜受礼。

④再劳：指入境劳、远郊劳两次劳礼。公作为宾一共要接受主国三次劳礼，在进入国境时举行第一次，在远郊时举行第二次，在近郊时举行第三次。

⑤“三辞”三句：宾对于主国派来行劳礼的使者，三次辞谢之后，便迎使者入馆。从进门到行至堂阶前，要互行三次揖礼，即所谓的三揖。登阶升堂前，宾主应三次谦让（让对方先升堂），即所谓的三让，之后宾主登阶升堂。

⑥拜送：送给别人礼物后又行拜礼，称之为行拜送礼。即凡以物授人，先授而后拜，叫作拜送，与拜受正相对。

⑦主君郊劳：这是第三次劳礼，郊指近郊，由主君亲自举行。

⑧交摈：指交摈传辞之礼。

⑨三辞：指宾主行至堂阶前，双方三次谦让（让对方先升堂）。传辞时，双方地位最高的摈介奉命传事，各自从上至下传达主君的致意，又转告自下而上传来的对方主君的意见。如是者三，即为三辞，亦即三次传辞致谢。

⑩拜受：指宾拜受主君的劳礼。

⑪“车送”三句：这是指劳礼毕，宾送主君之礼。

⑫致馆：指宾初到主国国都，主君先派使者为其安排客馆，而后亲至客馆送礼品致意。馆，宾馆，客舍。

⑬致飧：是指在宾初至，尚未行朝礼时，主国款待宾之食，犹今设便宴。飧，一般的饮食。

⑭三揖三让：指主君作揖三次让宾先入大门，而宾谦让三次，然后主君先入以导宾。

⑮每门止一相：实际上是指宾主走到雉门和宗庙正门前时，只有一名上介为宾相礼，只有一名上摈为主君相礼。上相，即是指主君的上摈和宾的上介。主君的首席接待官即为上摈，宾客的第一随从即为上介。每门，实际上只是指雉门与宗庙正门。相，指主君的摈者和客人的介，在门外负责传辞，进门后则负责赞礼。入门相礼因此变其名称为相。

⑯宾三揖三让：这是进入庙门后宾主所行的礼仪。三揖，宾主互行之礼。三让，主君所行之礼，而宾则应当辞谢三次。

⑰授币：接受瑞玉。授，当为“受”。

⑱每事：譬如向主国国君借粮、乞师之类。

⑲宾：当为“傧”。以郁鬯酒敬宾时，若是主人身份高于客人就叫作“礼”，若是主人与客人的身份相等就叫作“傧”。

⑳“三请”二句：主君每一请，车一进，有远送的意味。请，请宾登车。

㉑还圭：指归还瑞玉。朝君正式会见主君行授玉礼后，主君至客舍归还。

㉒致赠：赠送财物。宾回国出了主国的国都至近郊时，主君还要派其卿前来馈赠财物。

㉓宾之拜礼：指宾将回国时，要去拜谢主君。

㉔宾继主君：指对于主君的盛情款待，宾要把主君当作客人并回赠玉、帛、皮、马等礼物。

译文

凡诸公相互朝见而为宾，（宾从来时直到回国）主国要为客人送粮草牲牢共计五次，（要派卿大夫对宾）行三次问礼，（宾对于主国所致的礼）每次都要三次辞谢然后才能行拜礼接受，并且为迎接（前来致礼的）使臣，每次都要（在馆舍的大门外）排列介；在主国对宾行前两次劳礼时，宾每次都要辞谢三次，（而后宾与使臣一同进入客馆），（进门行至堂阶前）双方互相行三次揖礼，而后登阶升堂，宾行拜礼接受主国的劳礼，使者行拜送礼。（第三次时）主君亲自举行郊劳礼，宾主行交摈传辞之礼，（宾对主君行劳礼）推辞三次，然后乘车（出客馆大门）去迎接主君，拜谢主君屈驾亲临慰劳，（而后宾与主君一同进入客馆），（在庭中行进时宾主）互行三次揖礼，（来到堂阶前，宾要三次谦让主君，让其先登阶升堂），（主君）三次辞谢，（而后客人先升堂，主君随之升堂），宾行拜礼（表示接受主君的劳礼）。宾乘车送主君时，主君要三次转过身来辞谢，宾行再拜礼表示和主君告别之意。（宾进入主国国都后）如同郊劳之礼一样由主君亲自举行为宾安排客舍的礼仪。如同向宾赠送粮草牲牢之礼时一样由主国的大夫前往举行为宾设宴的礼仪。到（次日行正聘礼）给主君授玉时，（在大门前）通过交摈传辞，（主君）为表示不敢当推辞三次，然后乘车（出大门）迎接宾，（下车）拜谢宾枉驾来访。宾乘车进前（后再下车）答拜。（而后宾主进入大门，每进一道门）主君都作揖三次请宾先进入而宾谦让三次。每经过一道门时都只由一位上相相礼，等到了太祖庙的庙门前，随着进入庙中的只有主人的上摈与客人的上介。（进入庙门后）宾主（在庭中行进时）行三揖三让之礼，之后登阶升堂。（主君）行再拜礼接受宾呈交的瑞玉。宾把玉授给主君后行拜送礼。（进献礼物给主君或同主国交涉国事时），每件事的礼仪都和当初一样。主君向宾行祼礼时的礼仪也应如此。等到宾告别时，主君乘车送宾，三次请宾登车，并且为了表示远送之意三次驱车前进，（宾将要登车时）向宾行再拜礼以相送。宾（对于主君的三请）三次转身辞谢，（对于主君的再拜礼）回避以示不敢当之意，而后登车离去。（行过朝礼后），主国要向宾馈赠饔饩，（宾将回国时）主君向宾奉还圭璋，（宾在主国访问期间）主君要为宾安排飨礼、食礼，（宾回国出了主国都城到达近郊临别时）主君向宾馈赠财物，并至近郊的客馆送行：以上礼仪都如同宾向主君授玉时的礼仪。宾（回国上路之前）有以下三件事要向主君行拜谢礼：拜谢主君馈送饔饩，拜谢其主君为自己安排飨礼、食礼。宾接待（到客馆）来的主君时，礼仪都同主国接待自己时一样。

原文

诸侯、诸伯、诸子、诸男之相为宾也，各以其礼，相待也如诸公之仪①。

注释

①“各以其礼”二句：指仪节与诸公相同，而礼数则与其不同，如诸公待以九牢而诸侯则待以七牢，诸公五积而诸侯则四积，等等。

译文

诸侯、诸伯、诸子、诸男相互为宾而行朝礼，也都根据各自相应等级的礼数行事，而相互接待的具体礼仪则与诸公相朝时相同。

原文

诸公之臣相为国客[①]，则三积，皆三辞拜受。及大夫郊劳[②]，旅摈[③]，三辞，拜辱。三让，登。听命，下拜，登受[④]。宾[⑤]使者如初之仪。及退，拜送。致馆如初之仪[⑥]。及将币[⑦]，旅摈，三辞，拜逆，客辟，三揖，每门止一相，及庙，唯君相入。三让，客登。拜，客三辟。授币，下，出。每事如初之仪。及礼，私面，私献[⑧]，皆再拜稽首。君答拜。出及中门[⑨]之外，问君[⑩]，客再拜对[⑪]。君拜。客辟而对。君问大夫[⑫]，客对。君劳客[⑬]，客再拜稽首。君答拜，客趋辟[⑭]。致饔饩，如劳之礼。飧、食、还圭[⑮]，如将币之仪。君馆客，客辟，介受命[⑯]。遂送。客从拜辱于朝。明日，客拜礼赐[⑰]，遂行。如入之积。

注释

①相为国客：相互聘问。

②大夫郊劳：这里的大夫是指卿，因为卿也是大夫，又以为“凡臣聘，盖皆一劳”，即此郊劳是也。

③旅摈：指排列摈介之位准备迎客。

④受：指接受大夫的劳礼。

⑤宾：当为“傧”，指客以馆舍主人的身份用宾礼接待大夫。

⑥如初之仪：是指如郊劳礼，但不傧使者。前来致馆的亦为主国的卿。

⑦将币：圭璋。

⑧“及礼”三句：是指客行过正聘礼后，又以个人名义见主国国君。

⑨中门：诸侯三门，中门即雉门。

⑩问君：询问主君的健康情况。

⑪客再拜对：这里客两次对答，第一次是回答对主君健康情况的询问，第二次是回答对主君其他问题的询问。

⑫问大夫：询问卿大夫的健康情况。

⑬劳客：慰劳旅途辛苦。

⑭客趋辟：客快步出大门避开主君的拜礼。客不敢当主君之拜，故趋出避之。

⑮飧、食：此指主君不亲自前往客馆，而是派其大夫手捧束帛代主君向

客致辞，以馈赠飧礼和食礼所当有的牲牢酒食等。

⑯“君馆客”三句：主君前往客馆看望宾客，客因不敢当而回避，而让自己的介听取主君的送别辞命。客辟，义谓不敢当。

⑰礼赐：指乘禽，雌雄相伴而又群聚的雁、鹜等鸟类。此为致飧和馈饔饩等正礼外另又馈送的。客到主国后，从第十天起，宰夫要每天供给客和介一定数量的乘禽。

译文

诸公的臣互相作为国客对他国进行聘问，主国在其从来到去的路上要提供粮草牲牢共计三次，客每次都要推辞三次才能行拜礼接受。到主君派来的大夫来行郊劳礼时，客要排列摈介之位以迎接，并应推辞三次，然后拜谢大夫枉驾前来慰劳。（客与前来行劳礼的大夫进入客馆后来到堂阶前，）客应请大夫先登阶升堂，如此谦让三次，（大夫要推辞三次，）（而后客先登堂而大夫随之）登阶升堂。客听取（代表主君的大夫致）郊劳辞，（为表示尊敬主君，）客听完后应走下堂（面朝北）行拜礼，而后上堂接受劳礼。客应如同当初行劳礼的礼仪一样以馆舍主人的身份用宾礼款待使者。等到大夫退出馆舍时，客应行拜礼相送。应如同当初行郊劳的礼仪一样为客安排馆舍。等到要（行正聘礼给主君）授玉时，主君应排列摈者（以迎接客），（对于客来行聘礼）推辞三次以示不敢当之意，然后（主君在大门内）拜迎客，客应回避主君的拜礼（以示不敢当之意），（然后客进入大门，每进一道门）主君应请客先入，如此作揖三次，而客推让三次，每经过一道门都只由一位上相相礼，到了太祖庙庙门前，只有主君的相进入庙中。（进入庙门后主君与客行三揖）三让之礼，然后客（随主君）登阶升堂。（客转达己国国君对主君的友好问候之辞，主君）拜谢客的到来，客应回避（主君的拜礼），如此退避三次。客给主君授玉，然后走到堂下，走出庙门。（此后若是进献礼物给主君，或同主国交涉国事时，）每件事的礼仪都如同当初授玉时一样。等到主君以醴礼款待客，客以个人名义觐见主君，并进献礼物给主君时，都应对主君行再拜稽首礼，主君则答以回拜礼。礼毕，客出庙走至中门外，主君询问（客的）国君的健康状况，客应对主君行再拜礼以示感谢之意，然后才回答。主君则行回拜礼（以示欣慰之意）。客对主君的拜礼应做出退避的样子而后才回答（有关国君的其他情况）。客又向主君回答了卿大夫的健康状况。主君慰劳客（旅途辛苦），客应行再拜稽首礼（以示感谢之意）。主君回以拜礼，而对于主君的拜礼客应快步走出大门回避。（主君派卿去向客）馈赠饔饩之礼，礼仪同行郊劳礼时一样。（主君向客）安排飧礼、食礼，以及（客回国前）要把玉圭送还给客之礼，都同客前去向主君授玉时的礼仪一样。（客回国的前一天，）主君要前往馆舍看望客，客应回避（以示不敢当之意），而让自己的介聆听主君的送别辞命。而后（主君行拜礼以示）送客。（主君离去时）客应跟随主君，到朝（的大门外）拜谢主君屈尊来客馆送行。次日，客对主君（在访问期间每天）礼赐的（乘禽）要到朝（的大门外）行拜谢之礼，之后就上路启程回国。（主国馈赠的粮草牲牢的数量）同客进入主国时所馈赠的一样。

原文

凡侯、伯、子、男之臣，以其国之爵①相为客而相礼，其仪亦如之。

注释

①爵：谓卿、大夫、士。

译文

凡侯、伯、子、男的臣子互相到对方的国家访问，就根据其在本国地位的高低出聘而互相为客、互相礼待，其相互接待的进退揖让等仪节也和接待诸公的臣时一样。

原文

凡四方之宾客，礼仪、辞命、饩牢、赐献①，以二等从其爵而上下之②。凡宾客，送逆同礼③。

注释

①饩牢：指馈赠牲牢之类。赐献：指礼赐、进献的物品。

②以二等从其爵而上下之：意思是爵位高者礼丰，爵位低者礼简，以二等为差。例如诸侯的卿，与其君相比其所受礼遇降二等，与卿相比大夫则再降二等，与大夫相比士又降二等，反之亦然。

③送逆同礼：都同样要行送迎之礼。

译文

凡是来自各诸侯国的宾客，接待他们所用的礼仪、辞命，馈赠给他们的饔饩之类，以及所礼赐和进献的物品，都可根据其爵位，爵位上下差一级，所受礼遇就上下相差二等。凡是宾客，都同样要行郊劳、郊送之礼。

原文

凡诸侯之交，各称其邦而为之币[1]，以其币为之礼。

注释

①币：这里指三享中所用的币，即进献的礼物。

译文

凡是诸侯国之间的邦交，朝聘一方根据自己国家的实际情况来决定进献礼物的多少，而主国则根据对方所进献的礼物的多少来决定回赠礼物的多少。

原文

凡行人之仪[1]，不朝，不夕[2]，不正其主面[3]，亦不背客。

注释

①凡行人之仪：凡大行人、小行人担任摈相时的礼仪。

②“不朝”二句：依照常礼，皆宾居西边而面向东，主居东边而面向西。如摈相正面朝东或朝西，则背向宾或主，这样就不符合礼仪。朝，指正东。夕，指正西。

③不正其主面：这里的意思是行人为摈相相礼，其面之所向，应兼顾宾主，若正面朝向主人，则会背对宾客。

译文

凡大、小行人充当摈相时的礼仪，脸不正面朝东，也不正面朝西，既不正面朝向主人，也不背对宾客。

掌客

原文

掌客掌四方宾客之牢礼、饩、献、饮食之等数①，与其政治②。

注释

①牢礼：如飧、积、殷膳等礼。饩：饔饩。献：献雉、雁等。饮食：飧、食、燕之类。

②政治：因各类灾祸等原因减礼的事务。

译文

掌客主管招待各方宾客应该提供的牲牢、饔饩、乘禽及饮食等规格不同的礼数，以及因为灾祸而减礼的各类事务。

原文

王合诸侯而飨礼①，则具十有二牢②，庶具③百物备。诸侯长④，十有再献⑤。

注释

①飨礼：规格最高的招待礼，因下文“十有二牢”等都指天子的礼仪。

②十有二牢：指十二牢，也指十二太牢。牢，太牢。

③庶具：指有很多美味佳肴。

④诸侯长：方伯。即为九命之上公，东西二方各一位。

⑤十有再献：行十二次献酒礼。

译文

君主与诸侯商议事情需要举行规格最高的招待礼，置办十二太牢，且置办上百种美味佳肴。在招待礼上对于诸侯之长，君主要行十二次献酒礼。

原文

王巡守、殷国[①]，则国君膳以牲犊，令百官百牲皆具。从者，三公视上公之礼，卿视侯伯之礼，大夫视子男之礼，士视诸侯之卿礼，庶子壹视其大夫之礼。

注释

①殷国：君主在各诸侯国行殷见礼仪。

译文

君主守卫天下或在附近的诸侯国迎接来朝的诸侯王，所到国的国君都要向君主献膳且要用牛犊，命令提供给君主的百官所用的牲牢都要完备。对于随从君主巡视的近臣的接待之礼，接待三公要比照上公的礼数，接待卿要比照侯伯的礼数，接待大夫要比照子男的礼数，接待士要比照诸侯之卿的礼数，接待庶子要比照诸侯之大夫的礼数。

原文

凡诸侯之礼[①]：上公五积，皆视飧牵[②]。三问皆脩[③]，群介行人宰史皆有牢。飧五牢[④]，食[⑤]四十，簠[⑥]十，豆[⑦]四十，铏[⑧]四十有二，壶[⑨]四十，鼎、簋十有二[⑩]，牲[⑪]三十有六，皆陈。饔饩[⑫]九牢，其死牢[⑬]如飧之陈，牵四牢，米百有二十筥[⑭]，醯醢百有二十瓮，车皆陈[⑮]；车米视生牢[⑯]，牢十车，车秉有五籔[⑰]，车禾[⑱]视死牢，牢十车，车三秅[⑲]，刍薪倍禾[⑳]，皆陈[㉑]。乘禽[㉒]日九十双。殷膳[㉓]大牢。以及归，三飨、三食、三燕；若弗酌[㉔]，则以币致之。凡介、

行人、宰、史，皆有飧、饔饩，以其爵等为之牢礼之陈数㉕，唯上介有禽献。夫人致礼：八壶、八豆、八笾，膳大牢，致飧大牢，食大牢。卿皆见，以羔，膳大牢。

注释

①凡诸侯之礼：此指提供给诸侯的聘君之礼。

②皆视飧牵：牲牢的供应标准要与接风宴上的相同。

③脩（xiū）：干肉。

④飧：接风宴。五牢：五牢中，一牢是指饪，即煮熟的肉；其余四牢是指腥，即生肉。

⑤食：美味佳肴。

⑥簠（fǔ）：装稻、粱的器具。

⑦豆：放菹、醢等濡汁的器具。

⑧铏：放菜和肉汁的器具。

⑨壶：盛酒用的器具。

⑩鼎：盛放牲牢用的器具。簋：盛放黍稷用的器具。

⑪牲：当作"腥"，新鲜的牲肉。此指腥鼎，盛放新鲜牲肉用的鼎。

⑫饔饩：已经宰杀的牲口叫作饔，还未杀的牲口叫作饩。

⑬死牢：五牢。其中一牢是煮熟的肉（饪），摆放在客馆的西阶前；其余四牢是还未煮的生肉（腥），摆放在客馆的东阶前。

⑭米：此指稻、粱、黍、稷各类。米的放法一般十筥为一排，稻、粱、黍各两排，稷六排，一共十二排，摆放于庭中的东、西方向。筥：用竹子制成的圆形物器，可以容纳半斛（即五斗）。

⑮车皆陈：指以上各类物品均摆放在客馆的门内。

⑯车米：用车装米。生牢：与上文"牵四牢"同义。牵四牢是指饔饩之生牢、四牢，每牢有十车，米则装四十车。

⑰秉有五籔（sǒu）：指二百四十斗，又指二十四斛。秉、籔都是指容量单位。一秉总共十籔，一籔总共十六斗。

⑱禾：指带有穗的茎。

⑲秅（chá）：古代的计量单位，一秅为四百秉。秉，一把，意谓一手能握住多少的量。

⑳刍：料草。薪：柴。倍禾：一百车。禾，五十车。

㉑皆陈：以上各类物品横向摆放在宾馆门外。

㉒乘禽：指群聚的雉、雁以及雌雄相伴的鸟。

㉓殷膳：客人做客期间，主人正常款待外又不定期送上食物。

㉔若弗酌：主君因故不能亲自酌酒答谢宾客，实指主君不能亲自参加飨、食、燕之礼，则要把飨、食、燕之礼所需的酒食和佳肴派近臣送到宾馆去。

㉕以其爵等为之牢礼之陈数：指卿，则飧二牢，饔饩五牢；大夫，则飧大牢，饔饩三牢；士，则飧少牢（只有羊豕二牲），饔饩大牢。

译文

大凡接待来朝聘的诸侯之礼：从来时直到返国，招待上公要提供五次粮草以及牲牢，其中所供给的活的牲口数要与致飧食的牲口数相比。沿途要问三次礼，进献时每次都要有肉，（下“群介行人宰史皆有牢”九字衍，不译）。提供的飧食用五牢，其中美味佳肴四十（豆），稻饭以及粱饭十簋，菹菜和酱类四十豆，肉羹三十二铏，酒四十壶，装熟牲肉的鼎和装黍饭、稷饭的簋各十二个，鲜牲肉三十六鼎，都摆放在一定的地方。主君派大臣到宾馆赠送的饔饩有九牢，其中已宰杀的牲口和飧食所供给牲口的摆放的方法一样，还有未被宰杀的牲口四牢，送去的米有一百二十筥，送去的醯、酱有一百二十瓮，都摆放在宾馆的门内；送去的装米的车辆要比照赠送的活牲口的牢数，每赠送活牲口一牢，就配上赠送的米十车，一车装米一秉零五籔，送去的装禾的车数要比照馈赠死牲的牢数，每赠送一牢宰杀过的牲口，就配上赠送的禾十车，每车载三秅禾，送去的草和薪柴都要比禾多一倍，这些装载米、禾、草、柴的车辆都摆放在宾馆的门外。主君做客期间，每天供给乘禽九十双。中间又赠送太牢作为膳食。一直到宾客回国之前，君主还要为宾客分别举行三次飨礼、食礼、燕礼；如果君主因故不能参加飨礼、食礼、燕礼去酌酒答谢宾客，就派人送上钱币代替君主致辞并把酒食赠送给宾客。大凡介、行人、宰、史等随从人员，君主也要赠送飧食和饔饩，所陈列的牢礼数的规格根据他们爵位的高低来决定，只有上介才有资格接受乘禽。主君夫人给宾客所赠送的礼物分别为：酒八壶，菹醢八豆，果脯八笾，礼用一具太牢，飨礼用一具太牢，食礼用一具太牢。大臣到宾馆去接见宾客，用羔羊作为见面礼，且赠送一具太牢用来做膳食。

原文

侯伯四积，皆视飧牵。再问皆脩。飧四牢，食三十有二，簋八，豆三十有二，铏二十有八①，壶三十有二，鼎簋十有二，腥二

十有七，皆陈。饔饩七牢，其死牢如飧之陈，牵三牢，米百筥，醯醢百瓮，皆陈；米三十车，禾四十车，刍薪倍禾，皆陈。乘禽日七十双。殷膳大牢。三[②]飨、再食、再燕。凡介、行人、宰、史，皆有飧、饔饩，以其爵等为之礼，唯上介有禽献。夫人致礼：八壶、八豆、八笾，膳大牢，致饔大牢。卿皆见，以羔，膳特牛[③]。

注释

①二十有八：此处指“二十四”。

②三：当为“再”。

③特牛：此处指一头牛。

译文

从来时直到回国，招待侯伯要四次供给粮草牲牢，每次供给的活的牲口数要比照致飧食的牲口数。途中派大臣问两次礼，每次问礼都进献肉。侯伯刚到时，用四牢作为铏供给的飧食，还有三十二豆美味佳肴，八簠稻、粱，三十二豆菹菜和酱类，二十四铏肉羹，三十二壶酒，放熟牲肉的鼎和放黍饭、稷饭的簋各十二个，新鲜的牲肉共二十七鼎，都摆放在规定的地方。行过正式礼后，主君派大臣到宾馆赠送七牢饔饩，已宰杀的牲口的摆放和飧食所供给的牲口一样，还有未杀的牲口三牢，一百筥送去的米，一百瓮醋、酱，都摆放在宾馆的门内；三十车米，四十车禾，草和薪柴比禾要多一倍，都摆放在宾馆的门外。做客期间，君主每天供给乘禽七十双。期间又赠送太牢作为膳食。一直到宾客回国之前，主君还要为宾客分别举行两次飨礼、食礼、燕礼。大凡介、行人、宰、史等随从人员，主君都要赠送飧食和饔饩，所陈列的牢礼数的规格根据他们爵位的高低来决定，只有上介才有资格接受乘禽。主君夫人赠送的礼物分别为：酒八壶，菹醢八豆，果脯八笾，膳食用一具太牢，飨礼用一具太牢。大臣到宾馆去接见宾客，用羔羊作为见面礼，且赠送一头牛当作膳食。

原文

子男三积，皆视飧牵。壹问以脩。飧三牢，食二十有四，簠六，豆二十有四，铏十有八[①]，壶二十有四，鼎簋十有二，牲[②]十有

八，皆陈。饔饩五牢，其死牢如飧之陈，牵二牢，米八十筥，醯醢八十瓮，皆陈；米二十车，禾三十车，刍薪倍禾，皆陈。乘禽日五十双。壹飨、壹食、壹燕。凡介、行人、宰、史，皆有飧、饔饩，以其爵等为之礼，唯上介有禽献。夫人致礼：六壶、六豆、六笾，膳视致飨。亲见卿，皆膳特牛。

注释

①十有八：当为“十有六”。

②牲：当为“腥”。

译文

从来到直至回国，招待子男要提供三次粮草以及牲牢，每次提供的活的牲口数要比照致飧食的牲口数。途中派大臣问一次礼，每次问礼都要有肉。聘君刚到时，君主派大臣提供的飧食共三牢，二十四豆各种美味佳肴，六簠稻饭、粱饭，二十四豆菹菜、酱类，十六铏肉羹，二十四壶酒，放熟牲肉的鼎和放黍饭、稷饭的簋各十二个，新鲜的牲肉共十八鼎，都摆放在规定的地方。行过正式礼后，君主派大臣到宾馆赠送五牢饔饩，已宰杀的牲口的摆放和飧食所提供的牲口一样，还有未杀的牲口二牢，送去的八十筥米，八十瓮醋、酱，都摆放在宾馆门内；二十车米，三十车禾，草和薪柴比禾要多一倍，都摆放在宾馆门外。聘君逗留期间，主君每天供给乘禽五十双。一直到宾客回国，主君还要为宾客分别举行一次飨礼、食礼、燕礼。大凡介、行人、宰、史等随从人员，主君都要赠送飧食和饔饩，所陈列的牢礼的规格根据他们爵位的高低来决定，只有上介才有资格接受乘禽。主君夫人赠送的礼物分别为：酒六壶，菹醢六豆，果脯六笾，赠送膳食的规格与赠送飨礼的规格一致。大臣到宾馆去接见宾客，都要向宾客赠送一头牛用作膳食。

原文

凡诸侯之卿、大夫、士为国客，则如其介之礼以待之。

译文

作为国客以诸侯的卿、大夫、士来行聘礼，就和他们为诸侯和国君一起行礼时接待他们的礼数一样。

原文

凡礼宾客，国新杀[①]礼，凶荒杀礼，札丧杀礼，祸灾杀礼，在野、在外杀礼。

注释

①杀：减少。

译文

以礼接待宾客，国家新建立礼就可以降低规格；如果有大的灾荒，礼就可以降低规格；如果有大的瘟疫，礼就可以降低规格；如果遭受敌兵侵略或水火祸乱，礼就可以降低规格；如果在野地、在郊外，礼就可以降低规格。

原文

凡宾客死，致礼以丧用。宾客有丧[①]，惟刍稍之受[②]。遭主国之丧[③]，不受飧、食，受牲礼[④]。

注释

①宾客有丧：如果君主来朝而为宾的话，丧即指其父母死；如果臣来拜而为客的话，丧即指君主死。

②惟刍稍之受：只接受刍稍，不接受国家的飧礼和食礼。刍稍，即草料和粮食。

③遭主国之丧：遭受君主、君主夫人以及世子之丧。

④受牲礼：主家因丧葬而无心煎烹，故按礼当致的熟牲，皆以腥致之。牲，当为“腥”。腥礼指飧食和饔饩。

译文

凡是在主国期间死亡的宾客，主国会赠送礼物以提供丧事之用。宾客在进入主国访问时如果听闻丧报，就只接受主国提供的最基本的草料和粮食。如果宾客进入主国访问时恰逢主国有丧事，就不再接受主国的飧礼和食礼，只接受主国按礼数送来的生的牲肉。

掌讶

原文

掌讶掌邦国之等籍①，以待宾客。若将有国宾客至，则戒官②修委积，与士③迎宾于疆，为前驱而入。及宿，则令聚柝。及委，则致积。至于国，宾入馆，次于舍门外，待事于客。及将币，为前驱。至于朝，诏其位，入复。及退亦如之。

注释

①等籍：礼籍。记载各诸侯国礼仪尊卑的簿册。

②官：指牛人、羊人、舍人、委人等属官。

③士：指讶士，负责迎送宾客。

译文

掌讶主管记载各诸侯国礼仪尊卑等级的簿册，根据此簿册接待来朝聘的宾客。如果诸侯国的宾客即将到达，就先告诫牛人、羊人等属官准备好要用的粮草物资，与讶士一起前往边境以迎接宾客，引导宾客入境。在途中时恰逢宾客要住宿下来，就命令士兵聚集民众击柝守卫。到要赠送粮草，就以君主的名义赠送给宾客。到达国都，宾客住进馆舍后，就在宾馆门外搭帐篷，以待宾客有事时帮助处理。等到宾客上朝向君主行拜见礼时，就在前面引导。宾客到达朝廷以后，告知他们站的位置，然后入内向君主禀告宾客已经到来。行完拜见礼，到宾客退朝要返回宾馆时同样在前做引导。

原文

凡宾客之治①，令讶②，讶治之。凡从者出，则使人道之。及

归，送亦如之[3]。

注释

①凡宾客之治：凡是宾客有事要禀告。
②令讶：先告诉掌讶。
③送亦如之：沿途送别时的礼仪也要像迎接时的一样。

译文

凡是宾客有事要禀告，都要先告诉掌讶，然后由掌讶入朝禀告而加以处理。凡是宾客的随从人员要外出，就派人在前做引导。等到宾客要返回自己的国家时，沿途送别时的礼仪也要像迎接时的一样。

原文

凡宾客：诸侯有卿讶，卿有大夫讶，大夫有士讶，士皆有讶。[1]凡讶者，宾客至而往，诏相其事，而掌其治令。

注释

①“凡宾客”至“有讶”：此处的讶与掌讶不相同，此指宾客到要行拜见礼那一天，君主临时委任迎宾之讶到宾馆去迎接，其身份相较所迎宾客略低一等。

译文

凡是宾客到要行拜见礼那一天，君主临时委任迎宾之讶到宾馆去迎接：由卿充任讶是因为宾客是诸侯，由大夫充任讶是因为宾客是卿，由士充任讶是因为宾客是大夫，宾客是士的话也都有讶。凡是充任讶的人，宾客将要到来时就前往宾馆，诏告且帮助宾客处理事情，并主管有关接待的各项事宜。

朝大夫

原文

朝大夫掌都家之国治①。日朝以听国事故②，以告其君长。国有政令，则令其朝大夫。凡都家之治于国者，必因其朝大夫，然后听之，唯大事弗因③。凡都家之治有不及者，则诛其朝大夫；在军旅，则诛其有司④。

注释

①都家：意谓封邑。王子弟、公卿之封邑叫作都，大夫之封邑叫作家。国治：国家有事要施于都家以及都家以事请于国家。

②国事故：指国家施行政事的重大措施。

③唯大事弗因：重要的事情不用朝大夫转达，可以另派专使来向君主请示。

④有司：执掌所属事务的官吏。指各有专司。

译文

朝大夫掌管施于封邑及封邑向国家请示的一切治理事务。有关国家的政事举措上朝时每天都能听到，把它记录下来禀告给本封邑的君长。国家有针对封邑的政令，就将政令下达给封邑的朝大夫且由朝大夫转达给其封邑的君长。凡是封邑的政事需要请示国家的，都要由朝大夫转达，然后朝廷官吏才能受理，只有重要的事情可不由朝大夫转达，而另派专使来向君主请示。凡是封邑的政事有违背法令或未及时办理的，就惩罚其朝大夫；如果在军旅中发生此类情况，就惩罚封邑的都司马和家司马等有关官吏。

冬官考工记第六

总叙

原文

国有六职[1]，百工[2]与居一焉。

注释

①六职：指六类职别，分别为王公、士大夫、百工、商旅、农夫、妇功。

②百工：专业工匠、技艺指导者及行政管理官员，以制造器物为职，故称。所有营造事宜皆由司空主管，所以司空管辖百工。

译文

国家的职业有六类，其中之一是百工。

原文

或坐而论道；或作而行之；或审曲、面埶[1]，以饬五材，以辨[2]民器；或通四方之珍异以资[3]之；或饬力以长地财[4]；或治丝麻以成之[5]。坐而论道，谓之王公[6]；作而行之，谓之士大夫；审曲、面埶，以饬五材，以辨民器，谓之百工；通四方之珍异以资之，谓之商旅[7]；饬力以长地财，谓之农夫；治丝麻以成之，谓之妇功[8]。

注释

①审曲：指考查材料的外在特征。审，审视，考查。曲，意谓曲直。面埶（shì）：指考查材料的内在特征。埶，同“势”，意谓形势。

②辨：同“办”，置办。

③资：取，操。

④饬力：意谓致力、勤力、努力。饬，通“敕”。地财：指五谷杂粮。

⑤丝：蚕丝，用作纺织，具有弹性、纤细、光滑、柔软、耐酸等特质。麻：古时多指大麻，也指苘（qǐng）麻、亚麻、苎麻等。

⑥王公：此指君主以及诸侯。

⑦商旅：贩卖东西的旅客。

⑧妇功：女工，又称女红（gōng）。指从事纺织、缝纫等工作。

译文

有的人安坐而商讨治国之道；有的人起来施行治国之道；有的人考查原材料的曲直等外部特征以及方圆等内部特征，整治用以加工五材，进而置办民众所需要的各种器物；有的人置办四方珍异的物品且加以流通；有的人辛勤耕作土地用以生产农作物；有的人生产丝麻而制成布帛衣物。安坐而商讨治国之道的，是王公；起来施行治国之道的，是士大夫；考查原材料的曲直、方圆，整治加工五材，进而置办民众所需要的各种器物的，是百工；置办四方珍异的物品且加以流通的，是商旅；辛勤耕作土地，用以生产农作物的，是农夫；生产丝麻而制成布帛衣物的，是妇功。

原文

粤无镈[①]，燕无函[②]，秦无庐[③]，胡[④]无弓、车。粤之无镈也，非无镈也，夫人而能为镈也。燕之无函也，非无函也，夫人而能为函也。秦之无庐也，非无庐也，夫人而能为庐也。胡之无弓、车也，非无弓、车也，夫人而能为弓、车也[⑤]。

注释

①粤：古同“越”。越，春秋战国时的国名，亦称“於越”，在今浙江一带，建都会稽（今浙江绍兴）。镈（bó）：指农耕用的锄类工具。一说为铲。

②燕：周朝诸侯国，位于现在的河北北部、辽宁西端，建都蓟（今北京城西南）。函：披甲。

③秦：秦襄公（公元前777年—前766年在位）时，被周平王（公元前770—前720在位）封为诸侯。春秋时占有今陕西关中全部、甘肃东南端，建都于雍（今陕西凤翔东南）。庐：通“篚”，指矛、戟、矛等长兵器的木柄。

④胡：戎狄，我国古代北方以及西北方少数民族的通称。

⑤“粤之”十二句：越国多草，山出金锡，因此百姓中懂铸造的人比较多；燕国与匈奴互为邻国，因此百姓习惯做甲胄；秦国小树比较多，因此百姓擅长做矛戟之柄；匈奴之民，多以田猎畜牧为生，傍水草而居，因此制造弓箭、车辆的人多。夫人，亦称凡人，即指懂得各类事物的人有很多。

译文

越国未专门设置制作铲镈工匠，燕国未专门设置制作皮甲的工匠，秦国未专门设置制作矛、戟等长柄兵器的工匠，匈奴未专门设置制作弓箭、车辆的工匠。越国未专门设置制作镈的工匠，不是说没有能制作镈的人，而是说那里人人都能制作镈。燕国未专门设置制作皮甲的工匠，不是说没有能制作皮甲的人，而是说那里人人都能制作皮甲。秦国未专门设置制作矛、戟等长柄兵器的工匠，不是说没有能制作矛、戟等长柄兵器的人，而是说那里人人都能制作长柄兵器。匈奴未专门设置制作弓箭、车辆的工匠，不是说没有能制作弓箭、车辆的人，而是说那里人人都能制作弓箭、车辆。

原文

知者[①]创物，巧者[②]述之，守之世，谓之工。百工之事，皆圣人[③]之作也。烁[④]金以为刃，凝[⑤]土以为器，作车以行陆，作舟以行水：此皆圣人之所作也。

注释

①知者：指智慧、聪明、有创造力的人。知，通“智”。

②巧者：指心灵手巧的人。

③圣人：最高智慧的人。此指首创其物的人。

④烁：通“铄”，熔化金属。

⑤凝：凝固，凝结。

译文

智慧且富有创造力的人创造了各种器物，心灵手巧的人根据其制作方法沿袭并不断地发展，守卫此职业以至于世代相传，这就叫作工。百工制作的各种器物，都是由圣人发明创造的。熔化金属用以制作有利刃的器具，使泥土凝固而制作陶器，在道路上行进要制作车子，在水上前行要制作舟船：这些都是由圣人发明创造的。

原文

天有时[①]，地有气[②]，材有美，工有巧：合此四者，然后可以为良。材美工巧，然而不良，则不时、不得地气也。橘逾淮而北为枳[③]，鸜鹆不逾济[④]，貉逾汶则死[⑤]：此地气[⑥]然也。郑之刀，宋之斤，鲁之削[⑦]，吴、粤之剑[⑧]，迁乎其地而弗能为良：地气然也。燕之角，荆之干[⑨]，妢胡之笴[⑩]，吴、粤之金、锡[⑪]：此材之美者也。天有时以生，有时以杀；草木有时以生，有时以死；石有时以泐[⑫]；水有时以凝，有时以泽[⑬]：此天时也。

注释

①时：此指寒温。

②地有气：指地理、地址、生态环境等各种客观因素。气，中国古代的一种原始综合科学概念。

③橘：柑橘，多汁，可食。淮：淮河，中国大河之一。枳（zhǐ）：也叫枸橘、臭橘。与柑橘类似的落叶灌木或小乔木，果肉少而味酸苦，食用效果

不佳。

④鸜：俗字为“鸲（qú）”，即鸲鹆，人称八哥，它能模仿人的声音。济：济水，古代四渎（长江、黄河、淮河、济水）之一，即《夏官·职方氏》之泲水。

⑤貉：通“貈（hé）”。貈，为哺乳动物，外形似狸，锐头尖鼻，昼伏夜出，傍河谷、山边和田野为居，以鱼、虫、鸟类、野果、杂草等为食，皮较珍贵。汶：水名，又名大汶水、大汶河，在今山东北部。一说为汶江，即长江。

⑥地气：指物种生长和地理位置的阴阳向背、土壤的酸碱度及成分差异都有一定的关系。

⑦“郑之刀”三句：郑，郑国，周代诸侯国。公元前806年，郑桓公受封于郑（今陕西华县东）。春秋初年郑为强国，建都新郑（今河南新郑），后渐衰落，公元前375年为韩国所灭。宋，宋国，公元前十一世纪周公把商的旧都周围的地区分封给商王纣的庶兄微子启，后者建立宋国，都商丘（今河南商丘南），公元前286年为齐所灭。斤，工匠用的斧头。鲁，鲁国，公元前十一世纪周分封的诸侯国，在今山东西南部，建都曲阜（今山东曲阜）。春秋时衰落，沦为小国，公元前256年为楚所灭。削，削刀，又称书刀，一种有柄而微弯的两刃小刀，用以削刮竹、木简上所需要修改的字。

⑧吴、粤之剑：吴，古国名，也称句吴、攻吴，周代诸侯国名，建都于吴（今江苏苏州）。春秋后期国力渐强，公元前473年为越所灭。吴、粤，指浙江一带，也包括安徽、江西的一部分地区。剑，起源于商末周初。吴越的铸剑技术在全国首屈一指，“吴越之剑”享誉全国。

⑨荆：荆州，古时九州之一。春秋战国时期属楚。包括从荆州（今湖北南漳西）到衡山（今湖南衡山西北）南面的地区。干：木干，也指柘木。作为制造弓的材料。

⑩妢（fén）胡：古国名。笴：箭杆。

⑪金、锡：指铜锡。古时吴越一带多产铜锡。

⑫泐（lè）：石头根据其纹理裂开。

⑬泽：通“释”，融化，消融。

译文

天有寒温之时，地有刚柔之气，有优良的原材料，有精巧的工艺技术：把这四个方面的因素合起来，才能制作出优良的器物。材质优良、工艺精巧，然而制作出来的器物却不精良，那是因为和天时不相符且不得地气。举例来说，橘树迁到淮河以北种植就变成枳，八哥向北不飞过济水，貉向南越过汶水就会死去：这些是地气不同造成的。郑国制造的刀，宋国制造的斧，鲁国制造的削，吴、越制造的剑，都是质地精良的产品，离开当地而制作生产，质地就不精良了：这些是地气不同造成的。燕国所产的牛角，荆国所产的弓干，妢胡所产的箭杆，吴、越所产的铜锡：这些都是精良的产品。天有时候可使万物生长茂盛，有时候可使万物凋零枯萎；草木有时候生长茂盛，有时候枯死零落；石头有时候会风化崩裂；水有时候会凝固，有时候会消融：这些都是天时变化造成的。

原文

凡攻[①]木之工七，攻金之工六，攻皮之工五，设色[②]之工五，刮摩之工五，搏埴[③]之工二。攻木之工：轮、舆、弓、庐、匠、车、梓[④]。攻金之工：筑、冶、凫、栗、段、桃。攻皮之工：函、鲍、韗、韦、裘[⑤]。设色之工：画、缋、钟、筐、㡛[⑥]。刮摩之工：玉、楖[⑦]、雕、矢、磬。搏埴之工：陶、旊[⑧]。

注释

①攻：整顿，加工。

②设色：染色，俗称着色。即在素物上面涂以颜色。

③搏埴（zhí）：拍打黏土，烧制陶器。埴，黏土。

④轮、舆：设计与制作兵车车轮和车厢的工艺技术。弓、庐：指兵器制作。庐，指长兵器的木柄。梓：设计与制作乐器、礼器的工艺技术。

⑤函：制作铠甲、皮甲的工匠。鲍：制作皮革的工匠。韗（yùn）：制作皮鼓的工匠。韦：制作皮革的工匠。裘：制作皮衣的工匠。

⑥画：主管绘画的工匠。缋：通“绘”，主管绘画、刺绣的工匠。钟：专指给羽毛染色的工匠。筐：指专门从事用藤、竹、柳等进行编织的工匠。㡛（huāng）：漂练丝的工匠。

⑦楖（zhì）：又作“榔”，同“栉”，梳篦的总称。指专门制作梳篦的工匠。

⑧旊（fǎng）：古代制作瓦器的工人。

译文

凡是加工木材的工匠共七种，加工金属的工匠共六种，加工皮革的工匠共五种，染色的工匠共五种，从事刮摩的工匠共五种，从事制陶的工匠共两种。加工木材的工匠有：轮人、舆人、弓人、庐人、匠人、车人、梓人。加工金属的工匠有：筑氏、冶氏、凫氏、栗氏、段氏、桃氏。加工皮革的工匠有：函人、鲍人、鞸人、韦人、裘人。染色的工匠有：画人、缋人、钟氏、筐人、㡛氏。从事刮摩的工匠有：玉人、楖人、雕人、矢人、磬氏。从事制陶的工匠有：陶人、瓬人。

原文

有虞氏上陶①，夏后氏上匠②，殷人上梓③，周人上舆④。

注释

①有虞氏：古部落名。传说该部落联盟首领虞舜受尧禅让，其活动中心在蒲坂（今山西永济东南）。上陶：崇尚冶陶业。上，通“尚”，崇尚。陶，陶器。

②夏后氏：古部落名。也称夏后、夏氏。相传其首领禹受舜禅让，治水有功，禹之子启建立夏朝。上匠：提倡水利和营造业。匠，开挖沟渠等水利和建造宫室、道路等工程。

③殷：商代，商王盘庚自奄（今山东曲阜）迁都至殷（今河南安阳西北），故称殷、殷商。上梓：提倡木制手工业。梓，落叶乔木，材质柔软耐腐朽，多用于制作木器。

④周：公元前十一世纪周武王灭商后建立周朝，建都于镐（今陕西西安西南沣水东岸）。公元前770年周平王东迁至洛邑（今河南洛阳）。平王东迁之前史称西周，东迁之后史称东周。上舆：提倡制车业。舆，车厢，泛指车。

译文

有虞氏提倡冶陶业，夏后氏提倡水利和营造业，殷人提倡木制手工业并制作礼乐器具，周人提倡制车业。

原文

故一器而工聚焉者，车[①]为多。车有六等之数：车轸四尺[②]，谓之一等；戈柲六尺有六寸[③]，既建而迤[④]，崇于轸四尺，谓之二等；人长[⑤]八尺，崇[⑥]于戈四尺，谓之三等；殳长寻有四尺[⑦]，崇于人四尺，谓之四等；车戟常[⑧]，崇于殳四尺，谓之五等；酋矛常有四尺[⑨]，崇于戟四尺，谓之六等。车谓之六等之数。

注释

①车：是古代国家机械制造工艺技术的集中代表。

②轸：本义指车厢底部后置的横木，此指车厢底部四边的木框。四尺：指车轸距离地面的高度。

③戈：商周时期盛行的一种青铜兵器，横刃放置在竹木质的长柄上，可用前锋进攻，亦可用下刃钩割，还可用上刃推柞。柲（bì）：指兵器的柄。

④建：竖立。迤（yǐ）：此指斜倚。

⑤人长：指人的身高。

⑥崇：高。

⑦殳（shū）：指用于撞击、打击的各种兵器，多用木或竹制成，顶部没有刃。寻：长度单位，指八尺。

⑧车戟：车战时战车所用的戟。戟，组合戈、矛为一体的兵器，具有直刺、推击等多种功能。青铜戟始于商代，盛行于东周，铁戟始于战国。常：长度单位，指二寻，即十六尺。

⑨酋矛：长矛名，多用于兵车。常有四尺：指酋矛长一常零四尺。

译文

因为商周时期提倡制车业，所以制作一种器物需要聚集多个工种的工匠，其中以制作车所聚集的工种最多。而车有六等之数：高四尺的为车轸，这是第一等；连柄长六尺六寸的为戈身，且斜倚着插在车扃上，比轸要高四尺，这是第二等；人的身高为八尺，站在车厢上比戈要高四尺，这是第三等；殳长一寻零四尺，插在扃车上比人要高四尺，这是第四等；车扃上直插的戟长一常，插在车上比殳要高四尺，这是第五等；直插在车扃上的酋矛长一常零四尺，比戟要高四尺，这是第六等。所以说车有六等差数。

原文

凡察车之道，必自载于地者始也，是故察车自轮始。凡察车之道，欲其朴属而微至①。不朴属，无以为完久②也；不微至，无以为戚速③也。轮已崇，则人不能登也；轮已庳④，则于马终古登阤也⑤。故兵车之轮六尺有六寸⑥，田车⑦之轮六尺有三寸，乘车⑧之轮六尺有六寸。六尺有六寸之轮，轵⑨崇三尺有三寸也，加轸与轐⑩焉四尺也。人长八尺⑪，登下以为节⑫。

注释

①其：承上文，指车轮。朴（pǔ）属：零件组合在一起紧密且坚固的样子。微至：意谓车轮为圆形，可与地面接触的面积小，参照几何学中的圆与直线相切，以至于滚动摩擦时阻力较小，则车轮运转就快。

②完久：坚固而耐久。完，坚固。

③戚速：疾速。戚，通“促”，快。

④已：太，过分。庳（bēi）：低，矮。

⑤终古：常常，经常。古，齐国方言，常。登阤（zhì）：爬坡。阤，山坡。

⑥兵车之轮六尺有六寸：指兵车车轮的直径为六尺六寸，合今 130.02 厘米。兵车，战车，也指革路。

⑦田车：田猎的车子，即木路。

⑧乘车：乘用之车，具体指玉路、金路、象路。

⑨轵（zhǐ）：车轴长于毂外的部分。

⑩轐（bú）：亦称伏兔（因状如伏兔）、輹，是垫在车厢和车轴之间的两块木板。伏兔朝下一面各有一个弧形缺口，用以管制车轴，使得轸、轴组合在一起更为稳固，且有保护轴以及减震的效果。

⑪八尺：当时中等身材的人身高大约为八尺，车轸的高度是依据人身高的一半来设计的，便于上下车。

⑫节：标准尺度，节度。

译文

大凡观察车子的好与坏，必须先从车子接触地面的那一部分开始，要从车轮开始观察车子的好与坏。凡是观察车子的方法，车轮要坚固紧密且与地面的接触面积最小。不坚固紧密，车子就不耐用；与地面的接触面积不是最小，车子就不能快速前进。车轮太高，人上车时就不方便；车轮太低，马就会总是像爬坡一样费力。因此，兵车车轮的直径为六尺六寸，田车车轮的直径为六尺三寸，乘车车轮的直径为六尺六寸。直径为六尺六寸的车轮，轵的高度为三尺三寸，再加上轸木与车轐的高度，一共为四尺。人高八尺，以此用作方便人上下的轸高的节度。

轮人

原文

轮人为轮①，斩三材②必以其时。三材既具，巧者和之。毂③也者，以为利转也；辐④也者，以为直指⑤也；牙⑥也者，以为固抱也。轮敝⑦，三材不失职⑧，谓之完⑨。

注释

①轮：车轮。车的核心部件为车轮，对车子质量有很大的影响。

②三材：制作毂、辐、牙（车轮的圆框）所用的木材。周时，毂往往用榆木，辐用檀木，牙材不详（汉代用橿木作牙）。

③毂：指轮轴，车轮中心的圆木部件。

④辐：指辐条，车轮中用以连结毂与轮圈的直木条。

⑤直指：笔直，没有偏差。辐条两端分别与毂和轮圈相连接，毂是小圈，轮圈是大圈，每两根辐条在大小圆圈上的距离必须均等，才能使二者在运动中受力均衡。

⑥牙：又名辋（wǎng），即轮圈。

⑦敝：毁坏，破败。

⑧职：职守，此指功能。

⑨完：牢固。

译文

轮人制作车轮，砍伐制造毂、辐、牙的三种木材必须在适合的时间。三种木材都具备后，由能工巧匠将它们加工、组装成为一个车轮。对于毂，要让它结合车轮灵活地转动；对于辐，要让它插入毂与牙的凿孔笔直而没有偏差；对于牙，要让它坚固地合抱。轮子即使磨得很破了，毂、辐、牙三个部件也不能让其松动、变形而失去功能，这才叫作工艺高超且制作牢固。

原文

望而视其轮①，欲其幎尔而下迆②也；进而视之，欲其微至也：无所取之，取诸圜也。望其辐，欲其掣尔而纤③也；进而视之，欲其肉称④也：无所取之，取诸易⑤直也。望其毂，欲其眼⑥也；进而视之，欲其帱之廉也⑦：无所取之，取诸急也。视其绠⑧，欲其蚤⑨之正也。察其菑蚤不齵⑩，则轮虽敝不匡⑪。

注释

①轮：这里指把三截弧形木合起来为圆框而制成的轮牙。

②幎（mì）尔而下迆：谓轮圈周而复始、均匀地接触地面。幎，均匀的样子。迆，同“迤”，斜倚。

③掣（xiāo）尔而纤：由粗慢慢变细。掣，尖细的样子。纤，小。

④肉称：光滑均匀，粗细适宜。称，意谓适宜。

⑤易：平，指其均匀而不肿不陷。

⑥眼：指整齐、均匀。

⑦帱：覆盖，掩盖。此谓鞔在毂端的皮革。廉：棱角。

⑧绠（gěng）：轮辐近轴处凸出的部分。

⑨蚤：通“爪”。

⑩菑（zì）：插入，竖立。此指辐条插入毂中的榫头中。齵（yú）：牙齿不正。此谓参差不齐。

⑪匡：弯曲，扭曲。此指车轮变形，不是圆形的。

译文

从远处看车轮，轮圈周而复始、均匀地接触地面；走近来看，触地面积要少且要少到最少：这没有别的可取的方法，只取决于牙是否造得圆。从远处看车辐，向牙的一端要由粗慢慢变细；走近来看，要每根车辐的粗细都均匀适宜：这没有别的可取的方法，只取决于辐条是否造得平直。从远处看车毂，要整齐、均匀；走近来看，缠革的地方要隐起毂端的棱角：这没有别的可取的方法，只取决于皮革裹是否紧固。近看车牙的绠处，绠内侧的蚤要安得很端正。观察辐的菑和蚤，如果相对呈直线且没有不整齐的情况，那么即使轮子坏了也不会变形。

原文

凡斩毂之道，必矩其阴阳①。阳也者稹理②而坚，阴也者疏理而柔，是故以火养其阴，而齐诸其阳，则毂虽敝不蔽③。毂小而长则柞④，大而短则摯⑤。是故六分其轮崇，以其一为之牙围⑥。参分其牙围而漆其二⑦。椁其漆内而中诎之⑧，以为之毂长，以其长为之围⑨。以其围之防捎其薮⑩。五分其毂之长，去一以为贤，去三以为轵⑪。容毂⑫必直，陈篆⑬必正，施胶⑭必厚，施筋⑮必数，帱必负干⑯。既摩⑰，革色青白，谓之毂之善⑱。

注释

①矩：刻记。阴阳：树木向阳面叫阳，背阳面叫阴。

②稹理：文理紧密。稹，通“缜”，细密，紧密。

③蔽（hào）：消耗，缩小。指因变形而不平。

④柞：通“窄”，狭窄。意谓辐间的距离窄狭。

⑤摯（niè）：当作“槷”。危险，不牢固。

⑥牙围：轮牙的周围。

⑦参分其牙围而漆其二：把牙围三等分，三分之二髹漆，外围接近地面的三分之一则不漆。

⑧椁：度量。诎：曲，折，缩短。度量两漆之内的长度而从中折之，即为毂长。

⑨以其长为之围：此指毂的周长与毂长相等，都为三尺二寸。

⑩防（lè）：分数，一说为三分之一。捎：消除。薮：车毂中心穿轴的圆孔，内外两端大小不同。

⑪“去一以为贤”二句：车毂中心穿轴的圆孔，靠近内侧的直径较大，叫作贤、大穿；靠近外侧的直径较小，叫作轵、小穿。

⑫容毂：意谓治毂。

⑬篆：车毂上的雕饰。

⑭施胶：刻篆之后施用胶水。

⑮施筋：施用胶水之后再施筋。胶、筋皆用来使车毂坚牢，不易毁坏变形。

⑯帱必负干：所施加的胶筋与车毂紧密地结合在一起。帱，覆。负，依。

⑰既摩：用骨烧灰和漆，之后为丸状，在给其物上漆之前，先涂其物，叫作丸漆。丸漆干了之后，用石块把表面磨平，叫作摩。摩的颜色为青白色，之后漆之。

⑱毂之善：车毂中最好的。

译文

大凡砍伐毂材的方法，树木的背阳一面和向阳一面必须刻记。木材纹理紧密而木质坚硬是向阳的一面，木材纹理稀疏而木质柔软则是背阳的一面，因此背阳的一面需要用火烘烤，直至木质的硬度变得与向阳面的一样坚硬，这样制造出来的毂即使坏了木材也不会萎缩，致使缚在上面的皮革鼓起。毂小辐条之间的距离就狭窄，毂大车轮就不安稳、牢固。所以要用轮高六尺六寸的六分之一做牙围。再对牙围的三分之二上油漆。度量轮的两边自油漆以内的长度而从中折取一半，用来作为毂的长度，又用毂的长度作为毂的周长。依照毂的周长的三分之一挖取毂心而为薮的周长。把毂的长度分为五等分，去掉二等分，其中的三等分作为贤的周长，去掉三等分，以其中的二等分作为轵的周长。整治毂一定要使其直，毂上转圈所雕刻的篆的排列一定要正，毂上所涂的胶一定要厚，所缠的筋一定要紧密，毂上所裹的皮革一定要紧紧地贴着毂干。在革上先涂丸漆，丸漆干了之后再用石块打磨，打磨之后，如果毂上的皮革出现青白色，这就是车毂中的佳品。

原文

参分其毂长，二在外，一在内[①]，以置其幅。凡辐，量其凿深以为辐广[②]。辐广而凿浅，则是以大扤[③]，虽有良工，莫之能固；凿深而辐小，则是固有余而强不足也。故竑其辐广以为之弱[④]，则虽有重任，毂不折。参分其辐之长而杀其一，则虽有深泥，亦弗之溓[⑤]也。参分其股围，去一以为骹围[⑥]。揉[⑦]辐必齐，平沉必均[⑧]。直以指牙[⑨]，牙得则无槷而固。不得则有槷[⑩]，必足见[⑪]也。六尺有六寸之轮，绠[⑫]参分寸之二，谓之轮之固。

注释

①"参分"三句：此指车毂上的安辐处。外，指轵（即小穿）的一端。内，指贤（即大穿）的一端。

②量其凿深以为辐广：辐广以凿深（毂上卯眼的深度）为度，即凿深为三寸半。凿，指车毂上的榫眼，以便安辐菑。

③扤（wù）：摇晃，晃动。

④竑（hóng）：计量，量度。弱：此处指辐菑，即插入车毂中的辐条榫头。

⑤溓（nián）：通"黏"，粘上。此指辐条上不粘泥土。

⑥"参分"二句：此指股围的三分之二是骹围。根据郑珍计算，如果股围为 8.4 寸，则骹围为 5.6 寸。

⑦揉：同"煣"。辐条所用的木料不一定都是直的，而弯曲的木料需用火烤后将其拉直，称煣。

⑧平沉必均：木的轻重都一样，沉入水中后的深度就平均如一，这是用水验木之轻重的方法。

⑨直以指牙：辐的骹围比股小，但所杀只在内侧，且骹与股的厚度一样（都厚七分），从辐的外侧来看，呈一条直线直指向牙。指，插入。

⑩槷：木楔。

⑪必足见：轮牙的榫眼与辐条的榫头不对称，必导致木楔穿过卯眼。足，指木楔尖锐的一端。

⑫绠：指蚤凿处的外侧所留出的牙边，此牙边宽三分之二寸。

译文

把毂长分成三等分，二等分在外边，一等分在里边，在相交处安装辐条。凡是辐条，测量毂上所凿的深度来确定辐条的宽度。如果辐条够宽而凿孔太浅，这样安装起来的辐条就会晃动，即使技术高超的工匠，也不能使之牢固；卯眼够深而辐条狭小，就会使辐条牢固有余但强度不够且容易折断。所以要测量辐条的宽度来决定毂上辐菑的尺寸，而菑端则削成尖笋状，即使车子装载很重，毂也不会折断。把辐条长度分成三等分而将靠近轮牙那一等分的内侧削得细小些，即使遇到深泥，辐条上也不会粘上泥土。把辐条的股围长分成三等分，去掉一等分，剩下的二等分就是骹的围长。用火煣制辐的木材必须使它们笔直，把辐材沉入水中，浮沉的深浅也要平均如一。辐要笔直地插在牙凿里，使蚤与凿密合，这样，不加楔子也会很牢固。如果蚤与牙不能密合，就算加上楔子也不牢固，楔子的末端就一定会从牙着地一侧的凿眼中露出来。六尺六寸高的轮子，留出三分之二寸宽的绠，这样安装起来轮子就称得上牢固了。

原文

凡为轮，行泽者欲杼①，行山者欲侔②。杼以行泽，则是刀以割涂也，是故涂③不附；侔以行山，则是抟以行石也，是故轮虽敝，不甐④于凿。凡揉牙，外不廉，而内不挫⑤，旁不肿，谓之用火之善。是故规之以视其圜也，萬之以视其匡也⑥，县之⑦以视其幅之直也，水之以视其平沉之均⑧也，量其薮以黍以视其同⑨也，权⑩之以视其轻重之侔也。故可规、可萬、可水、可县、可量、可权也，谓之国工⑪。

注释

①杼（zhù）：削尖，削薄。此指削薄轮牙着地的一面。

②侔：相等。此谓轮牙着地的一面与插入辐条一面的厚度相等。

③涂：泥土。

④甐（lìn）：松动，损坏。

⑤“外不廉”二句：外，指轮牙着地的一面。廉，断裂。内，指轮牙插

辐的一面。挫，弯折。

⑥“是故”二句：此谓以曲尺测量，观察车轮中辐与牙相交处是否呈直角。规，圆规。萬（jǔ），通“矩”，木匠所用的曲尺。一说“萬”，又称“萬蒌”，检验轮圈两侧是否平整的专用工具，与轮等大，圆形。匡，弯曲，扭曲。

⑦县之：此指以悬绳检验。县，同“悬”。

⑧水之以视其平沉之均：将两只轮子放入水中，利用浮力知识检验车轮的质量分布是否均匀。如果选材或制作不当，轮平面势必与水平面斜交；如果车轮四周均匀浮出水面，说明其质量分布均匀、对称，符合技术要求。

⑨量其薮以黍以视其同：用黍测量两毂的中空处，看其容积大小是否相同。薮，泛指毂之中空受轴处。黍，草本植物，果实呈球形或椭圆形。古代用百黍排列，以其长度作为一尺的标准，称“黍尺”。黍也可以用来测量容积。

⑩权：又称衡，天平。此指用天平称量。

⑪国工：技术水平最为优秀的国家级工匠。

译文

凡是制作车轮，行驶在泽地的轮牙着地的一面要削得薄，行驶在山地的轮牙的上下要厚度相等。轮牙着地的一面削得薄，行驶在泽地上简直就像用刀割泥一样，因此泥不会黏附；轮牙上下厚度均等而行驶在山地上，简直就像用厚实的轮牙行驶在山石上，所以轮子即使坏了，也不会使凿孔两侧的牙磨损变薄而致使凿中的辐蚤、辐条松动。凡是用火烤煣牙材，能够做到向外的一侧木材的纹理不断裂，而向内的一侧不损坏，两旁也不破裂，就叫作善于掌握火候了。所以，造好轮子后，就用圆规来测量，以观察轮子是否最圆，以曲尺测量，以观察车轮中辐与牙的相交处是否呈直角，悬垂绳子以观察上下车辐是否对直，将轮子放到水里来测量两只轮子沉入水中的深浅是否均等，用黍米测量两毂的中空处以观察其容积大小是否相同，用天平来称量两个轮子以观察其重量是否相等。因此，如果制作出的轮子能够经得起圆规、曲尺、水、垂线、黍米、天平的检验，达到这种技术水平的工匠就可以称之为国家级工匠了。

原文

轮人为盖[①]，达常[②]围三寸，桯[③]围倍之，六寸。信其桯围以为部广[④]，部广六寸。部长二尺[⑤]。桯长倍之四尺者二[⑥]。十分寸之一谓之枚。部尊一枚[⑦]，弓凿[⑧]广四枚，凿上二枚，凿下四枚[⑨]，凿深二寸有半，下直二枚，凿端一枚[⑩]。弓长六尺，谓之庇轵[⑪]，五尺谓之庇轮，四尺谓之庇轸。参分弓长而揉其一。参分其股围[⑫]，去一以为蚤围。参分弓长，以其一为之尊[⑬]。上欲尊而宇欲卑[⑭]，上尊而宇卑，则吐水疾而霤远[⑮]。盖已崇，则难为门[⑯]也，盖已卑[⑰]是蔽目也，是故盖崇十尺[⑱]。良盖弗冒、弗纮，殷亩而驰不队[⑲]，谓之国工。

注释

①盖：车盖，形状如伞，用以遮挡风雨。

②达常：伞盖的柄分两节，上节即达常，下节即桯（yíng）。达常插入桯中，两者连接处以铜管箍牢加固。

③桯：盖柄的下节，也叫盖杠。

④信：通“伸”，舒展，伸展。部广：盖斗的直径。部，通“柎”。柎，本义花萼，此谓车盖上柄的顶部膨胀处，也叫盖斗。

⑤部长二尺：指部与达常加在一起共长二尺。部长，斗柄的达常（上节）。

⑥桯长倍之四尺者二：桯长八尺。

⑦部尊：盖斗上端凸出的高度。枚：古代长度单位，即一分，一寸的十分之一。盖斗顶部为一抛物面，而中央部分凸出的高度为一分（一枚），故盖斗厚一寸一分。

⑧弓凿：盖斗周围凿出的安装盖弓的榫眼。弓，即盖弓，车盖上的弓形骨架。一端安在盖斗边上，一端向外伸出。

⑨“凿上二枚”二句：此指榫眼上下留出不需要凿的宽度。盖斗边厚一寸，安装弓的榫眼在偏上部位：榫眼上留出二分，榫眼下留出四分，加上榫眼长四分，共为一寸。

⑩“下直二枚”二句：下直，指凿孔榫眼底部高。凿端，指榫眼底部横宽。

⑪庇轵：遮盖两轵。车的两轵之间宽一丈一尺六寸，而车盖的直径为一

丈二尺六寸，即使有宇曲之减（即因弓向下倾斜而致使伸展的长度变短），也足以覆盖之两轵，故名庇轵。庇，遮盖，覆盖。轵，指毂端。

⑫股围：股的周长，即一寸六分。股，指盖弓上端部分。

⑬尊：高。此谓盖斗中心距弓末的高低差。

⑭上：车盖顶部的平直部分。宇：屋檐。此谓车盖的边缘。

⑮吐水疾而霤（liù）远：雨水从上往四周流，流得快而远。水，指雨水。霤，本义指屋檐上流下的水。此指车盖上流下的水。

⑯难为门：此谓很难通过宫室的大门。

⑰盖已卑：盖高十尺，而宇曲倾斜二尺，宇曲末端仅高八尺。卑，低。

⑱盖崇十尺：盖高十尺。其中部长二尺，桯长八尺，共计十尺。

⑲“良盖”二句：此谓盖弓安装得非常牢固，即使上面不蒙幕布并用绳拴系，任车驰骋于垄亩间，也不会晃动脱落。弗冒，盖弓上不蒙幕布。冒，覆盖。弗纮，弓末不缀绳。殷（yīn），居中，横穿。一说，殷（yǐn），振动，颠簸。垄亩，田中高处。队，同“坠”，下落。

译文

轮人制作车盖，盖柄的上节叫作达常，其围长三寸，盖柄的下节叫作桯，其围长增大一倍，共六寸。用盖柄下节的围长作为上面盖斗的直径，盖斗的直径为六寸，盖斗下的柄长二尺。盖柄的下节比上节长一倍为四尺而又加一倍为八尺。一寸的十分之一叫作枚。盖斗的上端高出一枚，盖斗周围安装弓的凿孔宽四枚，凿孔上边留出二枚长的余地，凿孔下边留出四枚长的余地；凿孔深度是二寸半，下平，渐收，凿孔内去掉凿口处二枚，凿孔顶端宽一枚。盖弓长六尺，覆盖两轵，叫作庇轵，长五尺覆盖两轮，叫作庇轮，长四尺覆盖两轸，叫作庇轸。将弓长分成三等分，而把靠近盖斗的一等分用火烤煣得平直。把弓股的围长分成三等分，去掉一等分，以其中的二等分作为弓蚤的围长。将弓长分成三等分，以靠近盖斗的一等分作为弓的末端凸出而平直的部分。接近盖斗的中央部分要高而其四周宇曲的边沿部分要低。接近盖斗的中央部分高而远离盖斗的宇曲部分低，雨水落在上面就流淌得快，流泻得远。车盖造太高，就难以通过宫室的大门，车盖造太低，就会遮住乘车人的视线，因此，车盖的高度要为十尺。好的车盖上即使不蒙幕布、不用绳子拴系，任凭车子驰骋在垄亩间，盖弓也不会脱落，达到这种技术水平的工匠就可以称之为国家级工匠了。

函人[1]

原文

函人为甲[2]。犀甲七属[3]，兕甲六属，合甲[4]五属。犀甲寿[5]百年，兕甲寿二百年，合甲寿三百年。

注释

①函人：指用革制作铠甲的工匠。函，铠甲。

②甲：护身用的战服，有皮革、金属片两种材质。此指皮革材质的甲。

③犀甲七属（zhǔ）：犀甲的上衣、下裳皆由七札相续连接而成。甲衣用甲片连接而成，甲片是用皮革裁成的方形或三角形，甲片的一片叫作一札。其连缀之法，皆下札交压于上札之下，如鳞片然，经连接后一片叫作一属。犀，及下文兕，皆兽名。用它们的皮做的甲衣，分别称之为犀甲、兕甲。属，连接。

④合甲：削去残留在皮革表皮内侧的肉质部分，取两张表皮重叠数层而制成的甲，是各类甲中最坚韧的。

⑤寿：使用年限。

译文

函人制作甲衣。犀甲的上衣、下裳都是用七片甲片连接而成，兕甲的上衣、下裳都是用六片甲片连接而成，合甲的上衣、下裳都是用五片甲片连接而成。犀甲可以使用一百年，兕甲可以使用二百年，合甲可以使用三百年。

原文

凡为甲，必先为容[1]，然后制革。权其上旅与其下旅[2]，而重若一。以其长[3]为之围。

注释

①容：模具，模型。一说，指人体的高低大小。

②权：称量，测量。上旅：指腰以上。此指甲的上衣。下旅：指腰以下。此指甲的下裳。

③其长：指甲的长度，即上旅加下旅的长度。

译文

大凡制作甲衣，一定要先测量人的体形来设计出模型，然后裁制革片。称量甲的上衣和下裳的革片，两者的重量务必要相等。用甲衣的长度作为甲衣的腰围长度。

原文

凡甲，锻不挚则不坚①，已敝则桡②。凡察革之道：视其钻空③，欲其窓④也；视其里⑤，欲其易⑥也；视其朕⑦，欲其直⑧也；櫜⑨之，欲其约⑩也；举而视之，欲其丰⑪也；衣之，欲其无齘⑫也。视其钻空而窓，则革坚也；视其里而易，则材更⑬也；视其朕而直，则制善也；櫜之而约，则周⑭也；举之而丰，则明⑮也。衣之无齘，则变⑯也。

注释

①锻不挚则不坚：制作甲衣时皮革锻治不细致、不周到，就不坚固。锻，锻治，用锤捶击。挚，细致，周到。

②已：指锻治时超出限度。敝：指革理受到损害。桡：曲，不平整。

③钻空：指穿线连接革片的孔眼。

④窓（wǎn）：指孔眼很小。

⑤里：指皮甲的内面。

⑥易：平整，光滑。

⑦朕：指皮甲缝合处，即衣缝。

⑧直：指皮甲连接针脚处笔直，没有弯曲。

⑨櫜（gāo）：指装甲衣或弓箭的袋子。

⑩约：小，少。

⑪丰：丰满，大。此指甲衣有光泽，看起来宽大丰满。

⑫无齘（xiè）：此指革片不相互摩擦，穿着时贴身合体。齘，本义指牙齿相互摩擦，引申为物体交接处不密合。

⑬更：优良，好。

⑭周：密致。

⑮明：有光泽。

⑯变：此指革甲缝合紧密没有空隙，则穿甲者行动自如、合体便利。

译文

大凡甲衣，如果皮革锻治不细致、周到，甲衣就不坚固，而如果锻治超出限度致使革理受到损害，就会使甲衣曲折不平且不坚韧。观察甲衣质量好坏的方法：查看皮甲上为穿丝绳连接甲片而钻的孔眼，孔眼要小；查看皮甲的内面，要刮治得平整而光滑；查看甲衣的缝合处，上下要对直；把它卷起来装进袋子里，体积要小；把它举起来展开看，要显得宽大、丰满；穿到身上查看，甲片间要不相互摩擦。看到甲片上的钻孔很小，就知道甲衣很坚固；看到甲片的内面平整而光滑，就知道甲衣的材质优良；看到甲衣上的缝合处笔直，就知道甲衣的做工精良；卷起来装进袋子里时体积小，就知道缝制得精致细密；举起来展开时显得宽大丰满，甲面就一定很有光彩；穿到身上，甲片缝合紧密没有空隙，穿甲者就能行动自如、合体便利。

画缋[1]

原文

画缋之事，杂五色。东方谓之青，南方谓之赤，西方谓之白，北方谓之黑，天谓之玄，地谓之黄。青与白相次[2]也，赤与黑相次也，玄与黄相次也。青与赤谓之文，赤与白谓之章[3]，白与黑谓之黼[4]，黑与青谓之黻[5]，五采备谓之绣。

注释

①画缋（huì）：负责设色、施彩、绘画、刺绣的工匠。缋，同“绘”，将各种颜色按一定要求进行搭配。

②次：次序。

③章：原指纺织品的纹理，引申为花纹。此指赤白相间的色彩。

④黼：古代礼服上刺绣或绘制的黑白相间的斧形纹饰。

⑤黻：古代礼服上刺绣或绘制的黑青相间的弓形纹饰。

译文

绘画的事，就是调配五色以形成各种图案。青色象征东方，赤色象征南方，白色象征西方，黑色象征北方，玄色象征天，黄色象征地。绘画着色的次序是：青色与白色顺次排列，赤色与黑色顺次排列，玄色与黄色顺次排列。刺绣色彩搭配的次序是：青色与赤色相搭配叫作文，赤色与白色相搭配叫作章，白色与黑色相搭配叫作黼，黑色与青色相搭配叫作黻，五种颜色都具备叫作绣。

原文

土以黄，其象方①。天时变②。火以圜③，山以章④，水以龙⑤，鸟、兽、蛇。杂四时五色之位以章之⑥，谓之巧。凡画缋之事，后素功⑦。

注释

①象：形象，外形。方：四方形。

②天时变：指画天时的色彩随季节变化。春天用青色画天，夏天用赤色画天，秋天用白色画天，冬天用黑色画天。

③火以圜：画大火星就用圆弧形作为象征。圜，圆弧形。

④山以章：画山就用獐的犬齿作为象征。章，同“獐”，兽名。

⑤水以龙：画水就用龙作为象征。

⑥“杂四时”句：此指需按照四季五色的位置灵活搭配，以使画面色彩鲜明。杂，交杂，混杂。位，此指着色的部位。章，鲜明。

⑦后素功：最后才着白色。素，白色，因其容易被其他颜色污染，故最后着白色。功，当作“功作”，即工作。

译文

黄色用以画土地，它的形象画成四方形象征地方。画天要随着四季时令的变化选用不同的颜色。画大火星就用圆弧形作为象征，画山就用獐的犬齿作为象征，画水就用龙作为象征，还有画鸟、兽、蛇等。能灵活搭配象征四季的五色的着色部位以使画面色彩鲜明，就叫作技术巧妙。大凡画缋，必须先着彩色，最后才着白色，以此衬托画面，使形象清晰可辨。

矢人①

原文

矢人为矢。𫓯矢参分，茀矢参分，一在前，二在后②。兵矢、田矢五分③，二在前，三在后。杀矢④七分，三在前，四在后。

注释

①矢人：指造箭的工匠。箭由镞头、杆、羽、括等部分组成。

②"𫓯（hóu）矢参分"四句：𫓯矢，指箭头较重、宜于近射、力度中深、杀伤力强的矢。茀（bó）矢，即杀矢。𫓯矢、杀矢皆用于近射，其镞尤重，故重心向前。一在前，二在后，即𫓯矢、杀矢重心所在。

③兵矢：枉矢、絜矢，是两种可以结火而射的矢，用于守城、车战。田矢：矰矢，用于打猎弋射的矢。兵矢、田矢，镞皆稍轻，故箭杆重心向后移。

④杀矢：一种箭头较重且尖锐、杀伤力强的矢，其用途与𫓯矢类似。

译文

矢人制作矢。把𫓯矢的箭杆长度分为三等分，把茀矢的箭杆长度分为三等分，一等分在前，二等分在后，则前后重量相同。把兵矢、田矢的箭杆长度分为五等分，二等分在前，三等分在后，则前后重量相同。把杀矢的箭杆长度分为七等分，三等分在前，四等分在后，则前后重量相同。

原文

参分其长而杀其一①。五分其长而羽其一②，以其笴厚为之羽深③。水之以辨其阴阳④，夹其阴阳以设其比⑤，夹其比以设其羽。参分其羽以设其刃⑥，则虽有疾风，亦弗之能惮⑦矣。

注释

①长：指箭杆的长度。杀：减少，削减。

②五分其长而羽其一：指在箭杆末端的六寸处插上羽毛。箭杆为三尺长，五分之一即为六寸。

③笴厚：箭杆的厚度。笴，箭杆。羽深：指箭羽插入箭杆的深度。

④阴阳：指箭杆的阴面和阳面。凡木皆有阴阳两面，向日部分为阳，背日部分为阴。

⑤比：是指矢末尾端扣弦处所刻的一道凹槽。

⑥刃：箭镞，箭头。

⑦惮：摇摆。

译文

把箭杆的长度分为三等分，然后把前面的一等分自后向前逐渐削细以便安镞。把箭杆的长度分为五等分，然后安羽的部分在箭杆后面占一等分，以箭杆的厚度作为羽毛插入箭杆的深度。把箭杆浮于水面以辨别出它的阴面和阳面，夹在阴阳分界处的两边设箭括，夹在箭括的两边上下、左右对称设置羽毛。把羽毛的长度分为三等分，然后以一等分作为设置镞刃的长度，那么，即使有迅疾的风也不会因摇摆而偏离方向。

原文

刃长寸，围寸，铤十之①，重三垸②。

注释

①铤十之：指铤长一尺。

②三垸：垸，通“锾”，重量单位，重 11.52 铢，三垸则为 34.56 铢，合计 1.44 两。

译文

刃长一寸，刃的最宽处围长一寸，铤的长度是围长的十倍（即一尺），镞重三垸。

原文

前弱则俯[①]，后弱则翔[②]，中弱则纡[③]，中强[④]则扬；羽丰则迟，羽杀则趮[⑤]。是故夹而摇之，以视其丰杀之节[⑥]也，桡之以视其鸿杀之称也[⑦]。

注释

①弱：柔弱易弯曲。俯：俯下，低下。

②翔：前高。

③纡：屈曲，弯曲。

④强：刚强不易弯曲。

⑤“羽丰则迟”二句：谓羽毛偏多、偏少之病。丰，大。迟，迟缓，慢。杀，此谓箭羽过少。趮，摇晃，倾斜。

⑥节：关键点。此指最佳点。

⑦桡之以视其鸿杀之称也：此指用实验的方法检验箭杆的粗细与强弱。鸿杀，此指粗细。鸿，大。杀，小。称，匀称。

译文

如果箭杆前端较柔弱且箭的轨道较正常，箭矢就低且会向下栽，如果箭杆后端较柔弱且箭的轨道较正常，箭矢就高且会向上扬，如果箭杆中部较柔弱，箭的飞行路线就弯曲而偏侧，如果箭杆中部刚强，那两头的箭飞行时就会飘忽不定地倾斜而出；箭羽过大则箭的飞行速度就会减慢，箭羽过少或零落不齐，箭飞行时就摇摆倾斜。因此箭造成以后，要用手指夹着箭矢的顶端上下晃动它，以检验箭羽的大小是否合乎要求，弯曲箭杆以观察其各部分强弱粗细是否匀称。

原文

凡相[①]笴，欲生而抟[②]，同抟欲重，同重节欲疏，同疏欲栗[③]。

注释

①相：选择。

②生：天生的。抟：浑圆。

③栗：指栗木，落叶乔木，质地坚实，纹理细直。

译文

大凡选择箭杆之材，要选择天生就是浑圆的，同样浑圆的要选择细密坚固的，同样细密坚固的要选择竹节稀疏的，同样竹节稀疏的要挑选颜色接近栗色的。

弓人①

原文

弓人为弓，取六材必以其时②。六材既聚，巧者和之③。干④也者，以为远也；角也者，以为疾也；筋也者，以为深也⑤；胶也者，以为和⑥也；丝也者，以为固也；漆⑦也者，以为受霜露也。

注释

①弓人：制造弓的工匠。

②六材：指下文所记干、角、筋、胶、丝、漆等六种制弓材料。必以其时：在冬天取干，在秋天取角，在夏天取丝、漆。取筋、胶的时间均不详。

③和之：指按一定的要求加工组合。

④干：指弓干。木制，又称弓体。

⑤“角也者”四句：角依附在干的里侧，筋依附在干的外侧，都用以帮助弓干发力。

⑥和：合。

⑦漆：指生物漆，俗称大漆、中国漆。漆液为白色，遇空气氧化逐渐发暗至黑，耐强酸、强碱。

译文

弓人制作弓，在获取六材时需要依照时节。六材都已具备，由能工巧匠将它们加工组合成弓。弓干，是用以射得远的；角，是用以射得快的；筋，是用以射得深的；胶，是用以使弓身黏合紧密的；丝，是用以将弓身缠得结实牢固的；漆，是用以使弓身能经受霜露侵蚀的。

原文

凡取干之道七：柘[1]为上，檍[2]次之，檿桑[3]次之，橘次之，木瓜[4]次之，荆[5]次之，竹为下[6]。凡相干，欲赤黑而阳声[7]：赤黑则乡心[8]，阳声则远根[9]。凡析干[10]，射远者用埶[11]，射深者用直[12]。居[13]干之道，菑栗不迆[14]，则弓不发[15]。

注释

①柘：桑属，落叶灌木或乔木，干疏直，材质坚韧细密，可制弓。

②檍（yì）：木名，又名土橿（jiāng）、杻，俗称万年木，木材坚韧，多曲少直，可制弓弩。

③檿（yǎn）桑：木名，桑属。又叫檿、山桑、柞树。叶子可以喂养蚕，木材坚韧，可制弓弩、车辕。

④木瓜：木名，也称楙（mào），落叶灌木或小乔木，果实可食用、入药。

⑤荆：落叶灌木。牡荆枝径坚韧，可制棰杖等。

⑥竹为下：竹虽被列为最次的弓材，但采用复合多层的办法，并经过特殊的加工处理，竹材也可制弓。

⑦阳声：清阳之声。阳，通“扬”。

⑧乡心：向心，此指心材。乡，通“向”，接近。

⑨远根：指所取木材的部位要远离树根。远根木理条顺，制成弓干可使其受力均匀，为良材。

⑩析干：剖制弓干。

⑪用埶：指利用木料的曲势。此指假设木料本身弯曲，那就让它向相反方向弯曲，利用它的反弹力量把箭射远。

⑫射深者用直：此指射深宜用直材，直材可以让弓干能够剖制得厚一些，弓干厚则力度大，故可射深。

⑬居：加工，处理。

⑭菑栗：锯开，用锯剖开。菑，剖析。栗，通“裂”，裂开。不迆：不斜行而损伤木理。

⑮发：假借作“拨”，扭曲变形。

译文

选取干材的质量标准分为七等：上等为柘木，次一等为檍木，又次一等为檿桑，又次一等为橘木，又次一等为木瓜木，又次一等为荆木，最次的是竹子。凡是选取干材，要先选颜色为赤黑色而且敲击时声音清扬的：颜色为赤黑色就表明它靠近树心而木质坚韧，声音清扬就表明它远离树根而木理条顺。凡是剖制弓干，想要射得远就要反向利用干材的自然弯曲形势，想要射得深就要用厚直的木材。处理干材的方法，剖析干材时不要斜锯，以防损伤纹理，制成的弓就不会扭曲变形。

原文

凡相角，秋杀者厚，春杀者薄；稚牛之角直而泽，老牛之角紾而昔[①]；疢疾险中[②]，瘠牛之角无泽。角欲青白而丰末。夫角之末蹙于脑而休于气[③]，是故柔，柔故欲其势[④]也，白也者，势之征也。夫角之中恒当弓之畏[⑤]，畏也者必桡，桡故欲其坚也，青也者，坚之征也。夫角之末远于脑而不休于气，是故脆，脆故欲其柔也，丰末[⑥]也者，柔之征也。角长二尺有五寸，三色不失理[⑦]，谓之牛戴牛[⑧]。

注释

①紾（zhěn）：扭转，弯曲。一说为紾（tiǎn），纹理粗糙而无光泽。昔：通“错”，干燥，粗糙。

②疢（chèn）疾：久病。疢，疾病。险：洼陷。

③末：当作“本”。此句与下文“夫角之末远于脑而不休于气”相对，“远于脑”为角之末，则此“蹙于脑”为角之本。蹙（cù）：接近，迫近。休：通“煦”，温暖，温热。

④势：自然弯曲之势。

⑤畏：通“隈”。指弓末与弓干中央之间的两个弯曲处。弓的两端叫作箫，也叫弭；弓的中央手握之处叫作弣；箫、弣之间弯曲处即隈，又叫渊，左右各一。

⑥末：指牛角末，角的顶端。

⑦三色：指根部发白，中段发青，末梢丰满。不失理：指毫无瑕疵。

⑧牛戴牛：指好的牛角价值贵重，等同于一条牛的价值，故等于牛头上又生长着一头牛。戴，顶着，生长着。

译文

凡是挑选牛角，秋天杀的牛的角厚实，春天杀的牛的角单薄；小牛的角纹理平直而有光泽，老牛的角纹理扭曲、粗糙且干燥、不光滑；久病的牛的角里会受伤而凹陷不实，瘦瘠的牛的角没有光泽。牛角要颜色青白而末端粗大、丰满的。牛角的根部由于离牛脑近而受脑气的滋润，因此比较柔韧，柔韧因此要有自然弯曲之势以便反以为弓，而根部颜色发白，正是自然弯曲之势的验证。牛角的中段常依附在弓隈处，弓隈处在弓干张弛时必定弯曲，要随之弯曲因此牛角要坚韧，颜色发青，就是坚韧的验证。牛角的末端由于远离牛脑而不受脑气的滋润，因此比较偏脆，偏脆因此要柔韧一些，而角的末端粗大、丰满，正是柔韧的验证。如果角长达到二尺五寸，兼有根部发白、中段发青、末梢丰满而纹理毫无瑕疵，就叫作牛头上又生长着一对牛角，价值等同于一头牛。

原文

凡相胶，欲朱色而昔[①]。昔也者，深瑕[②]而泽，紾而抟廉[③]。鹿胶[④]青白，马胶赤白，牛胶火赤，鼠胶黑，鱼胶饵[⑤]，犀胶黄。凡昵之类不能方[⑥]。

注释

①昔：指有光泽的胶原纤维交错纠结。一说为干燥粗糙。
②瑕：裂痕。
③紾：此指纹理。抟廉：棱纹成束。抟，束，捆。廉，即裂痕的棱纹。
④鹿胶：用鹿角熬制的胶。
⑤饵：牲畜的筋腱。此指色如筋腱。
⑥昵：假借作“樴（zhí）”，黏。方：比，即等同。

译文

凡是挑选胶时，要先选红色而且交错弯曲的。胶原纤维交错弯曲的胶，裂痕深且有光泽，裂成的纹理聚集为棱纹且成束。用鹿角熬制的胶为青白色，马皮熬制的胶为赤白色，牛角熬制的胶为火红色，鼠皮熬制的胶为黑色，鱼鳔熬制的胶色如筋腱一样白中透黄，犀角熬制的胶为黄色。凡是黏附类的东西，黏性都不能与这些胶相比。

原文

凡相筋[①]，欲小简[②]而长，大结而泽。小简而长，大结而泽，则其为兽必剽[③]，以为弓，则岂异于其兽？筋欲敝之敝[④]，漆欲測[⑤]，丝欲沈[⑥]。

注释

①筋：牛马以及麋鹿之筋。
②小简：筋丝。简，筋条。
③剽：通“慓”，疾速，迅捷。又通“骠”，剽悍。二义相兼。
④敝之敝：指捶打劳敝，即捶打熟。
⑤測：清澈。此指清澈见底。
⑥沈：沉入水中。

译文

凡是挑选筋时，要先选成条生长的小筋丝，筋端的筋束要宽大而有光泽。成条而生长的小筋丝，筋端的筋束宽大而有光泽，产生这种筋的野兽行动必定疾速，用它的筋来造弓，射出的箭会和野兽的疾速有不同吗？治筋要捶打劳敝，捶打得极熟而无法张弛，漆要清澈见底，丝的颜色要像在水里蒸煮时一样。

原文

得此六材之全，然后可以为良。

译文

这六种弓材都具备，然后才能造出上等的弓。

原文

凡为弓，冬析干而春液[①]角，夏治筋，秋合三材[②]，寒奠体[③]，冰析灂[④]。冬析干则易，春液角则合[⑤]，夏治筋则不烦[⑥]，秋合三材则合[⑦]，寒奠体则张不流[⑧]，冰析灂则审环[⑨]，春被弦[⑩]，则一年之事[⑪]。

注释

①液：浸渍。

②三材：指胶、丝、漆。

③奠体：固定弓干的往体与来体。往体，指弓体向外弯；来体，指弓体向里弯。奠，固定。

④冰析灂：此指严冬结冰时张弛弓体，检验弓漆，看其是否黏合牢固。冰，指严冬大寒时。析灂，检验漆纹看其是否脱落。灂，指漆纹。

⑤合：通“洽”，浸润，柔和。

⑥烦：乱。

⑦合：坚固，细密。

⑧张：施弓弦。流：弓体走样变形。

⑨审：审视，审定。环：指环形漆纹。

⑩被弦：指安装弦。

⑪一年之事：指整整一年的事情。

译文

大凡造弓，适宜在冬天剖析干材而春天用水煮牛角，夏天治理筋，到了秋天再用胶、丝、漆三种材料将干、角、筋结合起来。冬天借助檠固定弓体，严冬结冰时反复张弛弓体以检验漆纹是否脱落。冬天剖析干材能使其细致光滑且比较容易治理好，春天煮牛角易使角柔和浸润，夏天治理筋就不会错乱纠结，秋天再用胶、丝、漆结合干、角、筋三种材料才能坚固、细密，冬天借助檠固定弓体，使其张弛时就不走样变形；严冬结冰时检验漆纹，较易确定漆纹是否呈环形，到来年春天再装上弦，就是整整一年的事情了，这才算是把弓制成了。

原文

析干必伦[①]，析角无邪，斫目必荼[②]。斫目不荼，则及其大修也，筋代之受病[③]。夫目也者必强，强者在内而摩其筋，夫筋之所由蟾[④]，恒由此作，故角三液[⑤]而干再液。厚其帤则木坚，薄其帤则需[⑥]，是故厚其液而节其帤[⑦]。约之不皆约[⑧]，疏数必侔[⑨]。斫挚必中[⑩]，胶之必均[⑪]。斫挚不中，胶之不均，则及其大修也，角代之受病[⑫]。夫怀胶于内而摩其角，夫角之所由挫，恒由此作。

注释

①伦：顺。

②目：节疤，指枝干交接凹凸不平处。荼：同“舒”，缓慢，舒缓。

③“则及”二句：遇到节疤处时，如果不砍掉，节疤处就不齐整，弓干受力就不均匀，时间长了必定使弓干外的筋代受其伤；或者被节疤处磨损，或者多受力而失去韧性。修，长久。

④蟾（chān）：翘起，发皱。

⑤三液：多次，反复整治。与下文“再液”同。

⑥“厚其帤”二句：衬木太厚则弓干太硬，太薄则弓干太软，应厚薄适当。帤（rú），弓干内侧正中的衬木，用以调节弓干的强弱。需，当作“耎”，“耎”通“偄”，柔软。

⑦厚：多。节：适中。

⑧约：缠束。

⑨疏数必侔：疏密一定要均匀。数，密。侔，均匀，均等。

⑩斫挚必中：削治弓干要精巧、周到、均匀。中，与下文“均”皆厚薄均匀义。

⑪胶之必均：用胶要均匀，以粘牢为度。如果用胶不均匀，会擦伤角。

⑫病：损坏。

译文

剖析干材时一定要顺着木的纹理，剖析牛角时一定要顺着纹理不要倾斜，砍斫干材上的节疤时必须平缓、齐整。如果砍斫节疤不平缓齐整，等到弓干使用的时间长了，缠在弓干外的筋就会替代干受到损伤。木节节疤一定是坚硬的，坚硬的东西在里面就会不断地摩擦附在它外面的筋，筋之所以鼓起裂痕而不附干，就是这个原因。因此，角要经过三次煮治而干要经过两次煮治。弓干中央的衬木如果太厚就导致干木过于坚硬，衬木如果太薄就导致弓干过于柔软，因此弓干要反复加衬木使其厚薄适中。弓干与衬木相附之处要缠束丝绳，而其他地方不需要缠束，缠束的疏密程度必须均匀。弓干的砍削要精巧周到而且厚薄要均匀，施胶也需要厚薄均匀。如果砍削弓干不精巧周到、厚薄不均匀，施胶也不均匀，等到使用的时间长了，弓的角就会替代干而受到损伤。胶会在里面不断磨损角，角之所以会折断，常常就是这个原因。

原文

凡居角①，长者以次需②，恒角③而短，是谓逆桡④，引之则纵⑤，释之则不校⑥。恒角而达⑦，辟如终绁⑧，非弓之利也。今夫茭解中⑨有变焉，故校；于挺臂中有柎焉⑩，故剽。恒角而达，引如终绁，非弓之利。

注释

①居角：处理角材。

②次需：到达弯曲柔弱的弓隈处。次，至，到。需，亦当作“耎”，此指弓隈处，因为弓隈处力度弱，故称。

③恒角：角的长度。恒，通“亘”，竟，穷尽。

④逆桡：反方向弯曲。

⑤纵：此指缓慢无力。

⑥校：疾速，迅捷。

⑦达：长。此指弓材过长。

⑧辟：同“譬”，像。终：始终。绁：用作动词，缚系。

⑨茭（jiāo）解中：指弓的隈角与箫角相连接处。茭，指弓干的隈角与箫角相连接处，此处较细，故名。

⑩挺臂：直臂。柎：弣（弓把中央手握处）。因弓柎两侧弣有骨片以增强弓体的弹力，故又称侧骨为弣。弣能使复合弓在不改变弓高的前提下，增强其厚直之势，提高箭的速度。

译文

大凡处理角材，角长的安置在弓隈处，角短的安置在弓箫处。隈角过短，就会受箫角的影响而向相反方向弯曲，这就叫作反向弯曲（即逆桡），这样拉弓缓慢无力，射出的箭不能疾行。隈角过长甚至达到箫头，就像把弓始终系在弓匣中一样，影响引弦射箭，无法发挥其威力，对弓并不利。弓的隈角与箫角交接处有形变和弹力，能使弓臂、弓箫施力的方向不同，因此射出去的箭能疾行；在弓把两侧贴附骨片，因此射出去的箭能疾行。如果隈角过长甚至达到箫头，会影响引弦射箭，拉弓时就像弓始终缚系在弓匣中一样，对弓并不利。

原文

挢干欲孰于火而无赢①，挢角欲孰于火而无燂②，引筋欲尽而无伤其力，煮胶欲孰而水火相得③，然则居旱亦不动，居湿亦不动。

注释

①挢：通“矫”，此指用火矫煣木、角。赢：过度。

②燂（xún）：烤烂。

③煮胶欲孰而水火相得：此指煮胶应以熟为度，恰到好处地掌握火候。

译文

用火矫煣弓干要恰到好处地掌握火候而不要煮太熟，用火矫煣角要恰到好处地掌握火候而不要将其烤坏，拉筋要引尽筋力而不要拉断纹理而损伤其弹力，加水煮胶要以熟为度而恰到好处地掌握火候，这样造出的弓放在干燥的地方不易变形，放在潮湿的地方也不易变形。

原文

苟有贱工①，必因角、干之湿以为之柔，善者在外②，动者③在内，虽善于外，必动于内，虽善亦弗可以为良矣④。

注释

①贱工：谓不负责任的工匠。

②外：外表，外观。

③动者：不稳定因素，变数。

④“虽善”句：即使外表再好，但也不能成为良弓了。角要经过三次浸

治，干要经过两次浸治。此后还要风干或烘干，才能用火煣曲。经过这样的处理，再用其他方法，复合弓才能经受寒暑湿热的变化而永不变形。如果在牛角、弓干的津液尚未干透就煣曲加工，制成的弓虽有其表，但内在质量很差，一经脱水，就要干缩变形。

译文

如果有不负责任的工匠，必然会在牛角、弓干的津液尚未干透就煣曲加工，制成的弓虽有其表，但内在质量却很差，即使做到了外表好看，但有变形的风险，外表即使再好也不可能成为良弓了。

原文

凡为弓，方其峻而高其柎①，长其畏而薄其敝②，宛③之无已，应④。

注释

①方：方整。峻：箫。弓两端固定弦的棱角之处，使弦绷得紧一些。柎：指在弓臂正中而向内高于两侧附的骨片。

②长其畏：隈角要长。畏，弓隈。敝：通"蔽"，指角在弓把内侧与干相附的部分。

③宛：弯曲。引申为拉引。

④应：此指不疲软。

译文

大凡造弓，弓两端架弦的峻要方而弓中的柎要凸出，弓的隈角要长而蔽角要薄，这样制成的弓，即使多次拉引而不停歇，弓势也能与弓弦缓急相应而不会疲软无力。

原文

下柎①之弓，末应将兴②。为柎而发③，必动于杀④。弓而羽杀⑤，末应将发。

注释

①下柎：弣角不高，低下。上节“高其柎”指弓弣处过高，当高而不高，故曰“下柎”。

②末：指弓末端的箫。兴：动，伤动。

③发：假借作“拨”，扭曲变形。

④杀：弣角与隈角相交接处。

⑤羽杀：此指弓隈与弓弣（弓把）相接之缝松动而力不贯通。羽，通“扈”，缓慢，松缓。

译文

弓的弓弣太低下，弣力就弱，箫一应弦承受拉力，弣就会扭曲变形。作为弣而扭曲变形，必然会使弣角与隈角相交接处松动。作为弓的弣角与隈角相交接处松动而力不贯通，箫若一应弦承受拉力，弓体上的角与干都将随之扭曲变形。

原文

弓有六材焉，维[①]干强之，张如流水[②]；维体防[③]之，引之中参[④]；维角党[⑤]之，欲宛而无负弦[⑥]，引之如环，释之无失体[⑦]，如环。

注释

①维：以，因。

②张如流水：指干不仅强而有力，而且调制得好，因此张弓顺如流水。

③防：指防止弓体变形。

④引之中参：指拉弓引弦时，弦的中点距离弓臂三尺。参，通“三”，此指三尺。

⑤党（chēng）：同“撐”，撑持，支撑。

⑥宛：拉弓，拉引。负弦：指角与弦斜背。负，背。

⑦失体：失去本来的形体。此谓弓体变形。

译文

弓有六种材质。其中的弓干要使它强劲有力，拉弓时得心应手且顺如流水；要用弓檠使弓体固定而防止其变形，去掉弓檠引弓，拉满弦时弦中点与弓臂之间符合三尺的标准距离；角要能支撑住弓干的弓隈以增加其强度，以期拉弦时不出现角与弦斜背的情况；引弓拉满弦时弓体弯曲如环形，松手放箭后弓体不变形走样，依旧弯曲如环形。

原文

材美，工巧，为之时①，谓之参均②；角不胜③干，干不胜筋，谓之参均；量其力有三均④；均者三，谓之九和。九和之弓，角与干权⑤。筋三侔⑥，胶三锊⑦，丝三邸⑧，漆三斞⑨，上工以有余，下工以不足。

注释

①为之时：指制作的时间要适合天时。
②参均：指材、工、时三者配合均匀。
③不胜：相称。
④量其力：指衡量弓的拉力。三均：指量力的三次结果都符合要求。
⑤角与干权：角与弓干大致相称。权，平等，此指对应、相称。
⑥侔：通“桙”，量器名，亦为计量单位。其容量今不明。
⑦三锊（lüè）：锊重六又三分之二两，三锊则一斤四两。
⑧邸：量器名，其容量今不明。
⑨斞（yǔ）：量器名。

译文

材质优良，技艺精巧，制作适时，叫作三均；角与干相称，干与筋相称，叫作三均；垂重测量弓的拉力也有三均；三个三均，叫作九和。符合九和标准的弓所用材质的数量是：角与弓干大致相称。筋用三侔，胶用三锊，丝用三邸，漆用三斞，使用这些材质制弓，上等工匠用之有剩余，下等工匠用之不足。

原文

为天子之弓，合九而成规；为诸侯之弓，合七而成规；大夫之弓，合五而成规；士之弓，合三而成规。

译文

造天子用的弓，合九张弓而成一个圆，也就是每张弓的弧度是一个圆周的九分之一；造诸侯用的弓，合七张弓而成一个圆，也就是每张弓的弧度是一个圆周的七分之一；造大夫用的弓，合五张弓而成一个圆；造士用的弓，合三张弓而成一个圆，也就是每张弓的弧度是一个圆周的三分之一。

原文

弓长六尺有六寸，谓之上制，上士[①]服之；弓长六尺有三寸，谓之中制，中士[②]服之；弓长六尺，谓之下制，下士[③]服之。

注释

①上士：指身材高大的士。
②中士：指身材中等的士。
③下士：指身材矮小的士。

译文

弓有六尺六寸长，叫作上制弓，身材高大的士使用它；弓有六尺三寸长，叫作中制弓，身材中等的士使用它；弓有六尺长，叫作下制弓，身材矮小的士使用它。

原文

凡为弓，各因其君之躬志虑血气[①]。丰肉而短，宽缓以荼，若是者为之危弓[②]，危弓为之安[③]矢。骨直以立[④]，忿势[⑤]以奔，若是者为之安弓，安弓为之危矢。其人安，其弓安，其矢安，则莫能以

速中，且不深。其人危，其弓危，其矢危，则莫能以愿⑥中。

注释

①“各因其君”句：指造弓时不仅要看人的身材，还要因人的情性而异。君，谓用弓的人。躬，指人的身体、形态。志虑，指人的情性等主观因素。血气，血性。

②危弓：疾速的弓。危，及下文奔，皆为疾速。

③安：柔缓。

④骨直以立：指刚强坚毅。骨直，骨干挺直。立，立即，迅速。

⑤忿势：指性情急躁。忿，同“愤”，暴躁。

⑥愿：谨慎，稳妥。

译文

大凡造弓，还要依据使用者的形态、意志、血性而定。体形胖而矮，性情宽缓而举止迟缓，这样的人要为他制作剽疾强劲的弓，剽疾强劲的弓则要配以柔缓的箭。刚毅而敏捷，秉性暴躁而行动疾速，这样的人要为他制作柔软的弓，柔缓的弓则要配以剽疾的箭。如果射手的性情宽缓而举止迟缓，再加上他用的弓也柔软，用的箭也柔缓，射出的箭就不能疾速地射中目标，而且即使射中也不能射深。如果射手刚毅而敏捷，性情急躁，再加上他用的弓也剽疾强劲，箭也迅疾，射出的箭蛇行距离过长，就不能稳当地射中目标。

原文

往体①多，来体②寡，谓之夹、臾之属③，利射侯与弋④。往体寡，来体多，谓之王弓⑤之属，利射革与质⑥。往体、来体若一，谓之唐弓⑦之属，利射深。

注释

①往体：弓弛弦时弓体外桡的曲势。

②来体：弓张弦时弓体向内的弓高和曲势。

③夹、臾：夹弓、庾弓，是“合五而成规”的两种较弱的弓。
④弋：弋射，用系有绳子的箭矢射飞鸟。
⑤王弓：天子之弓，是“合九而成规”的弓，弓中最强者。
⑥革：干盾。质：谓椹木箭靶。
⑦唐弓：是“合七而成规”的弓，强弱程度适中。此类弓张弦时弓体外桡的与内向的相等，弓体也较为厚直，箭的初速度也较高，易于射深。

译文

弓弛弦时弓体外桡的多，而弓张弦时弓体内向的少，称为夹弓、臾弓之类的弓，利于射豻侯和弋射飞鸟。弓张弦时弓体外桡的少，而弓张弦时弓体内向的多，称为王弓之类的弓，利于射革甲和椹板。弓体外桡与内向相等的，称为唐弓之类的弓，利于射深。

原文

大和无灂[①]，其次筋、角皆有灂而深[②]，其次有灂而疏[③]，其次角无灂[④]。合灂[⑤]若背手文。角环灂，牛筋蕡[⑥]灂，麋筋斥蠖灂[⑦]。

注释

①大和：指九和之弓。灂：指漆纹。
②深：内侧，中央部位。
③有灂而疏：筋、角有漆痕而稀疏者为第三等，可见前两等涂漆质量较高。
④角无灂：指角之中即隈里无漆痕，其他部位有漆痕。
⑤合灂：弓表里的漆痕。
⑥蕡：指麻籽，表面有斑纹。
⑦麋：麋鹿，又称“四不像”，一种大型鹿科动物。斥蠖（huò）：尺蠖，是尺蠖蛾的幼虫，一种形体细长、屈伸而行的小青虫。

译文

最优良的九合之弓没有漆痕，其次筋、角中央有漆痕而深藏在内侧，两侧则没有，又其次筋、角的表面都有漆痕而较稀疏，又其次仅角之中当隈里处没有漆痕，其他地方皆有。弓侧表里漆痕相交处就像人两手背相交一样纹理相应。角上的漆痕呈环状，牛筋上的漆痕则是麻籽纹，麋筋上的漆痕则是尺蠖形。

原文

和弓击摩[①]。覆之而角至[②]，谓之句弓[③]；覆之而干至，谓之侯弓[④]；覆之而筋至，谓之深弓[⑤]。

注释

①和：调试。击：拂拭。摩：观察弓是否有瑕疵。
②覆：观察。至：善，优良。
③句弓：只有角优良，但干、筋皆次的弓。
④侯弓：指夹弓、臾弓等适合射侯的弓。
⑤深弓：指角、干、筋三者皆优，可以射深的弓。

译文

使用之前先要检查弓，拂去弓表面的灰尘，通体抚摩，检查弓体是否有问题。调试弓体的形状与强弱，察看它是否适合使用。观察弓体，但只有角优良的，叫作不堪使用的勾弓；观察弓体，不仅角优良而干也优良的，叫作侯弓；观察弓体，不仅角、干优良而且筋也优良的，叫作深弓。